Der Junge Goethe

젊은 괴테

카를 비에토르 저
김 홍 진 역

숭실대학교 출판부

목 차

목 차

괴테의 젊은 시절과 주변 인물들

김 홍 진

1. 유년시절

요한 볼프강 괴테Johann Wolfgang Goethe는 지금으로부터 260년 전인 1749년 8월 28일 독일 마인강변에 위치한 프랑크푸르트시市에서 태어났다. 그의 집안은 명문 귀족은 아니었고, 그의 아버지의 직함인 황실 고문관도 돈을 주고 산 것으로 이렇다 할 직무나 보수가 없는 한낱 명예직에 불과했다. 원래 괴테의 아버지는 법률학을 공부한 후 관리로서 출세하기를 꿈꾸었지만 황실 고문관이 됨으로써 밑바닥부터 시작해야 하는 정상적인 관리의 출세 코스를 밟을 수가 없었다. 그런 까닭에 그는 일정한 직업이 없이 집안의 재산이나 관리하면서 특별히 아들의 교육에 정성을 쏟았다. 외가 쪽은 할아버지가 프랑크푸르트 시장을 지낸 터라 귀족으로 신분 상승을 꾀할 수도 있었으나, 자신의 딸들이 귀족과 혼인하여 궁색하게 사는 것보다 평민과 결혼하더라도 유족하게 사는 것이 낫겠다고 판단하여 맏딸을 재산있는 평민인 괴테가家

에 출가시켰다. 이들 부부에게서는 여섯 명의 자녀가 태어났으나 유아 사망률이 높던 때라 다른 자녀들은 일찍 세상을 뜨고, 요한 볼프강과 누이동생 코르넬리아 만 병마의 위기를 넘기고 성인으로 성장했다. 괴테보다 15개월 늦게 태어난 코르넬리아는 괴테와 함께 자라면서 엄격한 아버지 밑에서 동병상련하는 지기였을 뿐 아니라 지적 세계를 함께 섭렵하는 동행자였다. 괴테는 아버지가 읽기를 금한 클롭슈토크 Klopstock의 〈메시아스 *Messias*〉를 누이동생과 함께 읽기도 했고, 학업을 위해 집을 떠나 있는 동안 자신의 대학생활과 읽은 책들에 대하여 상세한 보고를 내용으로 하는 많은 편지를 그녀에게 보냈다.

어린 시절 괴테의 아버지는 원칙주의자로서 한마디로 근엄한 편이었고 어머니는 쾌활하면서도 감성적인 편이어서 22년이나 연상인 남편보다 병마를 이기고 건강하게 성장하는 두 아이들에게 더 많은 정을 쏟은 것으로 알려졌다. 이처럼 괴테 남매는 아버지의 각별한 관심과 어머니의 세심한 배려 속에서 행복한 어린 시절을 보냈다. 괴테는 자신의 타고난 형질에 대하여 "체형이나 엄격한 삶의 자세는 아버지를, 낙천적인 성격과 상상력을 발휘하여 얘기를 잘하는 재주는 어머니를 닮았다"고 양친의 영향을 나름대로 공평하게 평가하고 있다.

괴테는 어린 시절 학교교육보다는 사교육을 주로 받았다. 그의 아버지는 몽테뉴의 아버지처럼 나름대로 '올바른' 교육에 대한 독자적 견해를 가지고 있었으며, 더욱이 시간적 여유가 많고 또한 재정적 수단도 갖추고 있어서 자녀교육에 대한 자신의 신념을 단호하게 실천에 옮길 수 있었다. 그 과정에서 어쩔 수 없이 개인의 편견과 독단이 작용할 수밖에 없었으므로 후에 와서 괴테는 자신의 부친의 남다른 교육열을 '딜레탕티슴Dilettantismus' 이라고 폄하하면서 자신은 한 번도 정규과정을 통해 체계적으로 배운 것이 없다고 불평하기도 했다. 그는 가정교사 밑에서 외국어를 중점적으로 익힌 나머지 영어, 프랑스어, 아탈리아어는 물론 라틴어, 그리스어, 히브리어 등 고전어까지 다양하게 습득했고, 예능분야에서는 그림 그리기와 피아노, 첼로연주를 익혔다. 그밖에 성서와 고전문학 작품을 읽는 훈련을 집중적으로 받았다. 그는 정통파 기독교와는 거리를 두었지만 자신의 정신적 교양을 쌓는 데에는 성서의 도움이 컸다고 노년에 와서 고백한 바 있다. 그는 외국어 습득에서 빠른 진전을 보여 남달리 어학적인 재능이 있는 아이임을 증명했다. 특히 기억력이 출중해서 교회에서 들은 설교 내용을 완벽하게 재구성해내는 능력을 보이기도 했고, 시를 짓는데 있어서도 어린아이답지 않은 노련함을 보여 주위를 놀라게 했다. 그러나 그는 학교를 다니지 않아 같은 또래와는 어울릴 기회가 별로 없었고, 주로 어른들만 상대하며 자랐기 때문에 정신적으로 조숙한 편이었고, 행동거지가 애늙은이 같이 부자연스럽고, 사람됨이 좀 차다는 평을 들어야했다.

2. 라이프치히 대학 시절

1765년 괴테는 열여섯 살이 되자 처음으로 부모 곁을 떠나 대학도시 라이프치히로 유학遊學의 길을 떠났다. 대학에서 법학을 공부하기 위함이었는데 이는 본인의 희망보다는 자신이 이루지 못한 꿈을 자식을 통해 이루어 보려는 아버지의 염원이 반영된 결정이었다. 그러나 기대와는 달리 그곳에서의 법학과 문예학 강의는 그의 지적 욕구를 충족시켜 주지 못하였고, 특히 기대했던 당시 저명한 교수들의 강의는 한결같이 실망감을 안겨 주었을 뿐 아니라, 그의 문학적 재능도 크게 인정을 받지 못해 그의 대학생활은 지극히 불만족스럽고 불안정한 것이었다. 그는 자신의 진정한 선생은 대학 교수가 아니라, 오히려 그에게 그림을 가르쳐 준 칼 프리드리히 외저Karl Friedrich von Oeser와 계몽주의 작가 마르틴 비이란트Martin Wieland, 영국의 문호 윌리엄 셰익스피어William Shakespeare 뿐이었다고 그의 대학생활에 대한 불만을 에둘러 표출하고 있다.

이 시절 괴테가 친구이자 후에 매제가 된 요한 게오르크 쉴로서Johann Georg Schlosser의 안내로 라이프치히시市 브륄에서 포도주점을 경영하는 쇤코프Schönkopf가家에서 식사를 자주하게 되었는데, 이때 만난 그 집 딸 아나 카타리나Anna Katharina에게 마음을 빼앗기게 되었다. 본래 "캐트헨Käthchen"이라는 애칭을 가지고 있었으나 괴테의 글에 "앤헨Ännchen" 또는 "아네테Anette"로 등장하는 그녀는 몸가짐이 자연스럽고 성격이 활달하며 장난기 섞인 언행으로 주위 사람들을 즐겁게 할 줄 아는 아가씨였다. 그러나 그는 처음부터 그녀를 자신의 미래의 신부감으로는 생각지 않았는데, 거기에는 자신의 아버지가 그녀와의 결합을 용납하지 않으리라는 우려나 신분이 낮고 재산도 없는 규수에 대한 신분상의 우월감이 아니고, 당시에 가장 신뢰하던 친구인 에른스트 볼프강 베리쉬Ernst Wolfgang Behrisch에게 보낸 편지에서 보듯 그가 젊었을 때 마음껏 삶을 즐기고, 막연하게나마 예감하고 있는 원대한 생의 목표를 달성하기 전에 매인 몸이 되는 것에 대한 두려움이 크게 작용했던 듯싶다. 이 때 자신이 체험한 사랑의 정열을 생생하게 묘사한 그의 첫 희곡 〈*연인의 변덕 Die Laune des Verliebten*〉은 괴테에게 체험의 문학적 형상화가 현실의 정신적 고통에서 벗어나는 하나의 수단이 되고 있음을 보여 준 첫 번째 예이다.

1767년 가을 캐트헨과 사귄지 1년 반이 지났을 때 괴테는 그녀로 인해 마음이 자주 격앙되고 정신적 갈등을 겪으면서도, 다른 한편으로는 그녀의 사랑을 의심하며, 그녀에게 오로지 자신만을 마음에 두고 있다는 것을 확실한 증거로 보여줄 것을 무리하게 요구하기도 했다. "그대가 사랑의 가벼운 벨트를 무거운 멍에로 만들고 있네"라는 〈*연인의 변덕*〉에 나오는 대사 한 토막은 바로 저자인 괴테에게 해당하는 말이었다. 심지어 괴테는 캐트헨이 자기 집에 기숙하고 있는 사람들과 관계를 가지지나 않나 의심하기도 하고, 그녀가 동생과 함께 극장엘 가면 누구와 밀회를 하지 않나 의심하며 미행하는 일까지 있었다고 베리쉬에게 편지로 고백한 적도 있다. 이와 같이 괴테는 캐트헨에 대한 불안한 감정으로 인해 극심한 심적인 스트레스를 겪게 되고 어떤 사소한 사건을 통해서라도 심각한 정신적 위기를 맞을 수밖에 없는 상황에까지 이르렀다. 그는 이듬해 정초 주위 사람들에게 일체 알리지 않고 라이프치히를 떠나 드레스덴으로 가서 2주간을 머물다가 돌아왔다. 여행 목적은 명목상 작센 선제후의 미술 소장품을 관람하기 위한 것이었으나, 실상은 그가 그 후에도 자주 벌인 유사한 도피행각과 마찬가지로 캐트헨을 잊고 그녀와의 관계를 정리하는 계기를 마련하기 위함이었다. 1768년 4월 마침내 그들은 상호 합의하에 '좋은 친구'로 남기로 하고 연인관계를 매듭지었다. 그러나 그 이후에도 괴테는 계속 그녀와 서신을 교환했고, 그녀의 결혼이 임박할수록 그의 편지는 고통스러운 내용을 담고 있어 옛 애인에 대한 미련을 버리지 못하고 있음을 보여주었다. 캐트헨은 1770년 라이프치히의 유명한 법률가이자 후에 라이프치히 부시장이 된 크리스티안 칼 카네 Christian Karl Kanne 박사와 결혼하여 해로 했다.

3. 프랑크푸르트 과도기

라이프치히에서 3년간의 대학생활이 끝날 무렵 괴테는 심각한 건강상의 위기를 맞았다. 여자로 인한 심적 갈등과 학업에서 오는 스트레스는 결국 육체적 탈진상태를 초래하고 만 것이었다. 1768년 7월 심한 각혈로 인해 너무나 쇠약해진 괴테는 며칠씩 사경을 헤매기도 했다. 그는 1768년 8월 28일 자신의 19번째 생일에 흡사 조난당한 사람의 모습으로 고향으로 돌아왔다. 그 후 그의 건강은 완전히 회복되지만, 자신이 폐결핵을 앓고 있을지도 모른다는 의구심을 떨쳐버리기까지는 거의 1년 반이 걸렸다. 당시 그는 고트프리트 아르놀트Gottfried Arnold의 *〈교회와 이단자의 역사 Die Kirchen- und*

Ketzergeschichte〉와 같은 경건주의적인 글에 몰두하기도 했지만 무엇보다도 헤른후트Herrnhut 교단의 일원이었던 그의 어머니의 친구 수자네 폰 클레텐베르크Susanne von Klettenberg 여사의 인격에 많은 감화를 받고, 그녀의 격려로 라이프치히에서 겪었던 심적인 불안에서 벗어날 수 있었다. 1769년 당시 폰 클레텐베르크 여사와의 관계는 괴테에게는 공동체의 다른 구성원과의 관계와 달리 각별한 의미를 가졌었다. "그녀는 바로 인생의 미로를 꿰뚫어보고 그 속에 빠져 들지 않았기 때문에 통상 옳은 길을 암시할 줄 알았다"고 괴테는 자서전 〈*시와 진실*〉에서 그녀의 도움을 높이 평가하고 있다. 폰 클레텐베르크 여사는 본디 현명하고, 낙천적이며, 유머가 넘치는 여인이었으나 일면 뿌리 깊은 내세 지향적 성향을 지니고 있었다. 프랑크푸르트에서 오랜 역사를 가진 명문가에서 태어났으나 어린 시절 앓던 중병으로 건강이 좋지 않아 20세에 약혼한 남자와 파혼하고, 그리스도의 신부가 되기로 결심하고 평생 독신으로 지냈다. 만년에 그녀는 잦은 병치레를 하다가 1774년 12월 13일에 세상을 떠났는데 괴테가 임종을 지키지 못한 것을 두고 말이 많았다. 그날 괴테는 그녀의 병세가 그토록 위중하다는 것을 모르고 마침 작센 바이마르의 카를 아우구스트공 일행의 초청을 받아 마인츠로 출발하던 날이었다. 죽음에 임박해서 그녀는 괴테의 어머니에게 마지막으로 그를 아주 좋아 했다며, 그에게 작별인사를 전해달라고 부탁했다고 전해지고 있다. 이를 근거로 괴테가 자신의 마지막 순간에 곁에 있어 주지 않은 것에 대해 그녀가 그다지 섭섭한 마음을 품지는 않은 것으로 전문가들은 해석하고

있다. 비록 그녀의 임종의 자리에는 참석치 못하였지만, 괴테는 후에 와서 그의 문학작품에 그녀를 연상케하는 많은 인물들을 형상화함으로써 나름대로 그녀의 은공을 기리고 있다. 〈*젊은 베르테르의 슬픔*〉에 언급된 "연세 든 여자친구"나 〈*빌헬름 마이스터의 수업시대*〉에 등장하는 "아름다운 영혼", 〈*빌헬름 마이스터의 편력시대*〉의 마카리가 바로 그녀를 염두에 두거나 모델로 한 인물들로 알려져 있다.

4. 스트라스부르의 새로운 체험

1770년 부활절 무렵 괴테는 라이프치히에서 중단한 학업을 마무리짓기 위하여 스트라스부르로 갔다. 그 곳에서 보낸 1년 반의 세월은 그의 일생의 다른 어떤 시기보다 모든 면에서 새로운 자극을 통해 정신적 변화와 발전을 체험하는 귀중한 시기로 꼽힌다. 그곳에 도착하자마자 그는 대성당을 보고 그때까지 "야만적barbarisch"이라고 혹평을 받던 고딕 건축 양식의 진면목을 깨닫게 되었고, 2년 후에는 〈*독일 건축술에 대하여 Von der deutschen Baukunst*〉라는 글에서 이 대성당에 대한 첫인상을 감명 깊게 서술하기까지 했다.

괴테는 라이프치히에서와 마찬가지로 이곳에서도 가까이 지낼 수 있는 친구들을 만났다. 그 중에서도 그에게 가장 큰 영향을 준 체험은 여행 중 스트라스부르에 몇 달간 머물면서 눈병치료를 받던 요한 고트프리트 헤르더Johann Gottfried Herder와의 만남이었다. 괴테는 헤르더와의 만남에 대하여 자신이 깊은 영향을 받게 되는 가장 뜻 깊은 사건이었다고 특별한 의미를 부여하면서, 이 만남을 계기로 "자신의 처지가 행복해졌고, 그때까지 생각하고 배우고 익혔던 것들이 모두 완성되고 고양되고 확대됨을 체험했노라"고 회고하고 있다. 이 만남을 계기로 괴테는 로코코Rokoko 문학과 완전히 결별하였고, 요한 게오르크 하만Johann Georg Hamann의 비합리적 신비사상을 접하게 되었다. 헤르더는 괴테로 하여금 셰익스피어의 무한성에 열광케 하였고, 오시안Ossian과 핀다로스Pindaros에 대한 관심을 일깨워주었으며, 무엇보다도 민중문학에 눈을 뜨게 해 주었다. 헤르더가 수집한 "노래 속에 담긴 민중의 목소리"에 크게 감명을 받아 괴테 자신도 알자스 지역의 민요를 수집했을 뿐만 아니라, 민요를 본떠 많은 시들을 직접 지었는데, 예컨대 *〈들장미 Heidenröslein〉*, *〈제비꽃 Das Veilchen〉*, *〈툴레의 왕 Der Könog in Thule〉*, *〈의리 없는 소년 Der untreue Knabe〉*등이 여기에 속한다. 이와 같은 지적인 자극과 체험 외에 괴테는 그 당시 스트라스부르에서 말을 타고 하룻길인 제젠하임에서 목사직을 수행하고 있는 요한 야콥 브리옹Johann Jacob Brion의 딸 프리데리케Friederike를 알게 되어 사랑에 빠지게 되었다.

1770년 10월 초순에 의과대학생 프리드리히 레오폴드 바일란트Friedrich Leopold Weyland가 제젠하임이라는 시골 마을에 살고 있는 자신의 사돈댁인 브리옹가家를 방문했을 때 괴테가 동행하여 그 집의 딸들과 알게 되었다. 셋째 딸인 프리데리케와 처음 만나던 순간을 괴테는 이렇게 묘사하고 있다: "이 순간 그녀가 문을 열고 들어왔다. 이 시골 하늘에 정말로 아름다운 별 하나가 나타난 것이었다. 두 딸들은 아직도 흔히 말하는 독일식 옷차림을 하고 있었다. 거의 사라지다시

피한 이 시골의 전통 복장이 특히 프리데리케에게 잘 어울렸다. 기장이 귀여운 발과 복사뼈가 보일 정도로 발목까지 내려오고 주름진 단을 댄 흰색의 짧은 치마, 꼭 끼는 하얀 코르셋, 검정색 명주 앞치마 – 그녀는 시골 처녀와 도시 처녀의 중간 차림이었다." 괴테는 이 친절하고 단란한 목사 가정에서 착하고 순진한 딸들과 함께 산보하고, 동화를 구연하기도 하며 며칠을 보낸 후 10월 중순에 스트라스부르로 돌아왔다. 스트라스부르에서 처음으로 말을 타고 그곳으로 간 이야기, 마음 착한 시골 목사의 환대에 대한 기억, 마지막으로 그 집의 상냥한 두 딸에 대한 묘사, 그것들은 모두 그의 자서전 *〈시와 진실〉*의 가장 섬세하고 시적이며 생동감 있게 묘사 된 부분에 속한다.

괴테가 브리옹가를 처음 방문하고 돌아 온 다음날인 1770년 10월 15일자에 쓴 편지는 그들의 우정을 증언하는 유일한 증거자료로 지금까지 남아있다. 이 편지에는 지난 며칠간 그녀와 함께 보낸 행복한 시간이 생생하게 묘사되어 있다. 괴테는 그해 성탄절에 그곳을 다시 찾아가 비교적 오랫동안 머무르면서 그녀와 교제를 계속했을 뿐만 아니라, 이듬해 카니발 때에는 프리데리케가 어머니와 다른 자매들과 함께 스트라스부르로 와서 그들은 다시 만날 수 있었다. 시골에서와는 달리 도시에서 그들의 교제는 기대와는 달리 마음 편안하거나 자유롭지 못해 그들이 떠난 후에 괴테는 마음의 짐을 벗은 듯했다고 언급한 점을 미루어 볼 때 프리데리케에 대한 그의 절대적 호감이 감소되고 있음을 감지할 수 있는 대목도 눈에 띈다. 그러나 괴테는 그 해 부활절에 제젠하임을 다시 방문하여 명랑한 아가씨 곁에서 대단한 행복감을 느꼈고, 프리데리케도 자신에게 헌신적인 이 젊은 시인에게 매료되어 두 사람은 어느 순간 뜨거워져 솔직하게 자신들의 사랑을 고백하기에 이르렀다. 게다가 주변사람들에게도 두 사람이 함께 있는 것이 자주 목격되었으므로 그 당시 독일 시골의 관습에 따라 마치 약혼한 사이로 오해를 받는 것도 무리는 아니었다. 당사자인 괴테도 정식으로 선언하지는 않았지만, 무엇보다도 그의 태도나 언행을 통해 이와 같은 관계를 스스로 인정하고 있는 듯 보였다. 그러니 누가 보아도 이제 두 사람은 쉽게 헤어질 수 없는 사이가 된 것이었다.

그러나 이때에 이미 괴테가 불길한 예감을 가지고 있었던 것을 증언해주는 자료들도 눈에 뜨인다. 그는 자서전에 당시의 심경을 이렇게 고백하고 있다: "프리데리케의 연약한 몸은 위협해 오는 불행을 재촉하는 듯 보였고, 나에 대한 그녀의 사랑은 정말로 불행한 것으로 여겨졌다. 나는 산을 넘고 넘어 달아나고 싶었다". 뿐만 아니라 1771년 5월 당시 괴테가 요한 다니엘 잘츠만Johann Daniel Salzmann에게 보낸 편지에도 비슷한 내용이 들어있다: "그녀가 슬프게도 계속 아프다네. 그 사실이 모든 사람에게 그릇된 평판을 낳고 있네. 유감스럽게도 나의 마음도 개운치 만은 않아. 여기는 역시 시골이 아닌가?" 또한 같은 해 6월에 쓴 편지에는 이런 내용이 들어 있다: "안팎으로 비가 오고 있고, 역겨운 저녁 바람이 창 밖에 있는 포도나무 잎에 바스락 소리를 내고 있네. 그런데 나의 변덕스러운 마음은 흡사 교회 탑 위에 있는 풍향계와 같이 온종일 돌고 돈다네."

1771년 8월 괴테는 학업을 끝마치자 프리데리케에게는 아무런 통지도 없이 스트라스부르를 떠나 고향인 프랑크푸르트로 돌아와 버렸다. 그리고 두 달이 지난 10월 중순에 그녀에게 편지를 보낸 것으로 알려졌다. 그가 쓴 편지는 전해지지 않고 있어 그 내용이 구체적으로 무엇인지는 알 길이 없으나 그 후의 정황으로 미루어 보아 그가 편지에 프리데리케와 작별할 의사를 밝힌 것으로 보인다. 물론 이에 대해 상대방이 어떤 반응을 보일지 전혀 예측하지 못한 채 가벼운 마음으로 쓴 것이 분명하다. 그는 그녀의 답장을 받고나서야 비로소 자신의 편지가 그녀에게 어떠한 마음의 상처를 주었는지 분명히 깨달을 수 있었기 때문이다. 괴테는 프리데리케의 답장을 받은 후의 심경과 처지를 *〈시와 진실〉*에 이렇게 표현하고 있다: "작별을 알리는 편지에 대한 프리데리케의 회답은 내 가슴을 찢어지게 했다. 그것은 나를 염두에 두고 갈고 닦아 온 바로 그 필적이며 감각이며 감정이었다. 나는 이제야 비로소 그녀가 입은 손실이 무엇인지 느꼈지만 그것을 보상하기는커녕 덜어주는 것조차 불가능했다. 나의 마음은 온통 그녀에 대한 생각뿐이었고, 항상 그녀에 대한 그리움을 느꼈다. 그런 가운데에서도 가장 용서가 되지 않는 것은 내가 불행을 자초했다는 사실이었다. 그레트헨은 다른 사람에게 빼앗겼고 아네테는 나를 버렸지만, 이번에는 처음으로 그녀를 버린 책임이 내게 있는 것이다. 나는 가장 고운 마음에 가장 깊은 상처를 입힌 것이었다. 그동안 내게 습관적으로 원기를 북돋아주는 힘이 되었던 사랑을 그렇게 잃고 난 후, 나는 한동안 지극히 고통스럽고 참을 수 없는 침울한 후회의 세월을 보내야 했다."

이와 같은 본인의 증언에서 우리는 프리데리케 체험이 일종의 사랑의 배신이 빚은 죄책감이라는 것을 깨달을 수 있다. 이 죄책감 자체는 괴테가 애인의 답장을 대하고 그가 저지른 큰 잘못이 떠오른 짧은 순간에 체험했지만 이 체험은 그를 몇 년간 괴롭혔고 바이마르로 이주한 후에야 비로소 이 고통을 극복할 수 있었다. 물론 일이 이렇게 진행된 것은 괴테에게는 명예스럽지 못한 것이기도 했다. 프리데리케와의 절교는 그녀의 감정은 말할 것도 없고 그녀의 사회적 체면을 엄청나게 손상시키는 것을 의미했다. 괴테를 처음에 제젠하임으로 안내했고, 후에 프랑크푸르트에서 의사로 병원을 개업한 바일란트는 그 이후로 괴테와는 의절하고 말았다.

그 후 8년이 지난 1779년 가을에 와서야 그는 그의 젊은 시절의 애인을 찾을 마음을 먹었다. 1779년 9월 25일 밤 그는 제젠하임의 목사 집을 다시 찾아 하루 밤을 묵으면서 화해를 하고 난 후에 겨우 이 관계에 종지부를 찍을 수가 있었다. 이와 같은 내용은 이틀 뒤에 샤를로테 폰 슈타인Charlotte von Stein에게 쓴 편지에 담겨있다: "나는 밤을 보내고 다음날 아침 해 뜰 무렵에 정다운 면면들과 작별을 하였습니다. 그 결과 나는 이제 다시금 만족감을 가지고 세상의 모퉁이를 생각할 수 있고, 내면적으로 이 화해한 사람들과 사이좋게 살 수 있게 되었습니다." 한편 프리데리케는 그 후 몇 번의 청혼을 받기도 했지만 "한 때 괴테의 사랑을 받은 몸으로 다른 사람을 사랑할 수는 없다"는 신념으로 일생동안 독신으로 살다가 1813년 61세를 일기로 세상을 떴으나, 같은 해 괴테의 자서전 〈*시와 진실*〉이 발간됨으로써 문학적으로는 부활한 셈이다.

괴테가 프랑크푸르트에서 작별인사도 없이 서둘러 도망친 진정한 이유가 무엇이었을까에 대한 해석은 구구하다. 앞길이 창창한 재능 있는 청년이 일찍부터 매인 몸이 되는 것을 두려워한 때문이라는 상투적인 해석이 다른 여인들과의 관계에서도 되풀이 되고 있다는 점을 근거로 설득력을 얻고 있다. 프리데리케와의 경우 이러한 해석을 가능케 하는 분명한 단서를 제공하는 것 중에 하나가 괴테가 브리옹가의 딸들에게 들려주어 모두를 즐겁게 했고, 후에 와서 글로 써서 〈*빌헬름 마이스터의 방랑시대 Wilhlem Meisters Wanderjahre*〉에 삽입시키기도 했던 〈*새로운 멜루지네 neue Melusine*〉 이야기이다. 한 남자가 자신이 사랑하는 난쟁이 여인을 행복하게 해주기 위해 자신도 난쟁이가 된다. 그는 사랑하는 여인과 처음에는 행복했지만, 이 실험은 결국 실패에 그치고 만다. 그 이유는 뒤늦게 그가 "자신의 원래의 몸 치수를 알아차리게 되자" 불안하고, 불행하게 되었기 때문이다. 결국 이 남자가 자신의 체형을 되찾아 자유롭게 된다는 이 동화의 결론을 괴테 연구가들은 마치 괴테가 제젠하임의 목사가정의 정신적 지평에 더 이상 만족하지 못하고, 그에게는 너무 협소하게 느껴지는 한 세계를 벗어나고 싶어 한 것을 비유적으로 표현한 것으로 해석하고 있다. 이와 같은 해석은 괴테 자신이 프리데리케와 처음 나눈 대화를 서술한 부분에서 그녀가 속해 있는 세계를 "작은 세계"로 규정하고 있는 점에서도 그 정당성이 뒷받침되고 있다: "그녀가 움직이고 있는 작은 세계에 대한 설명을 조용히 경청하는 것이 내게는 아주 즐거웠다."

〈시와 진실〉 12권에서 괴테는 계속 고백하기를 "그러나 프리데리케의 처지에 대한 아픔이 나를 어렵게 만들었을 때 나는 옛날 방식대로 다시 한 번 시작詩作에서 도움을 구했다. 나는 이와 같은 자학적인 고해告解를 통해 내면적 사죄에 합당하게 되기 위해서 그동안 수행해오던 속죄를 계속했다. *〈괴츠 폰 베를리힝엔 Goetz von Berlichingen〉*과 *〈클라비고 Clavigo〉*에 등장하는 동명이인의 마리아와 그녀들의 정부로 등장하는 두 악역 인물은 그와 같은 후회어린 관찰의 결과였다고 할 수 있다."

5. 프랑크푸르트 변호사 시절

스트라스부르에서 돌아온 직후 괴테는 22세의 나이로 프랑크푸르트 배심재판소에서 변호사로 일할 수 있는 허가를 받았지만 변호사로서의 그의 활동은 부친의 기대에 미치지 못하였다. 그러나 문학에 대한 그의 관심은 더욱 높아져 특히 셰익스피어의 작품에 몰두하였다. 변호사직은 그에게 문학 활동을 할 수 있는 충분한 시간을 할애해 주었다. 그는 반 농담, 반 경멸조로 자신의 '둥지Nest' 라고 부른 프랑크푸르트에서 생업에 전념하는 옛 친구들과는 별로 접촉이 없었지만, 그가 크게 관심을 가지고 있는 문학 분야에서 나름대로 열정과 천재성을 발휘하면서 많은 사람들과 교유하며 지냈다.

1771년 10월 14일은 프로테스탄트 달력으로는 "윌리엄William" 주보主保 성인의 생일이었는데, 이날 윌리엄 셰익스피어를 기념하는 성대한 행사가 열리고 친구들과 누이의 친구들이 모인 자리에서 그가 쓴 〈*셰익스피어의 날을 기해 Zum Shakespeare-Tage*〉라는 연설문을 낭독되었다. 이 행사에 참석한 사람 중에는 후에 괴테의 매제가 된 요한 게오르크 슐로서도 있었다. 그는 1766년 당시 라이프치히의 포도주점 쇤코프가에 하숙을 했을 때 괴테와 만났지만, 그 두 사람은 집안끼리 잘 아는 사이였다. 슐로서의 아버지는 명망 있는 법률가요, 황실 고문관에다 시장까지 지낸 저명인사였다. 괴테보다 열 살이나 연상인 슐로서는 별로 유머 감각도 없고 근엄하기만 해서 그의 남다른 문학적 교양과 언어 구사능력, 시나 산문으로 자신을 표현할 수 있는 재능이 없었다면 주변 사람들에게 그다지 인기가 있는 인물이 못되었다. 그도 이제는 프랑크푸르트에서의 변호사 생활에 싫증을 느끼던 참이었다. 그는 오래 전부터 글을 써왔고 이제는 프랑크푸르트에서의 변호사 생활에 싫증을 느끼던 터라 모종의 의도를 가지고 괴테에게 1772년 1월부터 한 비평잡지가 새로운 옷을 입고 출간되리라는 것을 알려주었다. 〈*프랑크푸르트 학자보 Frankfurter Gelehrten Anzeigen*〉는 1736년에 창간된 후 별로 알려지지 않은 잡지였으나 출판인 요한 콘라트 다이네트Johann Konrad Deinet가 인수한 후 새로운 활력을 가지고 새로운 출발을 하게 된 것이었다. 편집장은 다름쉬타트 궁정에서 서기로 생계를 꾸리고, 후에 전쟁고문관이란 직함을 지녔지만 문학, 예술, 자연과학에 관심이 많았던 요한 하인리히 메르크Johann Heinrich Merck였다. 〈*프랑크푸르트 학자보*〉는 1772년 한 해 동안이기는 하지만 실제로 당시 젊은 세대를 대표하는 인재들이 활발하게 기고를 한 저명한 서평잡지가 되었다. 메르크, 쉴로서, 괴테가 함께 일했고, 헤르더도 몇 편의 서평을 보내왔다. 그밖에 기고가로서는 신학자 카를 프리트리히 바르트Karl Friedrich Bahrdt, 다름쉬타트의 궁정 설교사 게오르크 빌헬름 페터센Georg Wilhelm Petersen 등이 있었다.

한편 괴테는 이 시기에 "성도의 공동체Gemeinschaft der Heiligen"로 불린 다름슈타트의 감상주의자 모임과 긴밀한 관계를 맺게 되었다. 헤르더의 약혼녀인 카롤리네 플락슬란트Caroline Flachsland를 비롯한 당대의 귀부인들, 〈*주인과 하인 Der Herr und der Diener*〉을 쓴 헤센-다름슈타트의 장관 프리드리히 칼 폰 모저Friedrich Karl von Moser, 전쟁 고문관 요한 하인리히 메르크가 이 모임의 회원이었다. 그 모임에 참가한 귀부인들은 예명을 가지고 있어서 팔츠-츠바이브뤼켄Phalz-Zweibrücken 공작부인의 궁녀인 헨리에테 루시롱Henriette Helene von Roussillon은 우라니아Urania, 헤센-홈부르크Hessen-Homburg 백작부인의 시녀인 루이제 폰 치글러Luise von Ziegler는 릴라Lila, 헤르더의 약혼녀인 카롤리네 프락슬란트는 프쉬케Psyche였고 그들에게 바치는 헌시 〈*우라니아에게 바치는 엘리지움 Elisium an Uranien*〉, 〈*릴라에게 바치는 순례자의 아침노래 Pilgers Morgenlied an Lila*〉, 〈*프쉬케에게 바치는 바위 봉헌의 노래 Fels-Weihegesang an Psyche*〉 등이 이때에 탄생했다.

괴테가 요한 하인리히 메르크를 알게 된 것은 1771년 12월에 쉴로서의 소개를 통해서였다. 당시 메르크는 방문차 프랑크푸르트에 머물고 있을 때였다. 괴테보다 여덟 살 위인 메르크는 다름쉬타트 태생으로 고집이 있고 시류에 휩쓸리거나 개인적인 불행한 운명에도 불구하고 악습에 젖지 않은 남다른 인물이었다. 괴테는 그를 회고록에서 "나의 생애에 영향력을 가장 많이 끼친 기인奇人"이라고 평했다. 메르크는 괴테가 *〈괴츠〉*를 출간하는데 도움을 주었고, 나중에 약혼자가 있는 샤를로테 부프Charlotte Buff에 대한 사랑이 이루어질 가망이 전혀 없음을 깨닫고 괴테로 하여금 그녀를 떠날 것을 종용하기도 했다. 그러나 괴테의 *〈클라비고〉*를 아무나 쓸 수 있는 "하찮은 작품"이라고 악평한 것을 계기로 괴테의 노여움을 사서 *〈시와 진실〉*에서 "메피스토펠레스 메르크"라고 지칭됨으로써 괴테의 젊은 시절 그에게 많은 영향을 끼쳤던 절친한 친구 메르크는 모든 사람에게 부정적 이미지로 기억되게 되었다.

그 밖에도 괴테는 이 모임을 통해 황태자의 가정교사인 프란츠 미하엘 로이히센링Franz Michael Leuchsenring과 비이란트의 사촌 여동생이자 한때 약혼녀였고, 서간체 소설 *〈프로일라인 폰 쉬테른하임 Fräulein von Sternheim〉*을 쓴 소피 폰 라 로쉬Sophie von La Roche를 알게 되었다.

7. 베츨라르에서 생긴 일

1772년 5월 괴테는 아버지의 권유로 법률지식을 넓히기 위하여 베츨라르로 가게 되고 그곳 제국대법원의 시보로 활동하게 되었다. 베츨라르엔 이미 괴테의 할아버지가 10여년간 머문 적이 있고, 대고모 수잔네 마리 코르넬리아 랑게 Susanne Marie Cornelia Lange가 아직도 두 딸을 데리고 살고 있어 괴테 집안과는 인연이 깊은 곳이었다. 괴테는 이곳에 머물면서 온갖 사교모임에 참석하게 되는데, 6월 9일 대고모의 마차를 타고 바일러 볼페르트하우젠에 있는 사냥꾼의 오두막에서 열린 시골 무도회에 가는 길에 독일 기사단 베츨라르 영지 관리인의 딸인 18세의 벽안의 아가씨 샤를로테 부프와 어울리게 되었다. 그녀는 열 명의 동생들을 돌보며 한 해 전에 세상을 떠난 어머니를 대신해서 집안의 안주인 역할을 하는 매우 가정적이고 현모양처 타입의 귀여운 아가씨였다. 그러나 그녀는 이미 1768년부터 베츨라르 주재 브레멘 공사관의 서기 요한 크리스티안 케스트너Johann Christian Kestner와 약혼한 사이여서 당시의 관습으로 보아 괴테가 그 집을 방문할 때 손님에 대한 친절 이상의 것을 기대하는 것은 적절치 못한 일이었다. 그러나 서로 주고받았던 무한한 신뢰에도 불구하고 로테에 대한 괴테의 감정이 정열로 바뀜으로써 그들의 관계는 심각한 긴장으로 발전하고, 세 사람 사이의 우정이란 지속적으로 불가능한 것임을 깨닫게 되었다. 1772년 9월 어쩔 수 없이 괴테는 메르크의 충고를 받아들여 로테 곁을 떠나기로 결심하고 프랑크푸르트로 돌아오고 말았다.

고향에 돌아 온 후에도 괴테는 주변에서 일어난 모든 변화로 새로운 심적 갈등을 겪게 되었다. 그와 마음의 고통을 나누던 여동생 코르넬리아는 그의 친구 쉴로서와 결혼하여 집을 떠난 터라 소중한 대화 상대를 잃은 것이나 마찬가지였다. 때마침 전부터 알고 지내던 소피 폰 라 로쉬의 딸 막시밀리아네Maximiliane가 장사꾼의 아내가 되어 프랑크푸르트로 이사를 와 살았기 때문에 괴테가 자주 그녀를 찾게 되었다. 그는 그녀의 아이들과 어울려 놀기도 하고, 그녀가 피아노를 칠 때 첼로 반주를 해줌으로써 서로 위로를 주고받으며 가까워졌으나 남편의 질투심 때문에 일어난 어처구니없는 싸움으로 이 우정도 위기를 맞게 되었다. 뿐만 아니라 베츨라르의 샤를로테와 케스트너는 약속과는 달리 아무런 통지도 없이 결혼식을 올려 괴테의 마음에 상처를 입혔다. 이 같은 심적 곤경에서 채 벗어나기도 전에 베츨라르 시절에 알고 지내던 외무부 서기관 칼 빌헬름 예루살렘Karl Wilhelm Jerusalem이 불행하게도 유부녀를 사랑하다가 자살했다는 소식을 접하게 되었다. 이를 계기로 괴테는 *〈젊은 베르테르의 슬픔 Die Leiden des jungen Werther〉* 제2부의 분위기와 결말에 대한 영감을 얻게 되자 짧은 기간에 이 소설을 완성했다.

한편 샤를로테 부프는 케스트너와 결혼해서 열 두 아이의 어머니가 되었고, 1816년에는 바이마르에 살고 있는 막내 여동생을 방문해서 한 달간 머무는 동안 괴테로 부터 초대를 받아 점심식사를 함께하기도 했고, 극장에 초대되어 괴테 주변 인물들과 만나기도 했다. 로테의 바이마르 방문을 소재로 토마스 만Thomas Mann은 1939년에 소설 *〈바이마르의 로테 Lotte in Weimar〉*를 쓰기도 했다.

8. 프랑크푸르트에서 만난 친구들

괴테가 고향인 프랑크푸르트에서 보낸 이 시절에 괴테의

생에 많은 영향을 끼친 인사들과 만남이 이루어졌다. 요한 카스퍼 라바터Johann Casper Lavater, 프리드리히 하인리히 야코비Friedrich Heinrich Jacobi, 프리드리히 고트로프 클롭슈토크 Friedrich Gottlob Klopstock 등과의 만남이 그것이었다. 특히 취리히의 신학자 라바터와의 관계는 괴테의 종교관을 파악하는데 없어서는 안 될 중요한 인물이었다. 애당초 그들의 교제는 서신교환을 통해 시작되었다. 라바터가 괴테의 친구 다이네트를 통해 괴테의 희곡작품 *〈괴츠〉*를 증정 받았는데 이에 감사하기 위해서 1773년 8월 14일에 처음으로 괴테에게 편지를 쓴 것이 계기가 되었다. 그 이듬해인 1774년 6월에 두 사람의 첫 만남이 프랑크푸르트에서 이루어지고 이어서 다른 친구와 란-라인강 여행을 함께 함으로써 더욱 가까워졌다. 그 후 두 사람의 관계는 *〈인상학 단편 physiognomische Fragmente〉*을 공동집필하면서 우정으로 발전했다. 1774년 말부터 괴테는 첫 기고문을 보내기 시작해서 1775년 초에는 이 작품이 인쇄되는 것을 도와 그해 가을에 제1권이 발행되었다. 두 번째 만남은 괴테의 첫 번째 스위스 여행 때에 취리히에서 이루어졌는데 이때 그들은 인상학 문제에 대한 대화를 나누었다. *〈인상학 단편〉* 집필은 괴테가 바이마르로 간 후에도 그들의 서신을 통한 대화의 주된 테마였지만, 이 시기에 그들이 나눈 은밀한 대화의 또 다른 테마는 종교문제였다. 라바터가 1774년 5월 1일 편지에서 제기한 "무신론자인가, 기독교인인가"하는 단도직입적 질문에 "나는 기독교인이 아니다"라고 답함으로써 두 사람 사이에는 분명한 세계관의 차이가 있음이 드러났다. 1779년 괴테의 두 번째 스위스 여행에서 두 사람은 다시 만나 인간적인 거리감과 세계관의 차이를 극복할 수도 있었으나, 괴테는 제네바에서 라바터의 *〈구세주 예수 Erlöser Jesus〉*의 원고를 읽고 자신의 자연종교적 입장과 라바터의 자연과 세상이 빠진 기독교적 입장 차이를 확인했다. 그러나 그 두 사람 간의 종교적 논쟁은 1782년 라바터의 그리스도 중심적 성경 신앙의 총체적 결산인 *〈본디오 빌라도 Pondius Pilatus〉* 제1권의 출간을 계기로 더욱 격화되고 그들의 우정도 끝내 위기를 맞게 되었다.

1774년 가을에 괴테를 찾아 온 방문객 중에는 당시에 문명을 날리던 클롭슈토크가 끼어 있었다. 괴테보다 이십오 세 연상이요, 유명한 서사시 *〈메시아스〉*의 저자이자, 감정이 풍부한 시와 열광적인 자유행 찬가, 엄격한 송가의 시인인 클롭슈토크는 1774년 9월 27일부터 29일까지 이 젊은 천재의 집에 머물렀었다. 이는 당시의 언론들도 다루지 않으면 안 될 사건이었다. *〈괴츠〉*와 *〈클라비고〉*, 방금 발간 된 *〈베르테르〉*의 저자가 그 당시 이미 많은 사람들의 추앙을 받던 한 시인의 방문으로 자신의 존재를 확인하고 고무된 느낌을 가지지 않을 수 없었음은 충분히 이해할만 하다. 그는 이미 클롭슈토크를 존경해서 그의 송가를 베끼고 수집했으며, 그의 문학이 순수한 서정시의 척도로서 그와 그의 친구들에게 커다란 영향을 끼쳤음을 강조하고 있다. 괴테의 자유운율의 시들, 예컨데 *〈방랑자의 폭풍의 노래 Wanderers Sturmlied〉*, *〈가니메트 Ganymed〉*, *〈마부 크로노스에게 An Schwager Kronos〉*는 클롭슈트크의 송가 *〈무소부재하신 분에게 Dem Allgegenwärtigen〉*, *〈봄의 축제 Frühlingfeier〉*와 같은 선례가 없으면 생각할 수 없는 작품들이다. 뿐만 아니라 괴테는 *〈젊은 베르테르의 슬픔〉*에서 클롭슈토크를 기리는 기념비를 세우기도 했다. 소나기가 쏟아지는 동안 창가에서 그녀가 "클롭슈토크"라는 암호를 말하자, 두 사람이 동시에 그의 시 *〈봄의 축제〉*를 떠올렸을 때 베르테르는 처음으로 자신과 로테의 내면이 깊이 통하고 있음을 깨닫게 되는 장면이 바로 그것이다. 그 밖에 클롭슈토크가 방문을 마치고 프랑크푸르트를 떠날 때 괴테는 그를 다름슈타트까지 배웅했고, 돌아오는 길에 내면적으로 높이 고양되어 *〈마부 크로노스에게〉*를 지은 것으로 알려졌다.

9. 릴리 쇠네만과의 약혼

1775년 1월에 괴테는 다시 한 번 열정적으로 사랑에 빠지게 되었다. 괴테가 '릴리Lili' 라는 애칭으로 부른 아네 엘리자베트 쇠네만Anne Elisabeth Schönemann은 캘빈 교파의 은행가의 딸로서 일찍 아버지가 사망한 후 4명의 오빠들과 함께 어머니의 슬하에서 성장했다. 괴테는 1775년 카니발 때 그녀의 집에서 열린 연주회에서 아직 16세인 금발의 소녀를 처음 알게 된 후, 그녀에게 반하여 자주 만나 함께 시간을 보냈다. 특히 그들은 프랑크푸르트 동쪽 마인강가에 위치한 전원도시 오펜바하에 있는 그녀의 삼촌 집에서 개최되는 작은 연회 및 연주회, 작품발표회 등 소규모의 사교모임에 참석하여 자주 어울렸고, 서로에 대하여 깊이 이해하고 사랑하게 되었다. 릴리는 단순하고 천박한 사교계의 꽃이 아니라, 대단한 용기와 강인한 성격을 지닌 여인이었다. 그녀는 경박하지 않고 매력적이었으며 지금까지 괴테가 마음을 빼앗긴 어떤 여인들보다도 지성적이며 뚜렷한 주관을 가지고 있었다. 릴리는 지금까지 괴테가 사귀었던 여자들 – 라이프치히의 카타리나 쇤코프, 제젠하임의 프리데리케 브리옹, 베츨라르의 샤를로테 부프 등 – 과는 달리 인격적으로 괴테의 존경심을 불러일으킬 만한 여자였던 것으로 알려져 있다. "그녀가 나를 지배하고 있었다는 것은 감출 수 없는 사실로 그녀는 이런 자부심을 가질 만했다" 라고 자서전 *〈시와 진실〉*에서 괴테는 고백하고 있다. 괴테는 그녀와는 헤어질 수 없을 만큼 그녀를 사랑한다고 믿어 같은 해 4월 20일에 비공식적으로 약혼이 이루어졌다. 그러나 속물적이고, 물질주의적인 릴리의 오빠들과 사이가 좋지 않았을 뿐만 아니라, 괴테의 부모들도 두 가정의 종교적 차이를 걱정했으며 특히 누이동생 코르넬리아가 이 결합을 반대했다. 노년에 괴테는 에커만에게 말하기를: "그녀는 내가 진정으로 깊이 사랑한 최초의 여인이었다. 또한 내가 사랑한 마지막 여인이었다고도 말할 수 있다. 나는 릴리를 사랑했던 그 시절보다 내 자신의 행복에 그처럼 근접해본 적이 없다. 우리를 갈라놓았던 장애도 따지고 보면 극복 못할 것도 아니었다. 그러나 나는 그녀를 잃었다". 그러나 괴테의 전기 작가 니콜라스 보일은 역설적으로 바로 이 난관들이 극복될 수 있는 성질의 것이었다는 것이 바로 그에게는 장애가 되었다고 주장한다. 릴리는 아직 어느 누구에게도 매이지 않은 자유로운 몸이었고, 괴테와는 잘 어울리는 한 쌍이었다. 또한 그녀가 먼 곳에 있어 만나기가 어려운 것도 아니었고, 그들의 경제적 사정이 크게 차이가 나는 것도 아니었다. 두 사람은 강력하게 서로 끌리었다. 릴리라면 물론 정상적인 프랑크푸르트의 변호사에게 잘 어울리는 배필이었음이 틀림없다. 그러나 누구보다도 괴테 자신이 릴리에 대한 사랑과 행복한 가정생활에 얽매이는 것에 별로 만족하지 못하리라는 예감사이에서 방황한 나머지 또 다시 약혼녀에게서 도망치고 말았다. 괴테는 1775년 5월 8일 자신의 펜팔 친구 아우구스테 스톨베르크 백작부인의 두 오빠와 함께 스위스로 떠났다. 노년에 와서 시인한 것처럼 릴리와의 결합을 불가능하게 한 것은 외적 장애를 극복할 수 없어서가 아니라, 다시금 내적인 이유 때문이었던 것이다. 그의 인생에서 어떤 위기나 갈등에 봉착했을 때 그랬듯이 그는 여행을 통해 정신적 위기를 극복하려고 시도한 것이었다.

젊은 괴테의 여자들과의 애정행각을 살펴보면, 놀랍게도 상이한 여러 명의 여인들과의 관계에 있어서 동일한 행복감, 동일한 고통이 동일한 순서로 나타나는 일정한 패턴이 마치 프로이드가 의미하는 "반복의 강박관념"의 위세에 눌려있는 것처럼 반복됨을 알 수 있다. 폭풍같이 열렬한 사랑에 이어 고통과 갈등의 시기가 도래하고 종국에는 그 갈등이 포기로 끝나게 된다. 그러나 이와 같은 상황을 변화시키는 자연스러운 국면이 나타나는데, 이는 모든 괴테 전기들이 인정하고 있는 것처럼, 그가 전혀 다른 사람이 되어 돌아 온 여행이었다.

그러나 이와 같은 도피시도에도 불구하고 괴테자신은 끝내 릴리를 잊지 못하다가 어떤 우연의 섭리로 바이마르 행이 결정되면서 릴리와의 관계도 종지부를 찍게 된다. 그 후 릴리는 1778년 스트라스부르의 은행가 베른하르트 프리드리히 폰 튜르크하임Bernhard Friedrich von Türckheim과 결혼하여 다섯 아이를 낳았고, 그 후에도 괴테와 왕래가 있었다.

〈*시와 진실*〉 제4부는 여러 서술 가운데 릴리에 대한 서술이 가장 큰 빛을 발하고 있다. 릴리와의 정열적인 연애는 그의 다른 연애와는 성격이 다른 면을 가지고 있으며, 이 사랑을 계기로 열두 편의 주옥같은 서정시가 탄생하게 된다. 〈*새로운 사랑, 새로운 인생 Neue Liebe, neues Leben*〉, 〈*금발의 여인에게 An Blondinen*〉, 〈*동경 Sehnsucht*〉, 〈*릴리의 공원 Lilis Park*〉, 〈*호수 위에서 Auf dem See*〉 등의 시가 이때에 탄생한 시들이다.

그밖에 괴테와 릴리의 관계에 대한 생생한 증언은 괴테가 1775년 1월부터 11월까지 아우구스테 루이제 추 스톨베르크Auguste Luise zu Stolberg 백작부인에게 쓴 편지에 담겨있다. 괴테의 〈*베르테르의 슬픔*〉을 읽고 감동해서 괴테와 익명으로 서신왕래를 하던 그녀와는 한 번도 만난 적이 없지만 릴리와의 약혼시절에 가장 가까운 펜팔 친구로 마음 속 이야기를 주고받은 친구였다. 그녀와 교환한 서신들은 베리쉬에게 보낸 라이프치히 서신들, 잘츠만에게 보낸 스트라스부르 서신들, 베츨라르에 있는 케스트너에게 보낸 프랑크푸르트 서신들과 함께 젊은 시절 괴테의 내면의 삶을 증언하는 귀중한 자료로 평가되고 있다.

10. 바이마르 행

원래 괴테가 장차 자신의 삶에 큰 변화를 가져올 작센-바이마르-아이제나흐의 왕세자 카를 아우구스트Carl August와의 첫 만남이 이루어진 것은 1774년 12월이었다. 카를 아우구스트는 1775년 9월 3일, 자신의 18세 생일을 기해 법적으로 성년이 되면 어머니 아나 아말리아Anna Amalia로부터 공국의 통치권을 넘겨받기로 되어 있었는데, 1774년 12월 영주가 되기 위한 수업을 마무리 짓기 위하여 파리 여행을 계획하고 있었고, 그 당시 헤센-다름쉬타트의 두 공주가 미혼이었기 때문에 가능하면 이 기회에 자신의 배필을 물색할 목적으로 12월 6일 마인츠로 가는 도중 프랑크푸르트에 도착했다. 그의 일행 중에는 아우구스트의 동생 콘스탄틴Constantin왕자의 가정교사인 카를 루트비히 폰 크네벨Carl Ludwig von Knebel이 있었다. 그는 프랑켄의 귀족 출신으로 프러시아 군대의 장교로 근무한 경력이 있지만 문학에도 관심이 많아서 *〈베르테르〉*의 저자인 괴테를 만나지 않고 그냥 프랑크푸르트를 지나갈 수가 없었다. 그가 괴테를 만나고 난 후 "나의 생애에 만난 사람 중 비범한 인물 중에 한 사람"이라며 장차 대공이 될 카를 아우구스트에게 소개하겠다고 자청하고 나섰다. 그들의 만남은 카를 아우구스트의 일행이 묵고 있던 호텔에서 이루어졌는데, 두 사람간의 대화는 비단 문학에만 국한되지 않고, 당시 갓 출간된 유스투스 뫼저Justus Möser의 저서 *〈제국 헌법에 명시된 소공국의 역할〉*, 작센의 역사 등 다양한 테마에 관한 것이어서 괴테가 한낱 "변덕스러운" 문학가가 아니라는 것을 증명해주기에 충분했다. 괴테는 카를 아우구스트에게는 물론 그의 일행에게도 호감을 보여 며칠간 마인츠에서 함께 지내자는 제안을 받고 12월 13일 그동안 프랑크푸르트에 머물고 있던 크네벨과 동행하여 마인츠에서 그들과 3일간을 함께 지낸 적이 있다.

그 이듬해 괴테는 스위스 여행도중 칼스루에에서 5월 17일부터 23일까지 엿새 동안 머무르게 되었는데, 여기서 헤센-다름슈타트의 루이제Luise 공주와의 약혼을 준비하기 위하여 5월 21일에 칼스루에에 도착한 카를 아우구스트 일행을 다시 만나게 되었다. 그들은 괴테에게 그 해 가을에 그들이 바이마르에 다시 가게 될 즈음 그 곳으로 그들을 방문해 줄 것을 요청했고, 그 후 10월 3일에 있을 결혼을 앞두고 칼스루에로 가던 카를 아우구스트는 다시 프랑크푸르트에 들려 괴테를 만나서 자신의 초청을 재확인했다. 그러나 괴테의 아버지는 괴테의 바이마르 행을 반대했다. 그는 이 바이마르의 소군주가 자신의 앞길이 창창한 자식에게 프리드리히 대왕Friedrich, der Große이 볼테르Voltaire에게 한 것처럼 굴욕감을 주지 않을까하는 우려 때문에 오히려 이탈리아로의 여행을 강력하게 권고했다. 이런 상황에서 괴테는 어찌해야 할지 몰라 고심하다가 최종적인 결정은 바이마르로부터 공식적인 초청이 올 때까지 기다리기로 했다. 마침내 10월 첫 주말에 공작의 시종장인 요한 아우구스트 폰 칼브August von Kalb로부터 공식적인 초청장이 오자 괴테는 바이마르 행을 결심했다. 10월 12일 카를 아우구스트와 루이제는 프랑크푸르트에 머물면서 머지않아 바이마르에서 만날 것을 재삼 확인하고, 폰 칼프가 스트라스부르에서 새로이 제작한 란다우마차를 가지고 칼스루에로부터 프랑크푸르트로 와서 괴테를 데리고 다른 일행을 뒤따라오기로 합의가 이루어졌다. 그러나 10월 초 폰 칼프가 아무런 소식도 없이 나타나지 않자, 괴테는 실망한 나머지 부친의 권고를 받아드려 이탈리아 여행을 결행하기로 결심하고 1775년 10월 30일 프랑크푸르트를 출발했다. 그러나 뒤늦게 도착해서 이 사실을 확인한 폰 칼프는 괴테의 이탈리아행을 막기 위하여 파발마를 급파하기에 이른다. 파발마가 하이델베르크에서 마침내 괴테 일행을 만나 전달한 시종의 편지를 통해 스트라스부르에서 새롭게 제작되어 칼스루에로 오기로 한 란다우마차가 제때에 도착하지 않아 시간이 지체된 그동안의 사정을 알게 되자 괴테는 오해를 풀고 마음을 바꾸어 바이마르로 가게 되고, 이로써 괴테의 젊은 시절은 끝이 난다. 괴테의 바이마르행은 애당초 한시적인 방문으로 예정되었으나, 예정과는 달리 괴테가 고향으로 다시는 돌아오지 못하고 그곳에서 종신하게 되는 계기가 되고, 문학사적으로는 천재 시대인 질풍노도 시대와 고전주의 시대의 분수령을 이루는 역사적인 사건이었다.

11. 자화상

괴테가 바이마르로 떠나기 전인 1775년 2월 13일자 아우구스테 루이제 추 슈톨베르크 백작부인에게 쓴 편지는 젊은 시절 괴테의 삶과 내면을 총체적으로 묘사한 감명 깊은 기록으로 남아 있다. 그 편지에서 괴테는 자신의 모습을 "회색 수달피 연미복에 갈색 비단 목도리를 두르고 장화를 신은" 사람으로 그리면서 자신의 내면의 비전을 3인칭의 시각으로 이렇게 털어 놓고 있다: "그 [괴테]는 스치는 2월의 바람에서 봄이 올 것을 예감합니다. 이제 얼마 있으면 그에게는 그가 사랑하는 넓은 세상이 열릴 것입니다. 그는 항상 자기 안에 살면서, 노력하고, 작업하는 가운데 자신의 척도에 따라 젊음의 순진한 감정은 짧은 시 속에, 인생의 쓰고 단맛은 온갖 희곡 속에, 친구들이나 주변 경치, 아끼는 식구들의 형상은 분필로 회색 종이위에 표현하려고 애를 씁니다. 그렇지만 자신이 만든 것 중에 무엇이 후세에 남을 것인지 도통 관심이 없습니다. 그는 이상을 향해 비약하려고 하지 않고, 작업하면서 항상 한 단계 한 단계 높이 오르고, 투쟁하고 유희하는 가운데 자신의 감정을 능력으로 발전시키기를 원합니다. [···] 그 사람의 최대의 행복은 당대의 가장 훌륭한 사람들과 살고 있는 것입니다." 이어서 서술시각을 1인칭으로 바꾸어 자기 자신의 심경을 이렇게 고백하고 있다. "또 한가지 나를 행복하게 하는 것은 우리나라 방방곡곡에서, 물론 지극히 보잘 것 없고, 견디기 어려운 사람들 가운데서도 많은 점잖은 양반들이 내 고장으로 나를 찾아오는 것입니다. 지나다가 들리기도 하고, 와서 묵기도 합니다. 사람은 누구나 타자 속에서 자신을 발견할 때 자신을 알게 됩니다." 이는 괴테 스스로가 그린 자화상으로 지금까지 시도해 온 그에 관한 어떠한 서술보다도 젊은 시절 괴테가 살아 온 순간의 진실을 인상 깊게 가장 직접적으로 전달해 주고 있다.

제 1 장

시 작

1. 소년시절의 문학

독창적인 천재도 출발은 여느 재능 있는 사람이나 다를 게 없다. 문학예술에서도 다른 예술이나 마찬가지로 대가가 되기 위해서는 반드시 익혀야 할 기본기가 있다. 그리고 원초적 체험 능력은 타인의 감정과 생각을 이해하고 이를 재현하고픈 욕구와 그럴만한 능력이 생긴 후에야 비로소 계발된다. 그러므로 개인의 독창적 능력을 제일 먼저 입증해 주는 것은 결국 남의 글을 이해하고 재현하는 재능이라고 할 수 있다. 괴테는 소년 시절부터 시 쓰기와 글짓기, 읽은 것을 각색하여 남에게 들려주기를 좋아했다. 그러나 어린 시절 그가 쓴 산문과 극본들은 가족을 위한 몇 편의 축시祝詩나 단편들을 빼고는 아쉽게도 모두 분실되고 말았다. 하지만 그것들은 단지 그의 유년 시절의 글재주를 보여주는 자료로서 우리들의 관심을 끌 뿐, 아직 개성이 담긴 독창적 글이라고는 할 수 없는 것들이다. 다만 그가 선천적으로 이야기를 구성하는 재능을 지녔다는 사실만이 우리의 관심을 끈다. 성경에 담긴 소재들, 로코코 문학의 모티브와 형식, 알렉산더시행詩行, 클롭슈토크-세대의 양식을 따른 종교적 송가, 예컨대 16살짜리가 쓴 걸작 〈*예수 그리스도의 지옥여행에 대한 시적 상념 Poetische Gedanken über die Höllenfahrt Jesu Christi*〉 같은 글들이 괴테의 소년문학의 범주에 속한다.

2. 아나크레온 문학

괴테는 어린 나이에 대학생이 되어 라이프치히로 갔다. 이 조숙한 젊은이의 뇌리에는 인성 계발보다는 고도의 지식 습득에 필요한 교양을 얻고 싶은 욕망으로 가득 차 있었다. 그는 성경과 로마서에 통달했고, 프랑스의 고전과 당대 주요 작품들은 물론 영국과 이탈리아 문학에도 조예가 깊었다. 그러나 이 젊은이는 자기 나라의 문학이 학교교육에서 무시되고 있다는 사실에 자극받아 오히려 독일 문학에 더욱 더 많은 관심을 가지게 되었다. 그는 당시 독일의 고전작가들, 바로크와 고트셰트 학파, 계몽주의 시대의 시인들에게서 시문학을 읽는 법을 배웠고, 이를 계기로 "운韻을 달고 시문을 짓는 열기"에 사로잡히게 되었다. 그 당시 겔레르트는 독일 시민 계층에서는 가장 사랑받는 작가였고, 클롭슈토크는 신인으로서 경탄의 대상이긴 하지만 그의 숭고한 환상과 지나치게 대담한 시어詩語 때문에 나이 든 세대에게는 외면당하는 실정이었다. 괴테는 일찌감치 극장과 친숙해졌다. 극장에서는 주로 당대를 풍미하던 프랑스 비극 외에 고트셰트 풍의 희곡과 멜로물인 시민극만 상연되고 있었다. 이 과도기 연극을 최초로 밀쳐내기 시작한 사람은 레싱이었다. 당시만 해도 독자들이 접할 수 있는 문학작품으로는 풍자적 산문보다 내용이 충실한 바로크 소설과 오래된 민중본民衆本이 있었다. 괴테는 주로 내용과 형식면에서 합리적 정신에만 기초를 두고 있는 문학의 세계에서 성장했다. 관념적인 내용과 감성적 삶의 가치를 담고 있는 것은 오직 종교 서적뿐이었기 때문에 그는 성경의 서사편敍事篇을 가장 즐겨 읽었다. 그가 받은 교육은 지적인 면에만 치중되어 있어 그는 대학에 가서 장차 시인이나 교수 중에 무엇이 되어야 할지 알지 못했다. 당시는 명문가의 자제라 하더라도 공식적인 직업이 없이 한낱 문필가로 살아간다는 것은 이례적이었으며, 그렇다고 신학을 공부해서 통상적으로 성직자가 되는 길은 자신에게 어울리지 않는다고 판단하고 혹여 교수직을 얻어 시민적 삶의 토대를 마련해야겠다고 생각했던 것은 아닌지 모르겠다. 그러나 직업에 대한 최초의 고민보다 문인으로 소명을 받았다는 믿음이 그에게 더욱 굳어져 갔다는 사실이 더욱 우리의 흥미를 끈다. 비록 유행을 따르는, 정확히 말해 '취향'의 원칙을 따르는 이성적이고 합목적적인 계몽주의 정신에 물든 시인이긴 하지만 이 나이 어린 대학생은 이미 자신이 시인이라는 것을 의식하고 있었다. 이 젊은 시인이 마음에 두고 있는 문학은 물론 당대 문학으로서는 가장 정통적인 방향이었다. 이 문학의 아성牙城은 바로 고트셰트가 아직 살아서 활동하고 있었으며, 겔레르트가 군림하고 있던 라이프치히였다. 그러나 괴테의 재능이 의식적인 노력을 통해 좀 더 활발하게 표출되기 시작하던 이때, 그가 고향 프랑크푸르트에서 받은 교육이나 대학 도시 라이프치히에서 쌓은 세상 경험에서 얻은 것 이상의 큰 소득은 미래를 약속하며 떠오르는 샛별이나 다름없던 클롭슈토크를 모방하면서 우회적으로 자기 자신에게로 발전하게 된 것이었다. 당시 그는 그 시대의 문학적 자산 중에서 가장 마음이 끌리고 자신의 꿈에 가장 잘 부합하는 것을 선택해서 습득했으며 이 같은 선택이 바로 이 시기 그의 성장단계에 나타나는 특색이라 할 수 있다. 그는 이미 감정이나 창조적 에너지와는 비교할 수 없을 만큼 많은 지적인 역량을 갖추고 있었다. 유독 비합리적인 영역에 속하면서도 제법 힘을 쓰는 관능적인 충동이 밝고 합리적인 유희정신에 맞서 격렬한 다툼을 벌일 때에도 그에게는 지적인 힘이 우세한 편이었다. 그가 겪은 최초의 갈등과 고난의 원인은 바로 여기에 있었다. 비록 동기와 계기들이 영적이기보다는 욕정에서 비롯되고, 정열적인 감정의 움직임들을 마음에 드는 밝은 형식에 담아 표현하는 데에는 한계가 있을 수밖에 없었지만 최초로 시작품을 형상화하는 데 있어 우위를 차지하는 것은 여전히 지적 역량이었다. 이 시기에 그가 쓴 편지들은 이미 진솔하고 격정적이며 고백적인 성격을 지니고 있었다. 그러나 동일한 여건에서 탄생된 시詩들은 쾌락적인 유희와 합리적-도덕적 절제에 가까운 모티브와 어조들을 재치있게 변조하여 노래한 것들 뿐이었다. 그 시들은 완벽한 솜씨를 자랑하며 프랑스와 독일의 아나크레온파派의 밝고 얕은 물속에서 노닐고 있었다. 당시 유행하던 사교문학은 사랑, 좀 더 구체적으로 말하자면 성애性愛의 요소를 지닌 달콤한 육체적 쾌락을 대상으로 할뿐, 인간의 운명이나 마성魔性을 내용으로 하고 있지 않았다. 마음의 평정을 잃고 피가 끓을 때면 순간적으로 경박한 마음이 발동하기도 하지만, 그것이 지닌 위해력危害力은 깨어 있는 의식과 반어 정신을 통해 제거되고, 이지적인 감성은 불길한 예감을 주는 자연의 마성과 영혼의 밑바닥에 자리하고 있는 비밀들을 피해 패륜과 도덕이라는 양극으로 도망쳤다. 이 사교문학에서는 합리적 성격을 지닌 애정문학의 모티브와 전통적인 어조들을 모두 받아드려 이용하고 처음부터 철저하게 연습하였다. 유럽 로코코 문학의 모든 요소들, 예컨대 젊은이의 연정에 대한 지나친 관심의 표시, 정곡을 찌르는 재담 때문에 생기는 매력적인 상황, 신화적인 소도구, 목가적 복장과 주점, 애교를 부리며 버릇없이 구는 아가씨와의 다툼, 욕정과의 싸움에서 승리하는 도덕에 대한 열광적 찬양, 비이란트의 고전적으로 절제된 생의 쾌락과 리처드슨의 도덕성 등이 정겹고 피상적인 시구詩句 속에 재현되어 있었다.

그러나 분명한 것은 이 아류문학 속에서도 새로운 독창적 성향이 점점 더 강력하게 부상하고 있다는 사실이다. 그 단적인 예로 근원적 감정의 열망이 전통적인 형식들을 밀어냈다는 점을 들 수 있다. 괴테는 라이프치히에서 첫사랑의 황홀함을 경험했다. 이 첫사랑은 그를 흥분시키고, 육체적 소유의 행복감과 질투와 배신감의 고통을 함께 맛보게 하였다. 그의 라이프치히 생활은 그의 시보다는 열정적인 편지 속에 더욱 분명하고 리얼하게 그려져 있다. 당시 그의 시는 온통 무해하고 장난기 섞인 로코코의 에스프리 쪽으로 방향을 바꾸어 불안의 고통을 허무에 대한 반어적 칭송으로 선회시키기를 거듭한 것들이었다. 그는 이 새롭고 비극적인 경험을 간간이 "모든 정다움과 기쁨이 그토록 허무해 보이는 상황에서 즐긴다는 것이 내게 무슨 도움이 되겠는가?" 라고 표현하고 있다. 그러나 기교가 넘치는 이 시들도 최소한 일생을 두고 괴테의 내면에 문학이 지니는 의미, 이른바 구원과 진정의 효과가 있는 고백 문학으로의 변신을 통해서 내면생활의 갈증과 강요로부터 해방된다는 의미를 가졌던 것은 확실하다.

3. 최초의 희곡

노년에 와서 괴테는 그처럼 고대해 왔던 여유, 곧 좀 더 자유롭게 사방을 둘러보고 안도의 숨을 내쉴 수 있는 여유를 스트라스부르 시절의 작품들 속에서 최초로 느낄 수 있다고 고백하고 있다. 그러나 라이프치히 시절의 문학을 전적으로 배격만 할 것이 아니라, 이 소년이나 다름없는 젊은이가 독일 아나크레온 문학의 동인同人인 동시에 가장 재능 있는 시인 중에 한 사람이었다는 것을 우리는 분명히 알아야 한다. 아울러 그가 전통의 영역에서 놀랄 만한 수준의 기교상의 세련미와 안정감을 습득하고, 빠른 속도로 학생에서 명인으로 발전하고 있음도 알아야 한다. 괴테 자신이 규정한 이 초기 문학이 지니고 있는 또 하나의 다른 성격은 그 당시 진행되고 있는 경향, 즉 "사건의 진실, 감정, 성찰과 나아가서 직접성을 요구하는 경향"(WA.I.27, 395)에 더욱 잘 부합되고 있다. 물론 그와 같은 가치의 추구는 곧 가시화되는 목표에 예감을 가지고 접근하고 있는 것임을 여기에서 분명히 알 수 있다. 나중처럼 체계적인 자연 연구의 길에 아직 접어들지는 않았지만, 괴테는 처음으로 라이프치히에서 자신의 본래의 직관 방식과 시각적인 경험 방식에 따라 감각적-대상적 직접성을 추구하는 노력을 통해 자연과 자연의 소박성을 미학적 이상으로 파악하고, 이를 희구하기를 배운다. 또한 화가 아담 프리드리히 외저와의 만남과 그로부터 영향을 받은 그림 그리기는 학문적-비판적 정신에 경도되어 있던 괴테에게 시인으로서 좀 더 자유롭게 발전할 수 있는 가능성을 높여 주었다. 머지않아 좀 더 분명하게 나타나겠지만, 그는 이때 이미 많은 지식과 날카로운 지성, 장난기 어린 재담이 예술적 감각과 감정에게는 적敵이라는 기본적인 사실을 깨닫게 되었다. 괴테는 드디어 외저가 역설하는 자연의 소박성을 계몽주의 시대에 추켜올렸던 정신문화의 대안으로 인식하기에 이른 것이다. "소박한 것 이외의 진실은 없다"는 명제가 이제는 문학의 형식과 내용에 모두 해당된다고 그는 보았다. 여기서 의미하는 것은 아직 조화를 이루고 호감을 주는 조용한 자연의 소박성으로 질풍노도 시대에 볼 수 있는 위대함, 강력함, 야성 같은 것은 아니었다. 그러나 자라나는 시인에게는 여기서 이미 길을 인도하는 별이 보인 것이다. "지식이 늘면, 불안 또한 증가한다." 새로운 지식은 여전히 그에게 결정적으로 변화를 가져다주지 못하고 있었다. 그는 미처 빙켈만의 이론을 접하지 못했기 때문에 드레스덴에서 고대의 조각상들을 무심히 보고 넘어갔고, 그리스문학과의 첫 대면도 그에게 직접적인 영향을 끼치지 못했다. 그러나 그는 이미 새로운 길로 접어들었다. 그의 초기 작품들은 그 점을 은연중 암시하고 있다. 목가적인 습작 〈*연인의 변덕 Die Laune des*

Verliebten〉은 쾌락의 감미로움보다는 사랑의 고통을 다루고 있고, 〈공범자들 *Mitschuldigen*〉의 장난기 있는 사건들의 배경에는 도덕적 타락이라는 어둡고 위협적인 요소가 숨어있다. 〈밤 *Die Nacht*〉, 〈달님에게 *An den Mond*〉와 같은 자연을 묘사한 시에는 오시안풍의 장엄한 풍경이 특징적으로 나타난다. 그리고 아직은 확연하게 증명되지는 않았으나 고상한 송가에서 보이듯 열정적인 문체로 가득 찬 베에리쉬에게 보내는 시들은 비록 그 동기는 약하지만 미래의 이상주의자를 예고하는 진지함과 윤리적인 힘들을 여실히 드러내고 있다.

4. 경건주의와 만남

괴테는 이 시절 그 시대의 합리주의적인 정신적 자산에서 그의 정신형성에 도움이 될 만한 것을 아직 발전도상에 있는 자신의 능력에 맞게 체득했다. 첫사랑의 경험을 통해 얻은 감정의 도취가 그의 자아의 밑바닥까지 미치지는 못하였지만 그의 내부에서 욕망을 촉발시켰고, 처음으로 자신의 가슴이 순수하게 염원하는 이상과 제한된 삶의 현실 사이에서 갈등을 체험하게 되었다. 그러나 이 모든 것은 아직 중요하지 않다. 열망하던 여인이 그를 단념했을 때 마음이 아팠지만 괴테는 곧 이 처음으로 느낀 충동의 불안한 고통에서 해방되어 비로소 삶다운 삶을 살기 시작했다고 믿기에 이른다. 그가 아직 맛보지 못한 것, 즉 영혼의 바닥이 갈아엎어져서 부드럽게 부수어지는 것, 어둠을 체험하는 것 등은 언제나 예정의 지혜를 지닌 운명의 도움을 받아 온 그에게 이제 비합리적인 힘과의 만남을 제공한다. 이 비합리적 힘들은 합리주의적 시대정신의 지각을 뚫고 솟구쳐 올라와 곧 아름답게 꽃을 피웠다. 라이프치히 시절을 의미 깊게 종결시켜 준 육체적, 정신적 탈진은 그를 향해 다가오는 새로운 것을 향해 그의 내면을 열어 주었다. 그로 하여금 합리적으로 세상을 사는 지혜를 가르치는 학교와 시문학을 좀 더 재빨리 통과하도록 도운 친구 에른스트 볼프강 베에리쉬가 있었던 것처럼, 지금의 결정적인 위기의 순간에 에른스트 테오도르 랑어를 통해서 개인적인 종교적 심성, 열정적인 예감의 기독교, 영혼의 내면으로 가는 통로가 그에게 열렸다. 그러니까 그 당시 경건주의 그룹 속에 살아 있던 것과 같은 유형의 종교성과 접촉할 수 있는 통로가 열린 것이다. 그는 고향인 프랑크푸르트로 돌아온 후 헤른후트파派의 비밀집회에 합류하게 되었다. 그의 모친과 친분이 있는 폰 클레텐베르크 여사가 계기를 마련했는데, 이 중요한 사건에 대해서는 (이제 알려진지 겨우 10년밖에 되지 않은) 랑어에게 보낸 괴테의 편지들이 역사적인 증언을 해주고 있다(이 편지들은 파울 침머만 Paul Zimmermann이 1922년 볼펜뷰텔에서 출간하였음). 일 년 반의 프랑크푸르트 체류기간 동안 병으로 인하여 활동 범위가 자신과 가족의 테두리로 제한되었을 때 그는 경건한 기독교신자이자 경건주의자였다. "마침내 주님이 나를 붙잡았고, 내가 너무 멀리 그리고 너무 빠른 속도로 그에게서 달아났을 때 그의 손이 나의 머리카락에 닿았다." 한때 클롭슈토크가 체험했던 것과 같은 활발한 종교적 근원과 괴테 세대의 거의 모든 시인들이 겪게 되는 경험을 이제 그도 경험하게 된 것이었다. 즉 감정 에너지가 아무런 제약도 받지 않게 되고, 영혼의 위력이 발휘되자, 그의 내부에 있던 창조적 바탕이 모습을 드러내게 된 것이었다. 그는 내면적으로 좀 더 면밀하게 자기 자신을 관찰하는 '관찰자'가 되어 내면의 소리에 귀를 기울이면서, 그 소리가 이끄는 대로 속마음을 털어놓는 법을 배웠다. 비판하고 분석하는 사고보다 예감과 계시가 더욱 가치와 깊이 있는 인식을 제공한다는 것을 깨달았다. 이는 괴테의 생의 발전에 경건주의적 '깨달음'이 있었음을 의미하는 것이다. 그가 비밀집회의 올바른 회원이 될 수 있다는 것을 자신도 진정으로 믿지 않았다. "항상 믿음에 있어서는 약했다"고 그는 고백하고 있다. 그리고 그가 얻은 종교에 대한 사랑과 겸손, 복음에 대한 친밀감, 언어에 대한 외경심 같은 것들도 그를 예정된 길 위에서만 발전시킬 수 있다는 것을 그는 처음부터 알고 있었다. 그 예정된 길이란 그에게 점점 더 분명하게 인식되어 오는 이른바 예술로 가는 길을 가리킴은 말할 것도 없다. "솔직히 이야기하자면, 지금 나의 전체적인 의식 변화와 진정으로 자비의 손짓을 좀 더 열성적으로 받아들이는 데 가장 결정적인 장애물들은 나의 번쩍이는 두뇌, 나의 재담, 나의 노력, 그리고 시간이 지나면 좋은 작가기 될 것이라는 상당히 근거 있는 소망 같은 것들이다."

경건주의는 근대 개신교의 신비주의를 말한다. 이와 같은 계몽된 시대에 역행하는 비합리적 세력과의 만남은 괴테에게 자연철학적 신비사상과 인식방법의 길을 열어 주었다. 자신이 증언하고 있듯이 그는 프랑크푸르트에서 병을 앓고 있던 시절에 신비주의 작가들의 글과 연금술사, 카발라 파, 경건주의자들의 서적을 연구하기 시작했다. 그는 당시 정통 학문에서 엄격하게 금지된 이들 저술을 모조리 섭렵할 수 있었다. 프랑크푸르트에서 시작한 이 서적들의 독서가 얼마나 효과가 있었는지를 스트라스부르 메모들이 증언해 주고 있다. 그는 파라켈수스를 읽었으며, 타울러와 토마스 아 켐피스, 반 헬몬트의 저술 그리고 벨링과 프랑스의 신비주의자 페터 푸아레와 폰 귀용을 읽었다. 이와 같은 사상의 수용을 통해서 그 무렵 생성되기 시작한 그 자신의 종교는 자양분을 공급받게 되었다. 두 번째 프랑크푸르트 시절에 쓴 가장 아름다운 시 *〈작별 Der Abschied〉*은 감정을 직접적으로 표현하는 가운데 이 새로운 경험의 진정한 효과를 분명하게 보여주고 있다.

프랑크푸르트의 다락방에 앉아 있는 요한 볼프강 괴테 (약 1770~1772)
자화상으로 추정되는 연필 스케치

제 2 장

파도치는 바다 위에서

1. 스트라스부르

이제 막 시작되는 괴테의 청년기는 발아發芽의 시기요, 처음으로 경험하는 창조적 불안의 시기, 자기 자신을 의식하는 시기라고 할 수 있다. 인간의 발전은 예외 없이 안에서 밖으로 표출되는 자아의 열망과 밖에서 안으로 밀려들어 오는 힘들이 만나서 격렬하게 대결함으로써 나타난다. 곧 반발과 융화, 배척과 수용의 과정을 통해 생명력 있는 자아가 발전하는 것이다. 그리고 안팎에서 일어나는 재앙, 자신이 지닌 마성, 거인적 운명의 힘으로 야기되는 저주나 은총은 이와 같은 발전에 방향을 제시하고 결단을 촉구하는 촉매제 역할을 한다. 이것이 모든 유명 인사들의 전기傳記에서 발견되는 힘의 공식이다. 이 공식을 충족시키는 개인의 형편과 특수한 역사적 상황이 어우러진 것이 곧 삶의 현실인 것이다. 작용하는 나Ich와 역작용을 하는 너Du의 투쟁은 한 개인의 삶의 주요 과정이고, 행동과 업적은 그 과정을 통해 얻어진 결과인 것이다.

괴테는 이제 자아를 발견하게 되고, 그의 자아가 만나는 외부의 힘들과 겨루는 첫 창조적 씨름에서 자신의 법칙에 따라 자유롭게 발전하기 시작했다. 동시에 그는 아직은 시작단계에 불과하지만 처음으로 젊고 원천적인 그 시대의 강력한 힘들을 자신 속에 수용했다. 이는 노력을 통한 성취인 동시에 시류에의 편승이기도 했다. 이 둘 중 하나가 없어도 안 되지만, 그렇다고 어느 한 쪽이 다른 쪽을 탄생시키는 모태가 되는 것도 아니었다. 그러나 우선 상황이 엄청나게 유리했고, 이 유리한 상황과 그의 내면에서 약동하는 발전 에너지가 만남으로써 비로소 괴테가 그토록 빠르고 훌륭하게 발전할 수 있었던 것은 사실이다. 괴테는 독일에서 경치가 가장 아름다운 고장 중 하나일 뿐만 아니라 독일의 가장 오래된 문화의 터전이기도 한 스트라스부르로 가게 되었다. 이제 관심 있는 예술가가 언제나 볼 수 있도록 빼어난 옛 건축물들이 눈앞에 있고 문학적으로도 이미 무엇인가를 성취한 상황에서 그는 사랑을 체험했다. 또한 이 순간 인간사의 모든 것을 예정하는 자비로운 신의 섭리로 받아들이지 않을 수 없을 만큼 뜻 깊은 우연을 통해 요한 고트프리트 헤르더를 만나게 되었다. 헤르더는 당시에 괴테가 필요로 하고 추구하는 것을 전수할 수 있는 유일한 인물이었다. 또한 같은 또래 젊은이들의 동아리 모임은 그가 혼자 발견하고 느낀 것을 즉시 공동의 것으로 경험토록 하는 장場이 되었다. 이 시절 그가 쓴 시 〈*영접과 작별 Willkommen und Abschied*〉과 〈*오월의 축제 Maifest*〉 속에 가장 심오하고 아름답게 표현되어 있는 충만한 삶의 솟구치는 감정은 그 다양하고 값진 체험 속에 담긴 아픔과 죄책감을 통하여 비로소 완성된다. 이 시들은 라이프치히 시절의 유희나 재담과는 전혀 다른 어조를 담고 있다. 또한 이즈음 그가 쓴 편지에서 볼 수 있는 고백하는 투의 문장들도 과거와는 전혀 다른 삶의 감정을 표현해 주고 있다. 그는 의도적으로 숨을 고르고 생각해보려고 하지만, 발전해야 한다는 강박관념이 너무 강력했기 때문에 그것조차 허용되지 않았다: "그러려면 우리들은 현실에 *안주하지*sein만 말고, 장차 반드시 무엇이든 *되고자*werden 하는 의지가 있어야 하며, 정신과 육체가 지친 나머지 특별히 휴식이 필요할 경우를 제외하고는 자주 멈춰 서서 쉬는 일이 없어야 합니다"(JG. II, 11). 그는 처음으로 무엇에 조종당하고 있다는 느낌을 갖게 되었다. 그것은 다름 아닌 그에게 친숙하면서도 막강한 위력을 지닌 '마성Dämon'이었다. 그리고 그를 기쁘게 하는 것은 바로 행복과 불안, 희망과 공포, 자신과 실의의 교체였다. 괴테는 헤르더에게 쓴 편지에 "나는 작은 배를 타고 여전히 파도치는 바다 위에 있습니다. 그래서 별들이 숨으면 나는 운명의 손에 맡겨져 떠내려갑니다."(JG. II, 293)라고 자신의 처지를 표현하고, 자신을 "가슴은 없고 머리만 있는 가련한 사람"(JG. II, 293)이라고 덧붙였다. 이것은 그 자신이 그 시대의 합리적 영역과 본래의 자신의 출발점에서 벌써 멀리 떨어져 나와있음을 분명히 말해주고도 남는다. 그렇지만 이 충만하고 풍부한 삶의 감정은 피상적이고 낙천적이지만은 않다. 그는 동시에 친구에게 자신의 느낌을 이렇게 고백하고 있기 때문이다: "나는 우리가 원하던 것을 얻었다고 손톱만치도 더 행복해지지 않는다는 것을 느끼고 있네. 한낱 덤일 뿐이야! 운명이 우리들의 모든 행복감 위에 얹어주는 덤!"(JG. II, 24). 불만과 불안의 마성, 거인의 속성 등, 이른바 파우스트라는 인물이 지닌 기본 성향들이 이미 이 첫 번째 깊은 경험에 깃들어 있었다. 그러나 이 초보자는 자신이 온갖 강력한 느낌과 의지를 가지고 있음에도 아직은 이를 실현할 만한 능력을 가지고 있지 못하다는 사실 때문에 고통스러워했다. 그가 보기에 그처럼 칭송되는 핀다루스의 '절제미', 형성물의 완성도, 명인의 경지 등이 아직 자신에게는 없었다. 그는 여기저기 섭렵涉獵만 했을 따름이었다. "모든 대성하는 사람에게서 공통적으로 발견되는 남다른 특성은 바로 무슨 일이건 바싹 덤벼들어서 이루어 내는 것입니다. […] 나는 코란에 등장하는 모세처럼 기도하고 싶은 심정입니다: '주여, 저의 이 좁은 가슴속에 공간을 만들어 주십시오!' 라고" (JG. II, 294). 그에게 부족한 것은 강박감이나 필연성이 아니었다. 그는 관례적인 형식에서 벗어나 새롭고 근원적이며 그 자신에 합당한 형식을 모색하고 있는 중이었다. 그러나 그것은 그의 청년기가 끝날 무렵에나 겨우 성취되었다. 그는 아직 "파도치는 바다 위에" 있었고, 그가 스스로 일컫는 것처럼, 애당초 그의 내부에서 솟구쳐 올라 온 것이긴 하지만, 시간이 가면서 비로소 그와 조우하게 되는 원초적 힘과 노력의 전 순환과정을 거치도록 인도하는 어떤 힘이나 염원, 환영幻影에 밀려가는 방랑자에 불과했다.

2. 프리데리케

그에게 사랑하는 사람이 생겼다. 생전 처음 느껴보는 가슴 벅찬 행복감에 밀려 라이프치히에서 겪었던 고민들은 이제 의미가 없게 되었다. 프리데리케 브리옹과의 관계는 가부장적이고 원초적인 *〈웨이크필드의 시골목사 Vicar of Wakesfield〉*의 밝고 정겨운 작풍作風을 본받은 목가로 시작되어 고통과 후회로 끝났다. 괴테는 여기서 가슴으로 느끼는 행복이 무엇인지 처음으로 경험했다. 동시에 가장 깊은 사랑의 감정이 종국에 가서는 신의와 양심을 저버리고 말게 되는 것도 경험했다. 순수한 느낌은 "끝이 없기"를 원하면서도 동시에 거기에 만족하지 않고, 계산하는 이성의 속삭임에 홀려서 그 이상의 것을 원했다. 마치 꽃 속에 들어있는 독과 같다. 이는 오랜 옛날부터 있어 온 영구불변의 경험임이 틀림없을 터이지만 괴테에게는 새로운 경험이었다. 사람이란 감정의 깊이가 없으면 진정한 삶의 기쁨을 느끼지 못하는 법이다. 바로 이 깊은 감정의 배신으로 인해 빚어지는 비극이 독일의 신시대 문학에서 처음으로 탄생하게 되었다. 특별히 그 시대의 살아서 작용하던 힘들이 그 같은 경험들을 더욱 절박하고 심각하게 만든 것이리라. 당시의 인간이 느낀 기쁨과 고통이 바로 그와 같은 체험 속에 들어 있었다. 영원히 인간적인 것이 여기서는 부담을 주는 시대의 문제로 등장했다. 괴테는 이 모든 것을 희곡 *〈괴츠 Goetz〉*, *〈클라비고 Clavigo〉*, *〈파우스트 Faust〉*에서 형상화시킴으로써 자신을 심판하고, 자신의 사랑을 단죄했다.

3. 제젠하임의 노래

*〈제젠하임의 노래 Sesenheimer Gedichte〉*에 직접 속하는 시들

은 아직 티 없이 맑은 애정을 표현한 시들이다. 모두가 직접 체험한 작은 사건들, 연애 사건들이 이 단순한 시들을 탄생시키는 계기를 마련했다. 괴테의 아나크레온풍風의 특색으로 꼽히는 체험과의 '거리두기'나, 사랑의 체험을 통한 성찰과 지적 유희, 배역시 같은 것은 더 이상 찾아보려 해도 찾을 수가 없다. 오히려 이 시들은 직접 살아 있는 현실의 지분 소유자이고, 행복에 겨운 가슴의 전령이자 예찬이며 숨결들이다. 이 시들은 괴테가 차후 자신의 모든 시를 두고 일컬은 바와 같이, 체험한 순간의 풍요롭고 그윽한 삶이 한꺼번에 경험되고 형성되는 최고 수준의 계기문학 작품들이다. 주어진 기회, 개별적인 '지금Jetzt'과 '여기Hier'가 포괄적이고 보편타당한 현상을 표상하는 실례로 체험된다. 제젠하임의 노래들의 형상은 이와 같은 은밀하고 현전現前하는 성격을 분명하게 과시하고 있다. 그중 많은 것은 짧고, 순간적인 격정과 동기에서 간단히 적은 메모나 애인에게 대놓고 하는 말들이다: "지금 나의 느낌은 천사의 느낌이요"라든가 "내가 그대를 사랑하는지, 나는 알지 못 하오" 같은 시구가 그렇다. 여기서는 언제나 성찰을 통해 직접적인 체험에서 축출해낸 '의미Sinn'를 주제로 삼는 것이 아니라, 나름의 색깔과 열기와 형상을 지니고 있고, 유일무이하게 체감된 현재의 일회적인 것, 근원적인 것이 시적인 언어 속에 들어 있다. 물론 아나크레온풍의 비유와 특색들이 아직 많이 살아 있긴 하지만 시구의 경직된 규칙성은 서서히 풀리기 시작한다.

그러므로 이는 체험을 훼손하지 않고 통째로 보존하려는 새로운 시도로 독일 문학에서도 전례가 없던 일이다. 이는 독일어로 쓴 시 중에서 오직 삶의 순간의 근원적이고 특별한 본질만을 표현하고자 시도하는 최초의 시들이다. "살아 숨쉬는 삶", 대단한 감격, 활기 찬 현존의 감정과 깊은 영혼의 활동상들이 이 시들 곳곳에 담겨 있지만, 그 중에서도 가장 눈에 띄는 시는 이 시절의 가장 강렬한 시 〈*영접과 작별*〉이다. 이는 걷잡을 수 없는 사랑의 열망을 펴내어 하나의 사건 속에 담고 감정이 곧 행위가 되는 사랑하는 사람들과 그들의 운명을 노래한 한편의 담시譚詩이다. 기쁨과 고통, 절정과 종말, 결합과 작별 – 이 모든 것들이 밤중에 말을 타고 연인의 품속으로 달려가는 매우 직접적이고 구체적인 이야기로 요약되고 상징화되어 있다. 사랑의 전 과정 중에서 단 한 순간, 그러나 그 자체의 열기와 위대함을 지니고 있는 이 한 순간이 사랑의 완전한 감정과 운명의 가치로 표현됨으로써 전체 사랑을 대표한다. 이 시의 첫 행은 가슴을 언급하고, 마지막 행은 사랑을 논한다. 모든 것을 추진하고 지배하는 것은 가슴이다. 말을 타고 달리는 오시안처럼 고조된 풍경은 말을 탄 사람의 내면의 열기와 같은 언어로 말하고 있다. 즉 전율이 오관을 사로잡아 피 속에서 끓고 있는 자연 그대로의 것이 대상적 자연이 발하는 마성의 힘처럼 이 오관을 향해 다가오는 것이다. 풍경의 온갖 요소들이 살아서 행동한다! 마성이 발휘하는 힘으로 가슴의 불꽃이 더욱 높게 치솟는다. 대상적인 풍경들이 승화된 형상으로, 위력을 지닌 마성으로 형상화됨으로써 이 도취된 현존재가 생동감을 얻게 되는 것이 참으로 인상적이다. 열광하고 동경하는 가슴은 대상을 그처럼 보고 느낀다. 그에 비해 품안으로 돌진하는 이 정열의 주인공을 맞는 연인의 형상은 얼마나 대조적인가! 그 형상은 괴테가 〈*시와 진실*〉에 묘사하고 있는 것처럼 헌신적이고 매혹적이며 봄에 핀 장미의 빛깔과 같이 사랑스럽다. 이 사랑이 가지는 운명적인 성격은 바로 그와 같은 이율배반에 있다. 거인의 불타는 정열이 그처럼 진실한 애정 속에서 어떻게 잠잠해질 수 있을까? 작별의 상황은 슬픈 결말의 상징이고, 사랑은 이 노래처럼 끝이 난다:

> "나는 가고, 너는 서서 땅만 바라보았다.
> 그리고는 젖은 눈빛으로 나를 좇았다."

그러나 그 다음에는 후회의 예감과 의심의 전율을 진정시키면서, 자신과 자신의 행복을 모든 사물의 척도로 삼고 있는 가슴에 승리의 외침이 들려온다.

> "그렇긴 하지만, 어이된 행복인가! 사랑 받고,
> 사랑하는 것, 신들이여, 어이된 행복인가!" (JG. II, 60).

두 줄의 시, 행복과 사랑이라는 단 두 마디의 말. 행복이란 단지 이런 것일 뿐이다. 그야말로 통속적이고 간단한 종결이 아닐 수 없다. 한두 마디의 단순한 감탄사로 된 이 천재적 예술을 느끼려면 소리 내어 읽어야 한다. 기쁨과 애정이 합쳐진 이 같은 궁극적, 최상의 감정 앞에 분명한 언어는 기능을 발휘하지 못할 것만 같다. 그처럼 감정의 마지막을 오로지 더듬거리는 감탄사로 표현하는 것도 고도의 예술임이 분명한 것은 그 속에 직접적이고 따뜻한 삶의 최상의 진실이 있기 때문이다. 시 전체 연들이 감탄사로 채워져 있는 *〈5월의 축제〉* (후에 *〈5월의 노래〉*로 개제됨)가 바로 그렇다. 여기서도 자연은 살아 있는 것, 창조하는 것, 행동하는 것으로 보이고 느껴진다. 그러나 이 본질은 안에서 밖으로 작용한다. 즉 개별 현상들이 그 본질을 드러내고 있다. 현실을 향해 돌진하고 열을 올리는 자연의 삶, 그것은 시인을 연인에게로, 연인을 시인의 가슴으로 재촉하는 힘과 같은 것이다. 이 모든 것을 엮어서 직조하고, 모든 것을 연결시켜 주는 위력적인 사랑의 감정 속에서 자연은 시인에게 아직까지 알지 못했던 색깔과 형태로 빛을 발하고, 자신이 바로 이 아름다운 세계의 중심임을 체험적으로 느끼는 시인에게 새롭고 절묘한 방식으로 제 모습을 드러내 보이고 있다. 개별 감각적 현상에서 보편적 본질을 경험하는 것, 순간에서 무한을 경험하는 것, 이것이 바로 괴테의 자연종교의 원천이 되고 있는 것이다.

초기의 통속적인 사교 문학과 배역 문학이 이 같은 시들을 통해서 어떻게 극복되는지는 다름 아닌 당시에 가장 선호되던 아나크레온 풍의 구성요소와 모티브들을 여전히 담고 있는 시련詩聯들이 보여 주고 있다. 특히 가장 아담한 시 *〈작은 꽃, 작은 잎 Kleine Blumen, kleine Blätter〉*이 그렇다. 예쁜 꽃과 잎, 희롱하는 봄의 제신諸神들, 미풍, 장미와 머리밴드 등은 분명 아나크레온 시풍詩風의 소도구들이다. 리듬 또한 여전히 전통적 규칙을 따르고 있다. 그러나 이 소도구들에서 직접적이고 진실한 감정이 펼쳐지고, 그를 통해 통속적 상황에서 유일한 것, 생명력 있는 것, 다시 말해 완전히 개별적 색깔이 나타나는 것은 아나크레온 풍으로 볼 수 없다. 로코코 풍의 장난스러운 외설猥褻이 자취를 감추었다. 동시에 도덕성에 대한 열광도 이제는 사라졌다. 이 같은 많은 시에서 외경의 마음을 가지고 호출되는 운명과 제신들이 바로 진지하고 깊은 감정의 증인들이다. 이 감정을 추구하고 제공하는 것은 헌신이지 무책임한 희롱이 아니다:

> "운명이여, 이 욕망을 축복해 주어서,
> 나를 그의 것, 그를 나의 것이 되게 하여 주소서"
>
> "운명이여, 그대가 이 기쁨을 내게 주었고,
> 이제 내일도 오늘 같게 해주고
> 나를 그 기쁨에 합당하게 가르치소서." (JG. II, 58 - 59)

괴테는 진정한 사랑의 기쁨을 처음으로 느껴보지만 동시에 불안과 변덕을 야기하는 마성에 대한 두려움도 경험한다. 그는 소원하는 애정을 받아들일 자격이 없고, "목적과 안식이 없는 비정한 사람"이 되고 만다. 그가 무조건적인 사랑으로 고립무원하게 된 소녀의 마음의 평화를 깨뜨리고 있는 것은 아닌가?

4. 민중문학의 발견

괴테가 단순한 어휘를 구사한 직접적인 표현, 간단하지만 내면적인 감정의 표현, 살아 있는 날말을 그처럼 재빨리 발견하고 터득한 것은 민중문학을 발견한 덕택이다. 민중문학의 발견은 그의 세대가 공동으로 펼친 작업이다. 그러나 민중문학이 창작문학에 끼친 영향은 괴테가 스트라스부르에서 쓴 시들에서 처음으로 나타난다. 이는 근대 독일 문학 발전에 있어 가장 중요한 사건 중의 하나로 두 번에 걸쳐 반복적으로 일어난다. 그 당시 지나치게 형식적이고 주지적인 나머지 피가 통하지 않고 생명력이 없던 창작문학이 처음으로 계급의식이 없는 사회 하층계급의 집단속에 온존溫存해 있던 시적인 힘의 원천과 근원으로 눈길을 돌리게 되었다는 것이 첫 번째이며, 이로부터 창작문학이 새로운 생명력과 자연을 다시 획득하게 되었다는 것이 두 번째 사건이다. 거의 모든 민요는 실종된 창작문학에서 유래하지만, 민중이 이를 수용할 때는 그 어떤 진실이나 조형력 혹은 소박한 감정 같은 것을 통해 마음에 와 닿는 창작가요들만 수용한다. (이와 같은 특성들은 모두 투박하면서도 실제로 커다란 영향력을 지니고 있다). 이런 방식으로 민중은 문학적 기본가치의 보유자가 되어 노래들을 개작하고, 동일한 성격의 근원적인 힘을 발휘하여 이 노래들을 제대로 부른다. 문학의 언어가 개선이 필요할 때 방언으로 눈길을 돌리는 것처럼, 창작문학도 문학적 한계에 이르러 너무나 인위적이고 의식적으로 과장된 표현의 길을 더 이상 벗어나지 못하게 되었을 때, 민중의 문학 속에서 문학적으로 의식되지 않은 신화를 형성하는 상상력의 근원적 힘들을 재발견하게 되고, 바로 이런 힘들이 수준 높은 예술작품의 필수적인 자양분이 되는 것이다. 창작문학은 그 시대의 사회 구조와 상관없이 어디까지나 귀족의 산물이요, 상층계급의 문화적 소유물이다. 창작문학이 형식상의 높은 완성도나 사상적 무게를 지닐수록 그것을 향유하는 사회의 테두리는 좁아지고, 그럼으로써 민중과의 거리는 더욱 벌어진다. 그 같은 간극이 극대화되면 문학예술은 전회轉回하여 공동체의 영역 속으로 다시 돌아온다. 그리고 인간의 단순한 느낌을 "자연스러운" 언어로 표현하고, 원초적인 내용을 형상화하기 시작한다. 이 같은 예술 사회학적 과정은 양식과 방향의 대전환을 수반한다. 질풍노도 문학에서 일어난 현상도 이 같은 성격을 띠고 있다. 상류층이 스스로 탈퇴한 마지막 대 공동체는 기독교 교회공동체로서 그들은 그 공동체를 다시 찾지 않았다. 사람들은 이제 모성적 자연의 공동체, 진정한 창조로 통하는 의식되지 않은 기본적 삶의 공동체로 되돌아간다. 그들은 민중문학 속에 인간 본연의 모습이 살아 있는 것을 발견한다. 이제 문인들은 민중의 천재성을 모든 노래, 전설, 민담의 근원으로 받아드렸다. 새로운 자연문학은 모름지기 그와 같은 근원으로부터 출발해야 하는 것이다. 민중의 천재성은 역사 이전의 단계에서 보편적이었던 인간 본연의 창조적 힘이었으나, 현재에는 사회적 하층계급 내에서만 아직 살아 있을 뿐이다. 헤르더는 이렇게 표현한 바 있다: "모든 상태마다 자연이 작용함에도 불구하고 사람들이 한때 꾸밈없는 자연 상태라고 습관적으로 불러 온 단순한 감각적 느낌의 상태가 있다. 이 상태에서는 올이 보다 고운 실들이 모두 아직 '하나의' 뭉치 속에 들어있으면서 '하나의' 튼튼한 밧줄 역할을 한다. 이 상태에서 이성은 여전히 용이주도하지 못한 행동 속에 존재한다. 정열은 수다와 뒷맛이 없는 자연적 충동이요 습관이다. 그러므로 여기에서 영혼은 지나치리만큼 밝지는 않지만, 대단히 확고하고 강하고 활동적으로 자기를 표명한다.” 자신의 역량을 마음껏 펼치지 못한 전체성, 단순하고 계산되지 않은 총체성과 보편성, 이 모두가 “한 뿌리에서” 자라나서, 아직은 최고도에 이르지는 못했지만 최소한 유기적 생명체의 모양은 갖추고 있다.

당시 괴테와 그의 동년배들은 그와 같은 근원적인 전체성과 민중의 천재성의 이념과 씨름했다. 곧 그 세대의 모든 사유 및 감정 세계를 지배하게 될 문화와 자연 사이의 큰 괴리乖離는 또한 창작문학과 자연문학의 괴리를 포함하고 있었다. 로코코 문학은 의식과 의도, 성찰의 문학이었다. 그러나 새로운 세대의 저울대로 가늠해 보면 로코코 문학은 ‘사이비’ 문학이나 다름없었다. 로코코문학에는 젊은 시인들이 소망하는 진정한 시문학이 갖추어야 할 요소들, 이른바 단순, 자연, 진실한 감정, 직관적 삶, 자연적 성장 등이 결여되어 있기 때문이다. 젊은 시인들은 이런 요소들을 지금까지 간과되고 멸시당한 민요, 즉 민중 속에서 불리는 노래 속에 건재하고 있는 것을 발견했다. 그러나 로코코 시인들은 민중을 위하여 문학성이 있는 좋은 노래를 인위적으로 만들어야 한다고 믿었다. 그렇게 함으로써 그들과는 거리가 멀지만 민중에게는 사랑받는 노래들을 밀어내려고 했다. 실제 그들이 민중에 속했다 하더라도 민중가요의 매력을 느끼지 못했을 것이다. 그들의 예술의 하늘에는 민중이 바라보는 것과는 전혀 다른 별들이 떠 있었기 때문이다.

5. 헤르더

괴테는 민중문학의 본질과 가치를 깨닫고 이해한 그 세대 최초의 시인이었으며, 그 길로 그를 안내한 사람은 헤르더였다. 헤르더는 문학예술이란 고도의 문화교육과 "몇몇 섬세하고 교육받은 남자들의 개인적 소질"(HA 9,408)이 아니라 모든 인간, 민족, 시대의 자연적 재능이라는 것을 민중문학이 증명해 주고 있다고 가르쳤다. 전설, 민담, 노래 속에 믿음, 자연의 삶 등 보다 원초 단계에 있는 인간의 감각적 직관이 표현되어 있다는 것이다. "거기에서 사람들은 모르니까 꿈을 꾸고, 보(이)지 않으니까 믿고, 마음이 갈리지 않고, 배우지 못한 영혼을 통째로 지니고 작용한다[…]." 그가 보기에 민요(이 낱말도 헤르더에서 유래함)란 그처럼 자연적이고 단순한, 근원적인 태도와 상응하고 노래 속에서만 살아 있는 가요歌謠 일체를 말한다. 이 운동은 루소의 복음서를 통해 강력하게 영양을 공급받은 문화인의 근원적인 순수함, 자연적 힘과 감성에 대한 사랑을 촉구하였다. 헤르더는 '야성적 인간'의 강력하고 확고한 표현을 높이 평가했다. "야성적 인간들은 말하려고 하는 것을 항상 감성적으로, 분명하고도 생명력 있게 직관하면서, 다행히 정신의 약점을 알지 못한 채 전체의 언어를 통해 전체의 사상을 이해하고, 역으로 전체의 사상을 통해 전체의 언어를 이해한다." 표현의 단순한 천재성, 생동감, 완성도 – 그와 같은 개념을 바탕으로 헤르더의 글들은 처음으로 훌륭한 프로그램을 개발시켰고, 괴테의 스트라스부르 문학은 첫 사랑의 열매로 새로운 창작시를 만들어 냈다. 당시 헤르더는 독일에서는 최초로 민요를 수집하여 출간을 시도했고, 괴테도 그를 도와 수집한 몇 편의 민요가 아직도 전해지고 있다. 그는 엘자스 지방에서 "늙은 엄마의 음성으로 부른 노래들을 채취했다."(JG. II,110). 이 노래들은 순전히 사설辭說들로서 대부분 오래된 것들이다. 토머스 퍼시가 고대 영국의 담시들을 수집했던 전례를 본받아 독일의 민요 열광자들은 우선 담시형식의 노래들을 수집했다. 그러나 괴테는 '민요'의 모방자이거나 완성자는 아니다. 그랬다면 그가 사람들에게 조화를 생화로 연출하는 꼴이 되었을 것이다. 그는 오히려 이 노래들을 통해 그때까지 멸시받던 단조로움, 단순함, 생동감, 내면성, 자연적인 것들을 모든 문학의 기본가치로 이해하는 법을 배웠다. 그리고 그의 가슴, 그의 정신, 그의 예술혼이 끌리는 것이 바로 이런 것임을 알게 되었다. 이 새로운 문학의 이상은 민요와의 만남과 헤르더의 가르침을 통해 의식되고 그 바탕이 마련된 것이다. 이 노래들이 그에게 지니는 의미는 바로 그 점에서 찾을 수 있고, 그런 것들의 보편적이고 근본적인 영향들은 그때부터 그가 청년 시절에 지은 시에서 느낄 수 있다. 이 새로운 문학의 이상에는 그의 새로운 예술관, 즉 예술은 남이 형상화해 놓은 것을 모방하거나, 항상 완전한 구조물의 기술적 모조를 통해서 탄생되지 않는다는 인식이 담겨 있다. 예술은 (어떤 것이 되었든) 모방이고, 이 모방은 법칙과 같은 보편적 규칙에 따라 행해져야 한다는 낡은 학설에 반대하여, 이제 이 젊은 세대가 내세우는 것은 '진실'이었다. 그들은 오직 저절로 된 것, 자연적으로 성장한 것, 유기적으로 발육된 것만이 예술이라 할 수 있고, 창조적 인간만이 예술가라고 주장했다. 그러므로 남의 것을 모방하지 않더라도 남의 것을 통해, 어쩌다가 씨가 떨어졌건 저절로 싹이 솟아났건 상관없이, 자기 자신 속에 근원적으로 들어 있는 힘들의 가치와 특성을 분명하게 깨달을 수 있다는 것이었다. 사람들은 그와 같은 힘들이 민중문학을 탄생시켰다고 믿고, 이 힘을 그 자체 내부에서 다시금 자유롭고 효율성 있게 만드는 것을 중요하게 여겼다. 민중문학이 계시한 것이 바로 그 점이었다.

〈*작은 꽃, 작은 잎*〉은 원래 괴테의 창작시였으나 민요가 되었다. 그것은 곧 이 시가 민중들에게 감동을 주었고, 민중의 의지에 따라 변형되었다는 것을 뜻한다. 그 경우 시적인 부드러움과 우아미優雅美는 상실되지만, 이 시행들이 민중에게 말을 건넬 때 유발되는 단순하고 솔직한 느낌은 유지된다. 젊은 괴테의 시 가운데 민요가 된 또 한 편의 시로는 많이 알려진 〈*들장미 Heidenröslein*〉가 있다. 그러나 이 시도 역시 민중담시의 어조를 띄기는 했지만, 괴테는 이 시를 결코 민요라고 생각하지 않았다. 이 시는 사랑이 어떻게 아픔이 되는가를 읊은 옛 이야기이다. 여자가 감당해야 하는 운명에 관한, 생래적으로 여자이기 때문에 감수해야만 하는 속박에 관한 이야기이다. 여자의 존재는 바로 이 운명과 속박에 의해 결정되고, 남자는 이와 같은 삶의 연관 속에서 속박을 덜 받고 운명의 지배를 덜 받으며, 대상을 잡으면 그것을 망가뜨리고 마는 이른바 '즐기는 자'가 된다. 이 시는 괴테가 프리데리케에 대한 사랑을 통해서 내면적으로 직접 체험하고 깨닫는다는 깊은 의미가 있는 오랜 사건을 내용으로 하고 있다. 저 멀리 16세기의 경쾌하고 별 뜻이 없는 작별의 노래에 나오는 것들을 기억 속에서 다시 불러일으키고 있다. 여기서 후렴은 '들에 핀 장미꽃' 이고, 이야기는 장미꽃을 꺾고 마음 속으로 기쁨을 느끼는 어린 소년에 관한 것이다. 그처럼 생생하고 소박한 모티브를 가지고 괴테는 노래를 엮는다. 정교한 솜씨로 서술을 하면서도 아주 엄격하게 생동감을 지닌 비유로 묘사됨으로써 어디에서도 소박성이 상실되지 않고 있다. 그러나 그 이전의 민요와 비교하면, 이 모두가 최상의 예술작품이요, 그야말로 인상 깊고 분명한 독창성을 지니고 있다. 그처럼 창작문학도 단순하지만 진심 어리고, 간단하지만 생동감이 넘쳐 민중들이 그들에게 어울리는 노래로 이를 받아들일 수가 있었다.

괴테가 헤르더와의 만남 덕분으로 얻은 소득은 민중문학을 알게 된 것만이 아니다. 헤르더는 일종의 정신적, 문학적 세력을 형성한 새로운 운동의 개척자이자 산파이며, 이 신생 학파의 수장이다. 독일의 동쪽 끝에서 온 이 창의적 인물은 그 당시 모든 것이 예정되기나 했던 것처럼 독일의 가장 서쪽에 위치한 도시에 모였던 젊은이들에게 새로운 메시지를 전하는 사도使徒로 나타난다. 괴테 자신도 사람들이 아직 잘 모르고 있던 이 새로운 운동의 첫 포교자의 학생이자 친구였다. 헤르더는 처음에 혁명적 사고방식과 감정을 가장 일찍 품었던 하만의 이론을 전파한다. 이 이론의 핵심은 비합리적인 것을 폄하한 계몽주의에 맞서 비합리적인 것의 명예를 회복하는 것이었다. 비非이성적인 것, 이성 이하의 것이 여기서는 보다 높고 본질적인 의미에서 이성적인 것으로 이해된다. 감정과 믿음 같은 본능적인 것과 예감이나 계시 같은 무의식적인 것, 근본적인 것과 마성적인 것, 천성적인 것과 개별적인 것 등의 가치들이 높이 평가된다. 하만에게 있어서 이 모든 것은 기독교적 체험과 사유에 그 근원을 두고 있다. 또한 그의 자아는 무의식과 잠재의식에 뿌리를 두고 있다. 그리고 그처럼 체험하는 자는 의식에 사로잡혀 있는 자보다 근원에 더 가깝게 열려 있다고 믿었다. 그와 같은 학설은 젊은 사람들 중 종교적인 결속이 없더라도 친화력을 가지고 있는 존재들에게 그들이 갈망하던 총체적 계시의 힘을 발휘했다. 새로운 예술에 대한 하만의 통찰은 특히 헤르더의 변형과 후속적 노력을 통해 성과를 거두었다. 하만의 미학은 영국적인 사유방식의 영향을 받은 스위스 사람들의 저서들과 라이프니츠와 섀프츠베리의 철학으로 계승된 모든 단서들과 프로그램들을 독일을 위하여 요약한 것이다. 그리고 하만의 감지 및 사유방식은 당시 젊은 시인들의 내향성까지도 함께 부각시킨 근대 개신교의 신비주의 뿌리에서 자라난 것이다. 종교적 경험형식이 이제 세속적인 내용으로 채워져 일반화되고 '세속화' 된 것이다. 하만은 그의 종교적 체험을 통해서 입증된 새로운 독법讀法으로 성경을 읽었다. 그는 언어가 비감각적인 것의 비유적인 매개자로서 정신계와 물질계를 연결시켜 준다는 것을 발견했다. 그리고 시문학은 인류의 원原언어라는 것, 신은 이 원언어로 인간의 입을 빌려 인간과 담화를 했다는 것을 발견했다. 그러나 이 태고의 근원적인 문학, 진정한 문학의 언어인 신의 언어는 이성과 사유의 언어가 아니라, 직접적이고 반추되지 않은 감각과 정열의 언어였다. 이 언어와 모든 자연의 문학은 감성적인 상징을 통해 담화한다. 비유들은 개념들보다 진실하고, 감정은 사유보다 깊고 본질적이며 근원적이다. 이 이론은 편파적인 정신과 의식을 폄하하고 있음을 분명히 인식할 수 있다. 당시 사람들은 이 이론속에 오직 상실된 단순성과 진실을 되찾아야 한다는 주장이 선포되어 있음을 발견했다. 젊은이들은 모두 이 이론을 수용했다. 사유를 바탕으로 이해하는 입장에서 볼 때 어디까지나 규칙이 없는 자의적恣意的인 것들, 예컨대 창조의 즉흥성, 예술적 상상력과 그들의 감각적이고 비유적인 언어가 지닌 권리, 초현실적인 것의 살아 있는 계시로서 예술적 상징이 지니는 의미 등, 아주 중요한 사안들을 처음 주장한 사람은 하만이다. 그리고 이 사안을 분명하고 효율성 있게 선포하고, 전 지식인 세계에 전파한 사람은 헤르더이다. 뿐만 아니라 이 사안은 궁극적으로는 질풍노도 시인들의 작품을 통해 문학적으로 형상화되었다. 이와 같은 견해를 애초부터 자신 속에 키워 온 괴테는 헤르더를 통해서 비로소 이를 분명히 수용하기에 이른다. 그러나 그는 자신에게 가장 많은 가르침을 베푼 작가는 하만이라고 말한다.

헤르더가 괴테에게 준 많은 자극들은 오직 큰 줄기로만 파악될 수 있다. 헤르더는 가르치는 방식이 위압적이고 신랄했지만, 괴테가 이를 개의치 않고 참고 견딘 것으로 보아 그의 영향력이 얼마나 막강했는가를 알 수 있다. 헤르더는 살면서 끊임없이 새로운 돌풍을 일으키지만, 이를 모두 끝까지 주체하지 못하거나 미리부터 거부감을 보인다고 괴테는 말한 적이 있다. 헤르더는 이제 겨우 몇 편 되지 않는 글을 발표하였을 뿐이지만, 욕구가 채워지지 않아 고통 받는 젊은 시인에게는 새로운 예술 이념의 전달자로서 더할 나위 없이 소중한 교사였다. 헤르더의 새로운 예술이념의 내용을 열거하자면 우선 계몽주의자들과의 논쟁, 문학의 기초로서 언어에 관한 큰 테마를 처음으로 다룬 것(괴테는 헤르더에게 보낸 편지에서, 생각은 낱말을 낳고 느낌은 표현을 계발한다고 헤르더가 하고 싶은 말을 대신하고 있다(JG, II, 294 비교))을 들 수 있고, 그 밖에도 독일 문학이 이제 모든 사람을 위한 시문학에 눈을 돌릴 필요가 있다는 점을 암시한 것, 모든 현상이 지니고 있는 개별적 성격이나 유기적-자연적 성격에 대하여 막연하게 잡히는 감感을 처음으로 증명한 것, 공동으로 체험하는 감정에 기초를 둔 새로운 예술비평을 창안한 것, 시문학이란 비합리적인 것을 읊는 것이요, '영혼의 음악'이라고 선언한 것, 시문학은 모름지기 그와 같은 자연적인 에너지를 방출해야 하고, 그 본질은 시인의 기질을 파악하고 형성하는 것으로 규정되어야 한다고 요구한 것 등을 꼽을 수 있다. 뿐만 아니라 괴테는 바로 헤르더에게서 새로운 정신, 독일 청년의 정신 자체를 찾을 수 있다고 보았다. 그 당시 헤르더의 내부에서 부풀고 있던 삶의 꿈은 얼마나 승화되고 천재적인 것이었던가! 발틱 해 연안에 위치한 리가에서 프랑스까지 해로여행을 담은 그의 여행기는 이처럼 최고도로 승화된 거인의 이상주의를 기록한 최초의 문서이다. 거기에는 우선 그들 모두가 당하고 있는 고통의 원인인 합리적인 책의 세계에 대한 반감이 표현되어 있다. 헤르더는 자기 자신을 "앎을 과시하는 저술 작업의 잉크통, 예술과 학문의 사전,

[…] 종이와 책으로 가득 찬 서고"(HA 9/2,13)라며 자책했다. 필생의 대사업의 이념은 그와 같은 진통을 겪고 탄생했다. "말만 무성한 것이 아니라, 내용이 충실한" 글쓰기를 거쳐서 "세계 형성의 보편 역사"를 거인처럼 형상화하는 데로 길이 이어져야 하는데 이론적-역사적 관심으로는 천재의 자기 현시 욕구를 결코 충족시킬 수 없었다. 자신의 시대에 제대로 어울리는 교육을 설교하는 커다란 과제, 그야말로 아직도 잠들어 있고 황폐한 동방의 개혁자가 되는 것, 탁상공론만 하는 글쓰기에서 행동을 통한 개선으로 이행移行하는 것, 이 모든 것이 세상에 거의 알려지지 않은 이 젊은 시민이 먼 바다를 바라보고 홀로 있는 순간에 머릿속에서 싹튼 이상상理想像이었다. 그는 새로운 글쓰기의 이념에 도취된다. 그처럼 세상에 큰 영향을 미치고자 하는 자의 글쓰기 자세는 어떠해야 할까? "체계 없이, 단순히 진실을 추구하는 자세로! 과장된 장식 없이 […] 품격과 역량을 지니고 있으면서도 오시안과 모세처럼 위대한 역량을 의식하지 않는 것! 영원을 위하여 쓴 것처럼! […] 풍부한 자료, 단순한 형식! 모든 세계를 위한 진리의 언어! 특히 후세를 위하여! […](HW, 447)"라고 그는 그의 〈여행일지 *Journal meiner Reise*〉에 기록하고 있다. 이처럼 자의식에 찬 정신은 엄청난 비전 속에 살고 있고, 아직 햇빛을 보지 못한 방대한 계획들로 인하여 그는 행복한 외경심에 젖는다. 그는 자신을 숭고하게 여기고 스스로 "고귀한 젊은이"라고 부르며, 사상과 느낌은 모두 그와 접촉하는 즉시 보다 깊은 의미를 얻게 된다고 생각하고, "고상한 감정"이 그의 영혼의 첫 느낌임을 깨닫지만, 여기에는 허영심이

많이 작용하고 있다. "나의 삶은 고딕 건물의 아취를 통과하거나 최소한 초록색 그늘에 덮인 가도를 통과함과 같다. 전망은 언제나 신성하고 고귀하며, 진입할 때는 일종의 경외감 같은 것을 느낀다. 그러나 갑자기 가도가 열리고 내가 광장에 있다는 것을 의식할 때면 그것은 어떤 다른 혼란스러움이 될 수도 있다." 과연 그가 그렇게 된 적이 있었을까? 이 군림하기를 좋아하는 인물은 파우스트처럼 그가 접하는 모든 사물이 불충분하다는 불안한 느낌 때문에 무한한 것 속으로 쫓긴다. 헤르더는 그와 같은 정신과 행위의 영역에서 새로운 것, 전대미문의 것, 해방감을 주는 것을 실현하고자하는 감격적 열정을 지니고 괴테 앞에 나타났다. 이는 바로 아직은 걸음마 단계에 있는 시대정신이 어떤 예감을 가지고 추구하고 있는 방향과도 일치했다. 또한 헤르더는 인간은 정신인 동시에 자연이라는 새로운 인간의 비전과 문학은 이 새로운 교양정신의 표현이며 도구여야만 한다는 문학적 비전에 충만해서, 다시 말해 예언자적이고 거인적인 자세로 괴테 앞에 나타난 것이다.

6. 루소: 문화와 자연

새로운 인간존재, 이는 젊은 세대의 최고의 이념이었다. 계몽주의가 이해하는 인간존재와는 틀림없이 다르다. 현실에 대한 과격한 비판은 그 이전부터 있어 왔다. 루소의 이론이 바로 그것이다. 루소가 상상하는 인간의 이상상은 원래 선하고 성스러운 자연의 이념을 쫓아 그려진 인간상이었다.

자연은 그것을 훼손하는 문화로부터 보호되어야 하는 것이었다. 그가 보기에게 문화는 결국 악이다. 그도 역시 성경에 기록된 인류의 타락의 역사를 믿었다. 모든 의도와 문화가 나타나기 이전의 인간은 그야말로 행복하고 건전했다. 그때에는 인간이 자신의 힘의 균형 상태를 유지하고 아무런 문제나 혼란이 없이 순진무구하고 단순한 가운데에서도 부지불식간에 조화를 이루는 삶을 살았다. 이 모든 것을 파괴한 것은 문화였다. 루소의 의견에 따르면 그 시대의 자랑인 최고로 연마된 지성주의는 자연적인 인간의 원초적 전체성의 파괴를 대가로 지불하고 얻은 것이다. 경건주의적 역사기술의 관점에서 모든 교회의 역사는 원래 진실하고 순수했던 기독교가 변질되어 가는 역사요, 일체의 "발전"을 배교背教로 보는 것처럼, 루소가 보기에도 인류의 모든 역사는 성스러운 자연 상태로부터 지속적인 발전을 이룩하는 한, "심판"을 받지 않을 수 없다. 여기서 말하는 발전은 계몽주의 시대의 원초적 자아 감정으로 느끼는 것처럼 보다 높은 완전성으로의 꾸준한 전진이 아니라 자연 상태의 낙원으로부터 지속적으로 멀어짐을 이르는 것인데, 여기에는 묵시록의 예언자를 연상케 하는 급격한 방향전환이 들어 있다. 완전한 회개, 절대적 변화, 자연의 영원한 힘으로 거듭 태어남 등과 같은 변화를 통해서만이 인간은 문화의 만성적 질병상태로부터 벗어날 수 있다. 여기서 역사의 척도가 되는 것은 새로운 시대와 현재가 아니라 가장 오래된 과거, 즉 태초太初인 것이다. 현재에는 정신을 받아들이는 대가로 영혼과 감정의 힘을 억압함으로써 인간과 인간의 삶의 질서가 지녔던 본연의 통일이 파괴되었기 때문이다.

도대체 구원이라든가 회개라는 것이 있기는 한 것일까? 자연과 조화를 이루는 상태로 돌아가라는 루소의 요구는 그 같은 상태의 회복에 대한 믿음을 전제로 하는 것 같다. 그러나 이처럼 내부적으로 분열된 인간 속에는 생각과 격정, 믿음과 혐오, 자신감과 열등감 등이 난마처럼 얽혀 있어서 모순되는 원칙들이 나란히 등장하고, 시스템이 있는 것은 싹이 돋아날 때 이미 시들어 버리고 만다. 그 결과 당시 사람들 사이에서는 분명 여러 가지 구구한 해석들이 모습을 나타내기도 했다. 루소가 보기에 문화 이전 시대에 인간의 신화적 이상은 총체성과 통일성에 바탕을 두고 있었다. 그러나 후에 와서 그는 다시 본래 이원론적인 종교에서 주장하는 것처럼 인간은 분열적이라고 믿었다. 그가 자신의 프로그램에 간단명료하게 표현한 요구를 통해서 도달하고자하는 목표는 근원적인 인간 존재로의 완전한 회귀이다. 반면에 의기소침한 순간에는 그에게 근원적 인간이 지닌 통일성도 문화적 인간의 염세성과 비교할 때에만 조건부로 유효한 것으로 보인다. 그리고 자연적 인간이 지닌 "순진무구"는 자연적 인간 속에 들어 있는 이원론적 바탕이 아직 들어나지 않았기 때문에 존재했던 것으로 보인다. 그는 인류의 문화적 재생 가능성에 대한 믿음을 지니고 있었을 뿐만 아니라 기독교도가 가지는 것과 비슷한 죄책감도 알고 있었다. 그렇기 때문에 그는 자연적인 것에서 구원을 동경하고, 육체적인 것으로부터의 도피를 동경한다. 그리고 그는 이 세상에서는 이루어지기를 기대할 수 없는 완벽한 상태인 전체성과 자기 자신과의 합일을 다른 모든 것이 소멸되고 완성되는 저 세상에서나 누릴 수 있기를 희망한다. 그의 존재의 고통스러운 분열이 그의 이론 속에 이 같은 긍정과 부정이 병존하게 되는 결과를 낳고 있다.

그가 살던 시대의 젊은이들은 분명 이와 같은 모순들을 느꼈을 터이지만, 그들의 입장을 가장 효과적으로 대변해 준 루소의 프로그램에 들어 있는 비판적이고 예언적인 요소들은 일단 효과가 있었다. 질책하고 심판하는 루소의 말들은 그들의 정서에 잘 맞았다. 그렇지만 그가 자신감을 잃고 비관적이 되었을 때 그들은 초보자다운 막연한 믿음과 하면 되리라는 희망을 가지고 루소를 무시해 버렸다. 이제는 인간이 만들어 낸, 지나치게 합목적적으로 조직된 문화세계를 떠나 신화적 선사시대에 새로운 인류를 탄생시킨 모성적 자연의 바탕으로 되돌아가야 한다는 것이 그들의 믿음이었다. 그리고 인간 내부에 있는 힘의 통일성과 전체성을 되찾아야 하고, 지나치게 값을 올린 정신에 자연과 영혼의 영역을 다시 결합시켜야 한다는 것이었다. 그들은 인간본질에 대한 이원론적 견해로 되돌아가 울적한 염세주의에 빠진 루소를 간과하거나 아예 무시했다. 그들에게는 우주의 지혜롭고 호의적인 조화造化에 대한 믿음, 자신 속에 내재하는 상승욕구에 대한 믿음, '어둠으로부터 광명으로, 불완전에서 완전으로의 발전' 욕구에 대한 믿음이 강했다. 그들은 원래 자연과 정신, 육체와 영혼은 하나로 통일되어 있었으나 현대에 와서 통일성이 상실된 것으로 간주했다. 그들은 세계의 종말을 암시하는 묵시록에 감염되기를 원치 않았고, 지식 일변도의 계몽주의를 극복하려고 했다. 그러나 그들은 근본적으로 정신

자체에 대하여는 적대적이지 않았고, 비합리적 본질성을 무시하는 정신의 전횡에 대해서만 적대적이었다. 전부터 유래되어 온 인간의 전체성의 이념은 정신까지도 함께 포함하고 있었다. 그렇다. 헤르더의 초기 문화철학에는 문화의 발전은 감정의 에너지와 동기간同氣間인 것은 말할 것도 없고 계발이 가능한 정신의 힘에 의해 결정된다는 생각이 이미 들어 있었다. "인간은 감정의 영역에서 인식, 즉 이성으로 승화할수록 한결같다. 감정은 색깔이고, 인식은 햇빛이다. 전자前者는 다양하게 굴절하고, 후자는 어디에서나 한결같다." 잃어버린 '자연'을 되찾아야만 했던 현재의 입장에서 볼 때 전반적으로 반정신적 담화는 필수적이었던 듯싶다. 사람들은 정신의 타락만을 생각했고, 정신의 오만한 지배를 무너뜨리려고 했다. 그러나 그들이 목표로 하고 믿었던 것은 다가오고 있는 미래였다. "그때에 가면 정화되고, 이입된 감정 속에 인식이 다시 살게 될" 것이기 때문이었다.

루소에 심취하면서 새로운 역사의 의미가 발생하게 되는데, 특히 헤르더의 글에서 그렇다. 헤르더는 괴테와 처음 만났을 때만 해도 아직 정신적인 뿌리가 같은 루소와의 결전을 계획하고 있지는 않았다. 그러나 그는 당시에 이미 중요한 통찰을 얻고 있었던 듯싶다. 이와 같은 통찰은 그가 1770년 이전에 발표한 글들 속에 그야말로 추론推論의 형식으로 들어 있다. 당시는 물론 그 이후에도 괴테는 창조적 역사철학자는 아니다. 그러나 헤르더가 독일 청년들의 대변자로서 벌였던 루소와의 논쟁은 다른 모든 사람들과 마찬가지로 괴테와도 아주 밀접한 관련이 있었다. 왜냐하면 이 계몽주의를 적대시했던 청년도 비판적인 세계관과 사상적 자각 없이는 세상과 합일해서 살 수가 없는 새로운 시대의 인간형에 속했기 때문이다. 그럼에도 그들이야 말로 고도로 발달된 문화를 향유하고 있는 사람들이었다. 그처럼 다른 사람 아닌 헤르더가 '태고의 시대', 태고의 과거를 동경하며 미화시키려 하지만, 태고에 대한 루소의 생각은 신화적 허구라는 점을 분명히 간파하고 있었다. 반대로 이성은 처음부터 인간만의 소유였다고 그는 생각했다. 인간본질의 온전한 발전은 자연의 선물이 아니고, 형성하는 힘을 통한 인간교육의 최종결과라는 것이다. 역사의 의미는 연속되는 시대 속에서 하나의 이상적 가치의 형태학적 가능성을 실현하는 것이다. 후에 와서 헤르더는 이 가치를 '인간성Humanität'이라고 불렀다. 이와 같은 발전의 어느 단계도 완성이 아니고, 단지 무한한 접근의 궤도상에서 이루어지는 개별적 형상화인 것이다. 그 궤도상에서 모든 인간은 모든 시대를 통틀어 전체성에 대한 타고난 욕망, 완성에 대한 욕망의 사주使嗾를 받는다. "모든 인간은 매 순간을 살고 있을 뿐 결코 목적지에 닿지 못한다. […] 인간의 그릇은 결코 완전성에 도달할 능력이 없다. 왜냐하면 그 그릇은 계속 움직이기 때문에 한 자리에 머물러 있을 수가 없기 때문이다."

30세의 헤르더는 〈*인간 교육의 역사에 대한 또 하나의 철학 Auch eine Philosophie zur Geschichte der Bildung der Menschheit*〉에서 처음으로 그의 위대한 역사철학의 기본 이념을 밝힘으로써 새 시대의 역사의 의미에 이르는 길을 터놓았다. 그러나 이미 이야기한 바와 같이 그의 초기작품들도 같은 사유방식을 통해 탄생했고, 스트라스부르에서 괴테와도 틀림없이 이와 같은 사유방식에 대하여 이야기했다. 과거에 경직된 교육계를 체험했고, 새로운 독일 시문학의 미래를 내다본다는 자부심을 가지고 있던 젊은 시인에게는 각 시대와 각 민족마다 "마치 모든 공이 제각각 중심을 가지고 있는 것처럼, 자신 속에 행복의 중심"(HW. 617-618)을 가지고 있다는 것을 이해하게 된 것은 대단히 소중한 경험이었다. 그러므로 과거의 위대한 업적, 서양의 다른 민족의 문학과 마찬가지로 고대의 문학이 일회적인 것으로 이해되고 규정됨과 동시에 그 문학이 수행해 온 절대적인 본보기로서의 역할은 끝이 났다. 그렇기 때문에 이제는 노예와 같은 무조건의 모방이란 있을 수 없었다. 일회적인 것, 자연스럽게 성장한 것은 반복될 수 없기 때문이다. 그리고 이제는 완전성의 외적인 척도는 존재하지 않기 때문에 이전의 어떠한 문학도 창조되는 독일 문학이 어느 길을 가고 어떠한 형식을 가져야 하는지 미리 지정해 줄 수 없는 것이다. 문학작품의 보편적 가치는 숭고, 진실, 직접성, 상징적 표현인데 모든 시대 모든 민족의 진정한 문학은 모두 그 같은 가치를 가지고 있었기 때문이다. 그러나 특정한 사유 내용과 형식, 기교와 문체는 아니었다. 또한 모든 문학작품은 모든 시대와 마찬가지로 오로지 숭고하고 진실하며 직접적이고 상징적일 때, 개별 작품으로서 나름대로의 완성도를 지닌다. 순수 예술은 비록 역사가 아직은 깊지 못하더라도, 다른 시대와 민족의 위대한 예술과 비교해서 과소평가되어서는 안 되는 것이다. 모든 예술작품은 일회적이며 바로 그 점에서 평가와 대치代置가 불가능한 것이다. 역사의 위대한 행위들은 결코 완결되는 법이 없고 항상 새롭게 시작된다. 살아 있는 창조 욕구가 항시 새롭게 실현되기를 원하기 때문이다.

젊은 괴테는 자신 속에 이미 조짐은 있었지만, 헤르더의 도움으로 비로소 완성된 사고방식 덕택에 루소를 통해 자기파괴적인 세계고世界苦와 염세적 세계관에 빠지는 치명적인 위험을 극복했다. 그의 창조력은 거침없이 자유롭게 펼쳐질 수 있었다. 그리고 그는 이제 외국 예술의 본보기를 전혀 다르게 보고 습득할 줄 알게 되고, 외국 예술의 일회적인 특징은 모방이 불가능하지만 모든 진실한 예술은 창조적 독창성을 통해 탄생한다는 것을 이해하게 되었다. 젊은 괴테는 물론 그의 동년배들이 하나같이 근원적인 것과 규칙이 없는 것을 혼동한다든가, 거기에서 비롯된 예술에 있어서 절제나 한계, 법칙성이 있는 형식이 가지는 중요한 의미를 오인하는 등 초보자에게서 발견되는 편파적 성향을 지니고 있었는데 이는 그들이 루소가 가장 설득력 있게 주장한 비합리의 우월성을 금과옥조로 삼고 있기 때문인 듯 했다. 문학의 표현 가치, 곧 살아 있는 개성이 작품 속에 육화肉化되어 있는 것이 그에게는 모든 보편타당한 내용보다 비교를 불허할 만큼 더 중요했다. “벅찬 가슴과 진실한 느낌에서 흘러나오는 시 예술” 만이 진정한 시 예술이라는 것이었다. 그와 더불어 천재는 “깊은 곳에서 숭고한 이념을 새롭게 들어 올리는 능력“이라고 말할 때, 이는 사상적인 것이 아니라 내면생활에 대한 직관적 이해를 의미하는 것이었다. 개성이 살아 있고, 독창성이 본원적이고 탁월할 때 그 예술작품은 위대한 작품이라

칭할 수 있다고 그는 생각했다. "예술가야말로 회당에 홍예虹霓를 틀어 받치는 임금처럼 숭고한 영혼을 가져야한다 [⋯]"(JG. II, 109). 그리고 "위대한 예술가와 소인배가 다른 점은 무엇보다도 그의 작품이 독립되고, 타인의 업적에 구애받음 없이 영원무궁토록 그의 운명과 함께하는 것처럼 보인다는 점이다"(JG, II, 109). 지금까지 미학은 예술적 완성도, 아름다움의 개관적 특징을 발견하는 것에 중점을 두어 왔다. 그러나 괴테에게 아름다움이란 형상을 창조하는 개성의 생동감 있는 표현과 동일한 의미를 가진다. 개념적으로 확정하는 것이 아니라, 직관하면서 느끼기만 하는 것이 곧 아름다움인 것이다. "내가 충고를 한다면, 당신은 아름다움이 무엇이냐고 초조하게 질문하는 것보다 아름다움이 어디에 있을까 하고 찾아보는 쪽이 보다 많은 소득을 올릴 것이다. 아름다움은 두고두고 설명이 불가능하다. 아름다움은 우리가 위대한 시인이나 화가, 단적으로 말해 모든 느끼는 예술가의 작품을 감상할 때 꿈속에서처럼 우리에게 나타난다. 그것은 형체의 윤곽을 잡을 수 없이 출렁이고, 반짝이는 그림자이다.[⋯] 죽은 시체는 온전한 동물이 아니다. 온전한 동물이 되려면 그 밖에 또 있어야 하는 것이 있다. 즉 핵심부분이 바로 그것이다. 모든 다른 경우나 마찬가지로 이 경우에도 가장 중요한 핵심부분은 생명, 곧 모든 것을 아름답게 하는 정신이다"(JG. II,7). 종래의 견해가 이성적으로 설명할 수 없는 것은 현존하지 않는 것으로 간주하는 경향을 가지고 있었다면, 여기서는 반대로 바로 감정과 직관을 통해서만 접근이 가능한 것 속에서 현상의 궁극적인 것이 보이는 것이다. 괴테는 〈시

와 진실〉에서 회고하는 사람 나름의 자신 있는 언어로 그가 스트라스부르에서 헤르더의 영향권 안에서 움직일 때 일어난 직관적 예술의 변천에 대하여 이렇게 말하고 있다: "그 생각이 내게 조금씩 흘러들어 온 것인지, 남에게 자극을 받아 생긴 것인지, 또는 나 자신의 심사숙고를 통해서 발생한 것인지 말할 수는 없지만, 당시엔 이미 기본 생각이 내 속에 확고히 자리 잡고 있었다. 구체적으로 우리들에게 전해져 오는 것, 특히 글로 전해져 오는 모든 것에서 중요한 것은 작품의 바탕, 내면, 의미, 방향들이라는 것이다. 여기에 근원적인 것, 신성을 지닌 것, 효능이 있는 것, 침해할 수 없는 것, 썩지 않는 것들이 들어 있고, 이와 같은 내면적인 원초적 본질에는 시간, 외적 영향, 조건 등은 어떤 영향도 미칠 수 없다는 것이다…" (WA. I.28, 100). 이제부터 괴테의 눈길은 이와 같은 내면적인 것, 근원적인 것을 향하게 된 것이다.

7. 새로운 예술관: 고딕양식

괴테는 에르빈 폰 슈타인바흐를 스트라스부르 사원 전체를 건립한 사람이라고 믿고, 그를 칭송하는 글을 쓴 적이 있다. 이 글을 통해 예술작품을 감상하고 해석하는 괴테의 새로운 재능이 처음으로 입증되었다. 다른 사람도 아닌 헤르더가 이 글을 갓 시작된 질풍노도 운동의 가장 중요한 강령집이라 할 수 있는, 〈*독일인의 기질과 예술에 관한 장 Blätter von deutscher Art und Kunst*〉에 수록함으로써 그 가치가 인정된 것이다. 괴테가 보여주는 예술작품에 대한 관람자의 접근 방법,

예술작품에 대하여 말하는 태도는 아주 새로운 것이었다. 또한 창조정신의 숭배, 감동하는 자와 감동의 대상인 작품과의 공감대 형성, 단순히 열광적으로 감동하는 것에 그치지 않고 그 작품의 성향을 모방하는 것 등도 완전히 새로운 것이었다. 5년 후, 〈*세 번째 에르빈의 묘지 순례* *Dritte Wallfahrt nach Erwins Grabe*〉에서 괴테는 이와 같은 묘사방법을 "사실을 수수께끼처럼 불가사의하게 꾸미는 것과 치수의 비율을 시적으로 읊조리는 것"이라고 설명한다. 그렇다. 이는 물론 의식적으로 심사숙고하며 시행하는 작업이라기보다는 순전히 열광적으로 몰입하는 작업의 성격이 강하다. 예술작품을 감상할 때 느끼는 외경심은 심리적으로 종교적 체험의 외경심과 같은 성격의 것이다. 〈*독일의 건축예술에 관하여* *Von der deutschen Baukunst*〉라는 제목의 논문은 스트라스부르에서의 체험을 바탕으로 그 일부는 2년이 지난 후에 집필한 것으로서, 그 당시 시작되는 민족의 과거사로의 전회轉回, 곧 민족적 전통 속에 박혀 있는 고유한 민족 감정의 뿌리를 최초로 기록한 것이다. 그 사원은 고딕 건축물이었다. 고딕 양식이란 원래 로코코미학에서 멸시받는 양식에 속하고, "불확실한 것, 무질서한 것, 부자연스러운 것, 짜깁기한 것, 과장된 것"이 총집합한 것을 의미했다. 그러나 괴테는 이 건축물에서 전혀 다른 인상을 받고 있다. 그가 느낀 것은 "과연 명품이로다!"라는 감탄이다. 잡다한 세부사항은 모두 조직하는 전체 이념, "모든 형태와 전체를 목표로 하는 것"에 수렴되어 있다. 야만인의 예술이 아니라 독일인의 예술이라고 괴테는 말하고 있다. 그는 이 예술형상이 후손을 향해 민족적 기질, 핵심적인 것, 힘찬 것, "강력하고 거친 독일 혼" 등을 친밀감 있게 말해 주고 있는 것으로 느끼고 있다. 그러나 괴테는 고딕 양식에 담긴 중세적 요소, 가톨릭 시대의 정신, 이 예술의 원천인 옛 신앙의 세계 – 이 모든 것을 미처 보지 못하고, 반대로 감정상으로 오직 천재적인 것, 창조적 인간의 특별한 재능에만 끝까지 몰두하고 있었다. 에르빈은 답답하고 어둡고 승려들이 활개 치는 시대에서는 찾아보기 힘든 예외적 인간으로 등장한다. 괴테가 고딕 건축술의 종교적 유래를 이해한 것은 그 후 60년이 지나서였다. 그러나 아직 젊었을 때 그에게는 이 건축술은 독일인의 특수한 기질과 천재성의 증거일 뿐이었다. 그는 이미 고대의 사원과는 비교할 수 없이 완전히 다른, 개별화하는 역사 감각의 새로운 양식원리가 여기에 적용되고 있음을 파악한 것이다. "그대가 천국으로 인도해야 할 엄청난 성벽을 다양화하라. 그 성벽이 높이 올라가고 넓게 퍼진 수천의 줄기와 수백만의 가지와 잎들이 바닷가의 모래알처럼 사방에 하나님의 영광과 장인匠人의 영광을 선포하는 하나님의 나무처럼 솟아오르게 하라"(JG. III,104). 여기서 뜻하는 것은 유기적인 것, 자율적인 것, 풍요롭고도 무성茂盛한 것이다. 이와 같은 해석은 젊은 시인 자신이 지니고 있는 예술 이념에 연유한 것이고, 그의 문체도 똑같은 내면적 충동에서 비롯된 것으로서 그 속에도 이미 의고전적인 것에 대치되는 그의 예술기질을 보여주는 미학적 개념이 담겨 있다. 즉 아름다운 예술이 아니라 개성적인 예술, 살아 있는 진실의 표현이 가치의 척도가 되는 예술이 바로 그것이다. 그와 같은 예들을 통해서 (여기서 뒤러의 이름이 최초로 외경심을 가지고 거론된다) 당대의 독일예술은 반드시 소명감을 느껴야 한다는 것이다. 그 점이 하만과 헤르더가 예감에 충만해서 충동적인 방식으로 의견을 표명하고 있는, 이른바 열광주의적이고 열정에 찬 강령서에 담겨 있는 교육적 의도이다.

참된 예술은 모두 민족의 개성 속에 그 뿌리가 있다는 생각, 현재보다 힘에 넘치던 시대였던 과거의 존경스러운 본보기들이 끼치는 고무적인 영향을 통해 새로운 민족적 자신감을 교육시키는 것 – 이것이 괴테가 자신의 첫 번째 희곡 *〈괴츠〉*를 쓰면서 기울인 노력이었다. 이 작품이 탄생되는 데에도 헤르더가 산파 역할을 했다고 할 수 있는데, 그가 괴테에게 무엇보다도 셰익스피어를 좀 더 깊이 이해할 것을 촉구했기 때문이다. 새로운 정신운동은 늘 전통과의 대결을 동반하게 마련이다. 그 운동이 발전하기 위해서는 기존의 정신적 세력들, 권위들, 그 시대의 관례적이고 상징적인 가치들과의 충돌이 불가피하다. 가장 새로운 것은 언제나 기존의 것, 옛것과의 관계 속에서만 존재한다. 이처럼 새로운 운동의 자극이 그 시대의 정신적 공간으로 밀고 들어옴으로써 기존의 옛것을 밀쳐낸다. 새로운 신을 선포하는 사람은 동시에 낡은 신들의 제단과 우상이 있는 사원을 청소해야 한다. 그러나 전통을 적대시하는 시대에도 그 시대의 과제와 목표, 업적과 운명, 수수께끼와 해답 속에는 일종의 끊임없는 인류의 연대감에 대한 기본 감정이 있다. 바로 이 감정은 새로운 이론을 인류가 이룩한 집단적 문화 업적의 연관 속에 편입시켜 그 진실성을 증명해 줄 것을 요구한다. 서양의 근대처럼 역사적 연관에 대한 수준 높은 이해와 문화적 가치의 초시간적 타당성에 대한 심오한 감각을 가지고 있던 시대에는 이런 감정이 각별히 강하지 않을 수 없었다. 그래서 근대의 모든 문학적 혁명에 있어서 옛 권위의 붕괴는 새로운 권위의 프로그래밍을 수반하게 되었다. '진정한 시인' 의 새로운 족보가 만들어지고, 과거 속에서 선구자들이 발견되고, 동시대 외국인들 가운데 동일한 목표를 추구한 친화력을 가진 시인들은 원조자로서, 본보기로서 존경을 받는다. 새로운 작품들과 새로운 목표는 전통의 새로운 위계질서를 만드는 것이다.

8. 레싱과 클롭슈토크

하만, 헤르더, 괴테는 질풍노도의 문학혁명운동을 이끌었고, 레싱과 클롭슈토크는 전래된 모든 문학가치의 재평가 작업을 대대적으로 펼쳤다. 그 과정에서 멸시를 당한 사람들은 누구보다도 유럽의 로코코 시인들이었다. 레싱은 서양의 가장 강력한 문학, 곧 프랑스 고전주의의 권위를 인정하지 않았다. 동시에 그는 프랑스인들이 고대 희곡에 대하여 가지고 있던 생각을 문제 삼고 고전문학에 대한 견해를 새롭게 하는 길을 열었다. 그의 비평적인 글 속에는 셰익스피어 희곡이 고전문학에 상응하는 희곡으로서 처음으로 긍정적인 이미지를 가지고 나타난다. 물론 그가 셰익스피어의 희곡을 인식하고 이해했다기보다는 예감하고 경탄한 것이었다. 레싱 자신이 쓴 희곡들은 로코코 시대에 있어서 유일하게 수준 있는 독일 연극이었지만, 젊은 학파에게는 단지 연극의 기교적인 면에서만 본보기일 뿐이었다. 여하튼 괴테는 그 당시 젊은 세대들에게 가장 많은 관심을 끌었던 레싱의 희곡을 배척했다. 그는 헤르더에게 보낸 편지에 이렇게 쓰고 있다: "〈*에밀리아 갈로티 Emilia Galotti*〉도 단지 의도적으로 계획된 것일 뿐, 우연이나 일시적 충동을 그 안에 제대로 엮어 넣지 못하고 있습니다. 어느 정도 인간의 판단력만 있으면 누구나 모든 장면과 대사의 동기를 찾아낼 수 있다고 말씀드리고 싶습니다. 그렇기 때문에 나는 이 연극을 좋게 생각지 않습니다 [···]" (JG. II, 295).

클롭슈토크는 그보다 더 직접적이고도 성공적으로 이 새로운 운동에 영향을 미쳤다. 그가 지닌 권위는 젊은 세대가 당대 사람들에게 인정을 받기 위해 투쟁할 때 가장 강력한 배경이 되었다. 클롭슈토크의 문학은 최초의 체험문학이었다. 그의 문체는 더 이상 규칙에 얽매인 고전주의 문체가 아니고, 처음으로 개성을 지닌 문체였다. 그의 내면생활의 성격은 종교적 체험을 통해 형성되었고, 그의 서정시를 지배하고 있는 힘이라 할 수 있는 감정, 기분, 예감은 경건주의적 영성 훈련을 통해 키워진 것들이었다. 그의 예술의 바탕은 위대함과 숭고함에 대한 열광주의였고, 그는 시민이자 시인으로서 처음으로 그의 온 정신력을 기울여 창조적이고 예언적인 인간을 형상화시켰다. 그러나 젊은 세대들에게 가장 친숙한 감정을 불러일으킬 수 있었던 까닭은 무엇보다도 그의 문학이 개인적인 감정의 근원적 표현이었고, 헤르더가 말한 것처럼 "마음의 독백"이었기 때문이었다. 헤르더의 초기 글들은 질풍노도의 시인들에게 클롭슈토크의 작품이 가지는 의미를 가장 분명하게 표현해 주고 있다. 1774년에 발간된 〈*학자 공화국 Die Gelehrtenrepublik*〉은 표현형식이 난삽하기는 하지만 내용이 아주 현실적인 성격을 지니고 있어 당시 젊은 시인들에게 공개적인 고백서나 교리서와 같은 역할을 했다. 여기에 표명된 근본적인 요구, 즉 문학이 정치사회적 삶의 연관 속에 영향력을 미칠 수 있는 기능을 문학에게 되돌려주라는 요구는 젊은 세대의 가장 숭고한 의지와 일치했다. 그들은 모두 예술가에게 있어서 모방은 수치이며 모든 것은 창작이라고 믿었고, 독일의 시문학은 자체의 법칙을 가지고 있어 외국에서는 배울 수 없다고 믿었다. 괴테가 이 시대의 가장 유명한 이 시학서를 읽고 이 책이 얼마만큼 자신의 생각을 대변해 준 것으로 느꼈는지는 1774년 6월 쇤보른에게 보낸 편지에 표현되어 있다: "클롭슈토크의 빛나는 작품은 나의 혈관 속에 새로운 생명을 불어 넣어주었습니다. 그야말로 모든 시대와 민족들을 통틀어 하나밖에 없는 문학이론이요, 유일하게 적용 가능한 규칙들입니다! 그것은 곧 감정이 어떻게 점진적으로 강화되고 정화되는가, 그리고 그 감정과 함께 표현과 언어가 어떻게 형성되는가를 보여주는 이른바 감정의 이야기입니다. 그리고 그것은 시인에게 있어서 무엇이 귀골답고 무엇이 천출다운가를 가장 믿을 만하게 밝혀주는 "알더만의 진리Die Aldermann-Wahrheiten"입니다. 이 모든 것은 가슴속 깊이 자신의 경험에서 우러나온 것이고 단순하면서도 매혹적으로 쓰여 진 것입니다! […] 애송이들 중에 불행하게도 서평가 무리에 끼어든 자가 이 작품을 읽고 나서 펜을 던지지 않았다면, 그리고 일체 비평을 그만두기로 맹세하고 정관파 신비주의자처럼 자기 자신에게로 침잠하지 않았다면, 그 자는 발전할 가망이 없는 자입니다. 왜냐하면 여기서는 조형하는 감정의 성스러운 샘물이 순수하게 자연의 보좌로부터 흘러나오기 때문입니다" (JG. IV,28). 문학 이론은 곧 말로 표명된, 언어로 육화되어 나타나는 감정의 이론이다. 새로운 문학의 양식 원리는 곧 헤르더가 그의 단편斷篇의 글에서 "생각과 느낌이 표현을 만들어내는 것"이라고 언급한 것처럼 그러니까 오로지 문학적인 표현으로서 개별적이고 일회적인 표현을 말한다. 이는 그 당시 괴테가 이미 어렴풋이 알고 있었던 것을 명시해 준 것이다. 클롭슈토크는 문학적 관용어와 어휘 창조를 통해 그와 의기가 통하는 젊은 세대들에게 헤아릴 수 없이 큰 의미를 지녔었다. 괴테도 스트라스부르에서 고향으로 돌아와 메르크와 헤르더의 약혼녀를 통해 다름슈타트의 감상주의자 모임에 참석하게 되었을 때, 그는 한동안 클롭슈토크를 숭배하고 계승하고자 하는 분위기 속에서 살았다(당시 다름슈타트 궁전에서는 처음으로 클롭슈토크의 시를 수집했다). 동시에 이 "고상한 사람들의 모임Der Kreis der Edlen"은 그가 작가생활을 하기로 확정하고 그 기틀을 마련하는데 도움을 주었다. 우라니아, 릴라, 프시케에게 보내는 괴테의 시는 공동체 감정, 즉 클롭슈토크의 우정시와 애정시가 지닌 승화되고 감각적-비감각적 양식을 쫓아 연대감에서 솟아오르는 애정을 묘사한 시들이다. 이 시들은 그가 클롭슈토크의 느낌 방법, 아니 그보다 더 그의 시작 방법을 독자적으로 수용하고 있음을 보여 주는 것으로, 이전에 베리쉬에게 바친 고도로 양식화된 송가들을 훨씬 능가하고 있다. "엄마 품 같은 태양der Sonne Muttergegenwart", "무소부재의 사랑allgewärt 'ge Liebe" 같은 표현은 그 자신이 만든 새로운 조어이다. 이와 같이 찬가적인 어조, 자유 운율 형식의 정복을 시작으로 젊은 시인의 훌륭한 찬가문학이 성숙한다. 그는 이런 유의 장중한 서정시를 처음으로 정상까지 올려놓았다. 괴테를 제외하고 이 정상에 도달한 시인은 오직 횔덜린뿐인데, 횔덜린이 거쳐 간 길은 괴테와는 달랐다.

9. 프랑스 문학

당시 이 젊은 천재들에게 프랑스 문학은 거의 거부당하다시피 했다. 누구보다도 볼테르가 그들의 미움을 가장 많이 받았는데, 이유는 그가 프랑스 고전주의의 가장 영향력 있고 강력한 대표자였기 때문이다. 이미 레싱의 경우에서 본 것처럼 그들의 관심을 끈 것은 단순하고, 시민적인 가장家長이 주인공으로 등장하는 디드로의 신분 드라마가 고작이었다. 프랑스 문학은 볼테르와 오늘날에 와서는 완전히 잊혀지다시피 한 드라마 이론가 세바스티엔 메르시에를 통해 여전히 독일 문학에 영향을 끼쳤다. 괴테는 하인리히 레오폴드 바그너가 번역한 메르시에의 희곡예술에 관한 논문들에 중요한 몇 가지를 첨언添言해서 독일인들에게 추천한 바 있다. 메르시에는 프랑스인들에게도 전통적인 희곡을 밀어내고 현재의 시민적 소재를 통해 사회 교육적으로 영향을 미칠 수 있는 새로운 극예술을 정착시키려고 한 괴팍한 급진주의자였는데, 그의 새로운 연극예술 시론은 또한 독일 신분 드라마의 프로그램이 되기도 했다. 메르시에가 루소와 관련을 맺고 셰익스피어를 좋아했다는 사실이 그의 권위를 높여주는 계기가 되었다. 그의 논문은 당시 독일의 젊은 세대들이 벌인 새로운 문학 운동에 영향을 끼친 유일한 드라마 이론이었다.

10. 영국 문학

당시 프랑스 문학이 독일 내에서 몇 세대에 걸쳐 행사하던 엄청난 영향력을 상실한 반면, 영국인의 당대 문학은 동질적이고 동일한 것을 지향하는 문학으로 인정되고 본보기로 숭배되었으며, 이 새로운 운동을 관철시키기 위한 필수적인 투쟁에 결정적인 영향력을 행사했다. 이미 스위스인들, 클롭슈토크, 레싱은 독일 문학에 좀 더 가깝고 친숙한 민족적 특성이 로만어 문학보다는 영국 문학에 나타난다는 것을 감지했다. 그 점을 누구보다도 자의식이 강하고 독일정신을 문학적으로 구현할 것을 표방하고 있는 질풍노도의 문학인들은 더욱 강하게 느꼈다. 가령 독일 문학이 목표로 삼고 있는 것이 영국 문학에 구현되어 있다면, 이와 같은 동질성은 분명 민족적 기질의 원천적인 친연親緣에 기인한 것일 것이다. 새로운 견해에 따르면 문학이야말로 개인이나 개별 민족의 본성의 표현으로서 가치와 진실을 가지고 있기 때문이다. 영국 문학이 독일의 젊은이들에게 유례없이 많은 영향을 끼치게 된 이유는 형제와 같은 친근한 감정 때문이다. 그 중에서도 괴테와 그의 친구들에게 가장 강력한 인상을 준 작품은 스턴과 골드스미스의 서사시들이었다. 스턴은 유머에 넘치는 편안함, 감정적인 삶에 대한 자유분방하고 친밀감을 보이는 태도를 통해서 깊은 인상을 주었고, 골드스미스의 문학도 경우가 비슷하다. 괴테에게 〈*웨이크필드의 시골 목사*〉를 소개한 것은 역시 헤르더였고, 괴테 자신도 노년에 골드스미스 문학의 덕을 많이 보았다는 것을 강조하고 있다. 골드스미스의 문학은 그다지 정열적이지 않고, 서민적이며 흥겹다. 그의 작품이 지니고 있는 자연스러움은 진실로 보이기에 충분했고, 허구적이고 이상적인 면은 문학성으로 평가되기에 충분했다. 게다가 자의적 충동에 사로잡힌 젊은 천재의 마음에 드는 고도의 아이러니와 마음을 밝게 해주는 태연함이 들어있다. 더욱 중요한 것은 그 작품에는 괴테가 문학적 목가성의 바탕이라고 이해하고 있고, 감정과 정신이 갈구하는 이른바 조용한 자유가 표현되어있다는 사실이다. 골드스미스의 이 작품은 그의 다른 작품 〈*폐허가 된 마을 The Deserted Village*〉과 함께 이른바 감상적인 자연감정과 가부장적인 삶의 형식이 지닌 무흠無欠함이 상실된 것을 비탄해 하는 비가문학의 본보기였다. 괴테는 헤르더를 통해 민중문학을 접하게 되고 이를 높이 평가한 것처럼 오시안도 높이 평가하게 되었다. 헤르더와 괴테에게 민중문학이란 한때 만발했던 보다 근원적이고, 창조 능력을 타고 난 인류의 원原문학의 잔재로서 고도로 문명화된 현재까지 전해져 오는 것이었다. 오시안의 노래들은 애당초 켈트족에게 과거로부터 전해오는 켈트어로 된 원작을 제임스 맥퍼슨이 영어로 번역한 것이라고 알려져 있었으나, 사실은 번역을 위해 존재하지도 않은 원작이 날조되었다는 것이 밝혀졌다. 그러나 맥퍼슨이 남아 있는 진본을 번역하고, 개작한 것은 전적으로 당시 독일이나 영국에 풍미했던 문학적 이상에 부응하려는 염원에서 비롯된 것이었다. 옛날의 요소들을 감상적이고 영웅적으로 승화시킴으로써 옛 것이 현대에 와서 다시 생명력을 얻게 된 것이다. 이것은 후에 와서 〈*소년의 마적 Des Knaben Wunderhorn*〉의 발행자들이 옛 독일의 민중문학에 새로운 생명을 불어넣은 것과 동일한 처방법이다. 헤르더, 괴테, 그 밖에 다른 독일의 젊은 시인들은 이 오시안의 노래들을 진품으로 여겼고, 유럽의 가장 오래된 민중문학의 산물로 생각했다. 괴테가 오시안으로부터 받은 깊은 인상의 흔적은 그의 젊은 시절의 문학 속에 풍경을 묘사하고 자연 종교성을 표현한 부분에서 다분히 발견된다. 이 날조된 옛 광시곡狂詩曲에서 자연은 체험하는 영혼에게는 위대하기도 하고 난폭하기도 하며, 영웅적인 동시에 비극적이고 슬픈 동시에 감격적인 것으로 묘사되었다. 오시안은 당시 젊은이들에게는 북방 서정시의 호머로 통했다.

11. 고전문학

새롭게 보는 것과 느끼는 것은 또한 서양문화의 가장 오래된 토대인 고대의 정신세계를 새로 개척했다. 괴테가 젊어서 받은 교육은 로마시대의 언어와 문학이 전면을 차지하고 있었으므로 결국 라틴어 시인들이 그에게는 고전 시인이나 마찬가지였다. 라이프치히에서 처음으로 그는 즉흥적으로 그리스인들에게 끌린 적이 있긴 하나, 그들에게 접할 수 있는 길을 열어 준 것은 헤르더였다. 그는 스트라스부르에서 호머를 읽으면서 그리스어를 배웠고, 만하임의 고대 회당會堂에서 처음으로 고전적 인간형상의 생생한 지식을 전수받았다. 그리고 헤르더가 비꼰 것처럼 막상 "그의 작품에 나오는 주인공들은 모두 아름답고 위대하며 자유롭게 걸어 다니는 황새들"이 되었다. 아름답고 위대하며 자유로운 것 – 그것은 역시 괴테가 여기에서 바로 찾고 발견한 원천적인 것이었다. "자연을 빼놓고 옛 사람을 알려고 연구하는 사람은 가사 없는 악보를 읽는 것"이라고 하만은 말한 적이 있다. 헤르더와 마찬가지로 괴테에게 그리스인들의 수준 높은 서정시는 성경의 서정시와 같이 오래되고 본원적인 시문학이었다. 자연적인 것에 대한 새로운 감각과 느낌을 가지고 괴테는 호머와 핀다로스를 읽었고, 모든 언어가 그에게 새롭고 친숙하고 주목할 만한 것들이었다. 그에게나 헤르더에게 호머는 오시안 방식의 위대한 민중 시인이자 자연시인이었고, 그의 인물들은 셰익스피어의 인물들처럼 자연스러우나, 보다 단순했다. 괴테는 자신의 문체를 골드스미스의 문체에 가까운 이상주의적 리얼리즘으로 이해했다. 그는 호머에게서 "태고의 현실이 투영된 진실", 영원히 자연과 가까운 생활형식, 가부장적인 생활양식, 거인적 천재가 동경하는 이상을 발견했다. 괴테에게 호머는 베르테르에게와 마찬가지로 위기상황에서 들으면 위로가 되는 평화의 '자장가' 였다. 자연의 아들인 이 그리스인은 괴테에게 위대한 어머니가 인간 공동체를 품고 통솔하는 것을 이해하도록 가르쳐 주었고, 영원한 상황을 묘사함에 있어 어디까지나 진실하고 구상적인 방식을 이용함으로써 그를 매료시켰다.

이와 같은 강력한 인상들을 가장 뚜렷하게 반영하고 있는 것은 *〈베르테르의 슬픔〉*의 모티브가 같은 부분들이다. 그러나 좀 더 직접적인 결실로는 대화시 *〈방랑자 Der Wanderer〉*를 꼽을 수 있다. 이 시는 전체적으로 지나치게 고대양식을 모방한 살로몬 게스너의 우아한 로코코-전원시와는 대조되는 시로서, 당시 젊은이들이 좋아하던 고대 그리스의 시인 테오크리토스가 선호한 시골의 주막과 골드스미스 풍의 시적 리얼리즘을 본보기로 삼은 흔적이 보이지만, 어디까지나 괴테의 고전문학과의 새로운 관계를 독자적으로 표현한 것이다. 방랑자는 빙켈만 식으로 어떤 고상하고 장엄한 폐허를 발견하고, 그 속에서 아무것도 모르는 채, 단순하고, 만족스럽게 살고 있는 인간과 동물을 발견한다. 아무런 '느낌 없이 살아가는' 존재의 숙소로 바뀐 천재의 건축 예술작품 – 이는 감상적인 폐허문학의 문체로 취급되기에 적합한 테마이다. 괴테는 당시의 정신적 상황의 가장 포괄적인 관점, 즉 문화와 자연의 대립이라는 관점에서 이를 관찰하고 있다. "이 돌들은 그대가 받쳐 놓은 것이 아니라, 여기 저기 널려 있는 자연"(JG. II, 131)이고, 한때 조형하는 예술정신의 표현이었으나 이제는 시골에 사는 가족의 오두막일 뿐이다. 이는 가장 대조적 상황을 비유적으로 탁월하게 묘사한 것이다. 그러나 상실된 천재의 작품에 대한 온갖 탄식의 소리는 유유자적하는 삶의 인상 속에서, 몰락한 문화로부터 옹색하지만 행복한 삶의 형식으로 새롭게 살아나고, "영원히 싹트는" 자연에 대한 외경 속으로 가라앉는다. 비가조로 시작되는 이 시는 근원적인 것을 찬양하면서 끝을 맺고 있다: 오두막, 아낙네, 어린 것 – 이것들은 온갖 단순함과 옹색함에도 자체로서는 완성된 상태요, '성스러운 과거'에 필적하는 것이다.

당시 호머가 그와 같은 가치의 본보기였던 것처럼, 핀다로스는 힘차고 거창한 표현의 본보기였다. 그의 문체의 특징은 일종의 드높고 비유적이며, 찬가조이면서도 절제된 문체라 할 수 있다. 핀다로스는 자연시인이 아니라, "시 예술의 최고의 경지에 도달한" 특별한 창작 시인이라고 헤르더는 평가한 적이 있다. 괴테도 그렇게 이해하는 것 같다. 1772년 7월 베츨라에서 헤르더에게 보낸 편지에 이런 내용이 들어 있다: "나는 지금 핀다로스 속에 머물고 있는데 그 궁전의 영화가 사람들을 행복하게 할 때 나도 행복할 수 있으면 좋으련만! 그가 구름을 향해 연거푸 화살을 쏘면, 물론 나는 여전히 그곳에 서서 하품을 합니다; […]"(JG. II, 293). 그가 보기에 대가의 경지는 절제된 천재성이요, 예술은 억제된 자연이라는 사실의 대표적인 예가 핀다로스였다. 그에게는 이제 거리낌 없이 취하고 열광적이지만, 커다란 곡선 형식으로 열광적인 표현 충동을 억제한 시들이 눈앞에 아른거리는 것이다. *〈방랑자의 폭풍의 노래 Wanderers Sturmlied〉*는 이 같은 이상을 추구하고 있다. 괴테가 다름슈타트의 공동체 모임에서 도취된 체험을 겪고 귀가 중이거나 프랑크푸르트에서 그들을 찾아 순례의 길을 가는 중에 비바람 속을 지나가듯, 악천후 속에서도 초연하게 그는 자신의 천재다운 내면 에너지를 그와 만나는 자연의 신성神性과 비교하고 있다. 말을 더듬거리는 열광주의, 운율 면에서 볼 때 괴테의 시 중에서 가장 격정적인 이 시는 때때로 고전시를 모방한 대담한 문구로 말미암아 클롭슈토크의 송가들을 한결 능가하고 있다. 괴테는 핀다로스로부터 '절제하는' 법을 배웠고, 앞으로 질주하는 시행의 도약을 자유시행 형식의 커다란 곡선으로 완화시키는 법을 배웠다. 물론 이 시에서 노래하는 핀다로스는 힘의 천재성과 개별성을 통해 새롭게 해석된 이른바 열광주의자 핀다로스이다. 구름을 향해 쏜 화살 [···], 그러나 힘을 절제하는 비법을 익힌 명사수가 쏜 화살. 주로 핀다로스를 흉내 낸 괴테의 이 같은 시가 예술보다는 자연을 더 많이 보여 주고 있다면, 이는 미래 독일의 찬가시인이 가장 위대한 고대의 찬가시인과의 만남을 통해 얻은 교육적인 힘이 그처럼 형상화하는 방향에서 작용하고 있는 것으로 볼 수 있다.

괴테는 그리스의 시인이야말로 자연과 절제의 대가다움 때문에 위대하고, 본원성과 형상화하는 힘을 지니고 있기 때문에 진정한 의미의 시인들이라 는 것을 깨달았다. 그들은 이와 같은 가치에 대한 그의 열망을 강화시켜 주었다. 그럼으로써 괴테가 그들의 진정한 이미지가 종래의 견해에 맞서 다시 살아났다고 믿었다는 것은 그가 이미 권위를 잃은 비이란트에 대항해서 쓴 투쟁서 〈*제신, 영웅과 비이란트 Götter, Helden und Wieland*〉에 잘 나타나 있다. 이 투쟁서는 제목부터가 반어적일 뿐만 아니라, 비이란트가 고전적 영웅의 소재를 현대적 취향에 따라 감상적으로 다룬 것을 고전에 나오는 망인亡人과의 대화라는 풍자적 형식을 취해 "간결하면서도 힘찬 우화에 등장하는 거인 형상"과 대질시켜 그의 "현대적 무기력함"을 여지없이 폭로하고 있다. 젊은 세대들은 그리스문학이 천성적인 위대함과 진실을 지니고 있기 때문에 불후의 문학이라고 생각했다. 그리고 그것은 물론 로코코문학에서 통했던 견해와는 아주 다른 것으로, 위대하고 자연을 포괄하는 아름다움의 이념을 발전시킨 고전주의 문학관의 전단계라고 할 수 있다.

괴테의 희곡 〈괴츠 폰 베를리힝엔〉의 삽화

제 3 장

희곡 문학

1. 셰익스피어

새로운 문학관에 입각하여 진정한 시인이 갖추어야할 모든 것을 갖춘 시인은 다른 사람 아닌 셰익스피어였다. 그의 작품들은 내용과 구성 면에서 젊은 시인들의 상상과 의도에 맞게 희곡이 갖추어야 할 요건들을 훌륭하고 완전하게 구비하고 있다. 문학적 천재성의 최고의 표상으로서 셰익스피어의 인물, 서양인의 본질을 완전하게 표현한 그의 작품은 정작 본보기가 되었고, 독일의 초심자들이 새로운 길을 걸으면서 바라본 별이었다. 그들의 노력으로 독일정신은 끝내 셰익스피어를 얻게 되었고, 이때부터 셰익스피어는 독일인의 소유로서 조국의 올림포스 산 위에 군림하는 천재들과 동기간처럼 지내는 유일한 서양의 시인이었다. 당시 셰익스피어는 모든 문학적 완성의 척도요, 서양이 고전문학의 전통에서 벗어난 후 독자적으로 발전할 수 있는 독특한 예술창조의 정신과 문학적 형상화의 상징이었다. 당시 사람들에게 그는 위대한 그리스의 비극작가들과 비견될 수 있는 유일한 현대적 천재였다. 독일정신이 셰익스피어를 이해하기 위해 고심하고, 끝내 그를 이해하는 과정에서 빚어진 결과는 그밖에 또 있다. 즉 이 과정을 통해 이 민족이 배출한 문학적 천재가 자신을 의식하고 힘을 얻어 독일 문학이 자체 성장을 이룩하게 되었을 뿐만 아니라, 독일민족과 후에 와서 다른 민족들이 문학의 소명감을 충족시키기 위해 필요로 하는 담론을 예시例示해 주기도 했다. 독일의 시인들은 셰익스피어를 이해함으로써 자기 자신을 발견했다. 이는 분명 근대 민족 문학사상, 특히 괴테 시대에 있어서 무엇과도 비교할 수 없는 큰 의미를 지니는 획기적인 사건이 아닐 수 없다.

서양의 근대문학에서는 항상 이론이 실천에 앞서고, 프로그램이 작품보다 앞서 등장한다. 독일인들이 진정한 시인 정신과 진정한 문학의 새로운 이념을 위하여 싸웠던 이 운동의 시작 단계만 하더라도 셰익스피어는 이미 잊혀진 존재나 다름이 없었다. 비록 스위스의 비평가들이 그를 위대한 시인이라고 칭송하기는 했지만, 로만어語 고전주의 문학 양식의 수호자인 고트셰트는 이 문제에 있어서도 반대편에 서 있었다. 프랑스 고전주의가 표방하는 합리적인 형식의 선명성만을 중요시하고 유독 그 속에서만 진정한 고전 문학의 계승을 본 사람에게 셰익스피어 희곡이 가지고 있는 '규칙부재'의 현상은 참을 수 없는 것이기 때문이다. 여기에는 세계관과 예술형식의 극단적 대립이 작용하고 있다는 것을 사람들은 점차로 이해하게 되었다. 이 같은 대립을 이해할 수 있는 중요한 단서를 처음으로 발견한 이는 레싱이었는데, 그는 재발견된 독일의 민중극과 셰익스피어의 희곡작품에 닮은 점이 있다는 것을 깨달음으로써 이를 발견했다. 셰익스피어의 희곡과 독일 민중극은 '위대한 것, 끔찍한 것, 우울한 것'에 대한 감각에 닮은 점이 있음을 발견한 것이다. 이와 같은 감각은 물론 로코코예술에는 전혀 생소한 것들이었다. 동시에 레싱은 이 희곡들이 프랑스인의 희곡보다 위대한 고전문학에 더 가깝다고 주장했다. 그러나 이로써 하나의 문이 열렸고 하나의 길이 개통되었을 뿐, 그 이상은 아니다. 왜냐하면 레싱이 비록 셰익스피어의 위대한 문학적 기질을 알아보고 찬양했지만, 그를 감동시킨 것은 단지 감각적인 느낌과 예감뿐이었기 때문이다. 셰익스피어 희곡들은 그가 누구보다도 잘 이해한 아리스토텔레스의 희곡이론에 잘 부합되지가 않았다. 바로 이 희곡이론을 바탕으로 레싱은 프랑스 의고전주의 문학작품도 혹독하게 매도했다. 그가 지닌 강점이기도 하고 무엇보다도 그가 당대에 많은 영향을 끼칠 수 있었던 수단은 그의 비판적 사고였다. 그러나 그의 이 사고 방식은 그의 명민한 본능이 깨닫고, 그의 가슴이 승인한 새로운 것을 받아드릴 준비가 미처 되어 있지 못했다. 계몽주의 시대의 미학처럼 레싱의 희곡론은 문학작품의 영향을 비판적으로 분석하는 데에 기초를 두었고, 이를 통해 참된 희곡이론의 보편타당한 원칙을 발견했으나, 이 원칙을 셰익스피어의 작품에 적용하는 것은 적절치 않다는 것을 그는 발견했다. 레싱이 느끼기에 셰익스피어 희곡은 고전문학의 위대한 극예술처럼 강력한 힘을 가지고는 있으나 고전문학에서 찾아 볼 수 있는 많은 희곡론상의 원칙에는 제대로 부합되지 않았던 것이다.

2. 새로운 드라마

헤르더의 비상한 재능, 그가 최초로 지닌 역사적 현상들의 특수성에 대한 새로운 시대적 감각, 개별성을 초시대적 보편성의 시대적 실현이라고 보는 새로운 시각, 독일 문학사상 처음으로 등장하는 이 같은 이해 자세는 셰익스피어 예술의 내면적 본질에 이르는 결정적 통로를 개척했다. 헤르더에게 영향을 준 것도 젊은 세대의 새로운 성향과 경험 방식이었고, 그럼으로써 그를 이끌고 있는 것도 그 시대의 예술적 형상화를 촉구하는 젊은 세대 전체의 새로운 의지였음은 당시 그 말고도 즉흥적으로 그와 같은 길을 걷기 시작한 사람들이 또 있었다는 사실로 미루어 볼 때 분명하다. 그와 같은 성향을 가진 작가로 우선 게르스텐베르크를 꼽을 수 있다. 그는 초창기에 흔히 볼 수 있는, 짧은 기간 동안 새로운 정신에 고무되어 그리 많지는 않지만 몇 가지 창조적 아이디어와 작품을 내놓고 난 후에는 마치 제1차 선구 작업의 한시적 위임만을 받은 것처럼 침묵하며 대중 속으로 자취를 감추는 인물 중 한 사람이다. 그가 쓴 *〈우골리노 Ugolino〉*는 새로운 양식으로 쓰여진 최초의 희극작품이다. 뿐만 아니라 그는 레싱의 희곡론이 나오기 직전에 처음으로 셰익스피어의 방식을 새로운 정신으로 파악한 사람이기도 했다. 이제 자연의 개념은 셰익스피어 이해에 필요한 열쇠가 되었다. '아름다운 자연'이 바로 셰익스피어 문학의 본질이라는 것이다. 이는 규칙의 강요로부터 자유로워짐과 타고난 대로 자신에게서 우러나오는 삶을 의미하는 것이고, 새로운 미학의 핵심개념은 유기적이고 내면에서 자라난 형식이라는 것을 앞당겨 보여 주는 것이다. 게르스텐베르크가 중요하게 생각하는 것은 레싱의 경우처럼 셰익스피어 희곡만이 아니라, 새로운 시대의 창작문학의 최고의 대표자이자 천재로서 셰익스피어라는 인물 전체이다. 그것은 또한 헤르더가 찾아낸 셰익스피어를 이해하는 길과도 일치한다. 헤르더도 역시 이 극작가의 개별적 특성에 우선적으로 관심을 둔 것이 아니고, 셰익스피어라는 인물의 본질적 핵심을 이해하려고 했다. 그가 이와 같은 견해에 이르게 된 것은 개별 작품의 비판적 분석을 통해서가 아니고, 종교적 열광주의에 가까운 정신자세를 통해서였다. 셰익스피어라는 총체적 인물에 대한 직관적 이해는 바로 헤르더가 이루어 낸 업적이다. 그를 그 방향으로 이끈 것은 민중문학의 발견이었다. 헤르더에게 처음으로 문학적 개성에 대한 예감을 준 것도 바로 그가 수집한 민요집에 수록되어 있는 셰익스피어 희곡에 나오는 노래들이었다.

헤르더가 스트라스부르에서 집필한 〈*독일인의 기질과 예술에 관한 장*〉에 실린 논문은 셰익스피어를 처음으로 극시인劇詩人으로 파악하고 있다. 그가 보기에 셰익스피어는 근원적 창조의 화신이다. 세계문학의 위대한 희곡작가들, 특히 소포클레스와의 비교는 단지 방법상의 보조재료 역할을 할 뿐이다. 역사적-개별적 조건들이 다르기 때문에 그는 셰익스피어의 남다른 방식을 필연적이고, 대등한 것으로 이해한다. 그리스인들의 고전적 완벽성은 문학적 창조의 특정한 방식인 근원성과 자연의 결실로 나타난다. 그것은 되풀이될 수 없다. 그러나 바로 그렇기 때문에 셰익스피어는 창조적이고 근원적인 천재시인이다. 그 정도로 그의 시문학의 형태는 특이하다. 문학작품은 식물과 같아서 자연의 영원한 발아력發芽力에 힘입어 자라나지만, 그 성장의 형태는 기후와 토양의 특별한 조건에 따라 매번 차이가 난다. 그래서 현대 영국의 희곡작가는 틀림없이 고대의 비극작가와는 다른 언어형식으로 담화하지만, 담화의 근원은 근본적으로 동일한 창조적 자연이다. 그리고 그들의 수단은 각기 다르지만 그의 시문학은 그리스인과 같은 효과를 추구한다. 즉 그의 시문학은 영혼을 감동시키고 내면적 인간을 만나서 움직이려고 한다. 이 효과를 성공적으로 거둘 수 있는 시문학이 장르를 불문하고 진정한 시문학이라 할 수 있는데, 이를 위해 절대적으로 통용되는 규칙은 존재하지 않는다. "소포클레스는 하나의 장소와 하나의 시간 속에서 하나의 행동을 각색했기 때문에 자연에 충실했다. 셰익스피어는 그의 작품 속에서 세상사와 인간의 운명을 시간과 장소에 구애됨이 없이 종횡무진으로 일어나고 펼쳐지게 할 때에만 자연에 충실할 수 있었다"(HW, I, 542)

그것은 중요한 통찰이었고, 급부상하고 있는 젊은 세대에게는 무한한 의미가 있는 것이었다. 셰익스피어를 이해하면서 젊은 세대에게 떠오른 생각은 객관적인 기준에 따라 규정할 수 있는 단 하나의 정당한 형식은 존재하지 않고, 오히려 창조적인 근원성만이 진정한 시인의 본질을 이루며, 진정한 시인은 '자연'으로, 이러한 창조적인 바탕에서 형상화시키는 개성과 그 개성이 처해 있는 환경의 조건들에 따라서 매번 다른 형태의 시문학 작품이 나타난다는 것이었다. 그렇기 때문에 한 예술작품이 제대로 예술성을 갖추기 위해서 이런 저런 외적인 특성을 가져야 한다고 말할 수는 없는 것이다. 예술작품은 원칙과 방법에 따라 완성될 수 있는 것이 아니다. 순수한 예술작품은 필연적으로 발생하는 그대로인 것이고, 유기적으로 성장한 것이다. 그러나 오직 자연과 같은 근원적인 힘들만이 창조적인 것이다. 그와 같은 힘에서 유래되는 시문학만이 영향력을 가진다. 어떠한 시문학도 다른 시문학의 덕을 볼 수 없으며, 절대적 척도로 삼을 수 있는 다른 문학이란 존재하지 않는다. 만약 셰익스피어가 소포클레스와 형제라면, 이는 두 사람이 창조적 독창성을 지녔다는 공통점 때문인 것이다. 그러나 그들의 희곡 형태는 모름지기 달라야 한다. 왜냐하면 이러한 보편적 창의성은 그들의 개별적 자아의 특성에 따라서 실현되기 때문이다. 그것은 셰익스피어에게서 십분 발휘된 새로운 믿음이다. 그 믿음은 종교적 믿음과 마찬가지로 미학적인 영역에서도 동일한 기본경험을 맛보게 한다. 또한 모든 것을 관통하는 보편적인 창의력이 있고, 보편적 신성神性이 현실화되고 생성되는 특수성과 개별성을 가진 무진장 많은 내용이 있다. 당시 이들 젊은 시인들은 '항상 동일하면서도 상이한 것' 이라는 심오한 옛 진리를 다시금 깨닫는다.

진정한 천재가 갖추고 있는 기본적 힘, 즉 셰익스피어의 본질을 결정하는 힘으로 파악하고 있는 이른바 "자연스러움Das Naturhafte"은 단지 역량, 능력, 재능뿐만이 아니고 행동, 창작, 성취, 조형 등과 같은 행위에도 해당된다. 사람들은 셰익스피어의 형상화 방법, 작품 속에 표현된 그의 본질을 자연으로 파악했다. 이렇게 셰익스피어는 새로운 표현, 새로운 언어형식을 추구하는 시인들에게는 또한 미학적 전범典範이 되었다. 셰익스피어의 예술가적 작업방법, 그의 형상화 '솜씨'에 대하여 연극의 문외한인 헤르더는 올바른 평가를 내릴 줄 몰랐다. 이는 어디까지나 시인들의 몫이었다. '셰익스피어의 날'(1771년 10월 14일 괴테가 양친의 집에서 성대하게 기념한 셰익스피어의 명명일)에 행한 괴테의 연설은 그와 같은 셰익스피어의 문학적 형상화 원칙을 이해하는데 중점을 두고 있고, 사상적으로 정통했다기보다는 열광주의적 성향을 좀 더 강하게 나타내고 있는 편이다: "그 당시만 해도 나는 별로 셰익스피어에 대하여 깊이 생각해 본 적이 없었다. 내가 할 수 있는 것이라고는 대부분 예감하고 느끼는 것이 고작이었다."(JG,II,137). 이 같은 언급은 미학적 규정에 대한 최초의 단서들을 직접 제공해 준다. 희곡 구성상의 '규칙 부재'는 프랑스 희곡과의 극단적인 차이점으로 꼽힌다. 형식상의 규칙은 기계적이고 생명이 없으므로 지루하다는 것이다. 이는 그리스 비극의 계승이 아니고 일종의 패러디일 뿐인 것이다. 그리고 셰익스피어 희곡의 형식상의 규칙을 정의한다기 보다 굳이 설명을 하자면 이렇다: "셰익스피어 연극은 하나의 아름다운 요지경 상자와 같다. 세계의 역사가 그 속에서 그 시대의 보이지 않는 실에 매여 우리들의 눈앞에 물결치며 지나간다. 막말로 말해서 그의 계획은 계획이 아니다. 그의 작품들은 모두 아직 어떤 철학자도 보지 못하고 확정하지 못한 비밀의 점點을 맴돈다. 그 점 안에서 우리들 자아의 고유성, 우리의 의지가 요구하는 자유가 전체의 필연적인 진행과 접합한다"(JG,II, 139). 내용의 풍성함과 다채로운, 삶의 법칙과 일치하는 조직의 법칙, 자아의 무조건적인 자기 현시욕구가 자신이 예속된 전체와 충돌하는 것 같은, 이른바 비극적 현상을 테마로 삼는 것 – 이와 같은 요소들을 괴테는 셰익스피어 희곡이 지닌 고유성이라고 지적한다. 셰익스피어 희곡의 성격을 최종적으로 비극적으로 비극적이라고 할 만한 가치의 갈등, 자아의 '자유'와 운명으로 등장하는 '필연'간의 충돌이라고 일반화시켜 규정하는데, 이 규정은 사실상 모든 참다움 비극에 다 해당된다. 더욱 중요하고 새로운 것은 다음과 같은 관찰들이다. 셰익스피어 희곡들은 비교할 수 없이 풍성한 세속적 내용을 지니고 있고, 이 내용이 어떤 형식상의 척도에 따라 정리되지 않고 내면에서부터 우러나오는 방식으로 짜여 있다는 것이다. 즉 자연적으로 성장한 것이 가장 이상적인 새로운 형식이라는 것이다. 셰익스피어의 작품에 등장하는 성격들을 규정해주고 있는 것도 같은 개념인데, 곧 "자연! 자연! 셰익스피어의 인물보다 더 자연스러운 인물은 없다"는 진술이 이를 뒷받침하고 있다. 그 인물들은 대단히 위대하다. 그들은 자연처럼 위대하고 힘에 넘치며 권능을 가지고 있다. 그렇기 때문에 그 시대의 '좋은 취향'을 지닌 사람들의 구미에는 맞지 않았다. 사람들은 이 새로운 자연개념에 포함되어 있는 모든 것이 정작 셰익스피어 희곡에 해당되고 그 점이 셰익스피어 희곡이 거둔 예술적 성과라고 믿는다. 젊은 시인들이 보기에 셰익스피어의 드라마는 위대하고 감동적인 사건의 드라마요, 본능적 충동에 따라 살고, 피와 열정, 내면적 힘의 깊이를 지닌 위대하고 힘이 넘치는 사람들의 드라마이다. 그들은 자신들의 본질인 마성에 압도당하고, 위대하고 이해할 수 없는 운명의 힘에 사로잡힌다. 셰익스피어는 자신의 인물들이 내면적인 정열을 불태우고, 조야하며, 고결한 삶의 충동에 충만해 있도록 그들의 삶을 다양하게 형상화하고 있다. 셰익스피어가 젊은 시인들의 마음에 들 만한 구체적이고 직관적인 개성의 진리가 이런 점에도 있다. 즉 렌츠가 말하는 '적나라한 자연'이 바로 그것이다. 지금은 이와 같은 류의 희곡을 '성격희곡'이라 부르지만, 이는 정신적 긴장의 희곡이 아니라 강력한 인물들의 희곡, 이념상의 갈등이 있는 희곡이 아니라 근원적이고 개성적인 삶과 이해할 수 없는 운명이 지배하는 희곡을 말한다. 사람들은 셰익스피어의 인물과 작품을 자연스러운 힘의 원천으로 이해하고, 종국에 가서 야생적인 것, 법칙이 없는 것, 질서가 없는 위대한 것을 자연스럽다고 생각했다. 그 당시 사람들이 읽었던 빌란트의 셰익스피어 산문번역은 이와 같은 인상을 뒷받침하는 데 크게 이바지했다. 시민극에도 어느새 산문이 운문을 밀어내고 들어와 있었다. 젊은이들은 셰익스피어 형식이란 일종의 무형식이라고 이해했다. 그러나 이것은 바로 자연은 경계가 없는 것, 무한한 것이라는 그들의 상상과 일치한다. 그와 같이 무한한 것 속에서는 끊임없이 생성하고 파괴하는 운동만이 유일하게 불변하는 것, 합법적인 것으로 보이는 것이다. 처음에는 이와 같은 통찰과 견해가 괴테에게도 옳은 것으로 생각되지 않았다. 그는 같은 세대의 모든 시인들처럼 우선 이러한 형식 없는 자연스러움의 현상만을 정신없이 바라보았다. 셰익스피어의 세계는 그 시대의 문학 세계와는 비교할 수 없을 정도로 비합리적이었기 때문에 그 성격을 비합리적이라는 말 외에 도통 다른 말로는 규정할 수 없는 듯 보였다.

3. 괴츠 폰 베를리힝엔

그와 같은 강력한 인상을 받고 괴테가 마음에 둔 새로운 독일의 희곡은 그가 맨 처음 이해한대로 오로지 셰익스피어의 예술정신에 입각해서 창작된 희곡뿐이었을 것이다. 새로운 독일의 희곡 그 자체는 헤르더에 의해 공개적으로 예고된다. 〈*독일인의 기질과 예술의 장*〉에 실린 셰익스피어-논문의 끝 부분에서 그는 열광적으로 셰익스피어를 숭배하는 자세로 쓰여진 괴테의 〈*괴츠 폰 베를리힝엔*〉에 대하여 이렇게 언급하고 있다: "내가 아직도 셰익스피어를 이해할 수 있는 시대에 살고 있는 것이 행복스럽네. 뿐만 아니라 자네는 이와 같은 읽기를 통해 인식하고 느끼며, 그의 성스러운 초상화 앞에서 나와 한 번 이상 포옹을 했던 나의 친구가 아닌가! 자네가 그토록 많이 변질된 우리의 조국에서 나름대로 우리의 기사시대에 세워진 기념비를 우리의 말로 복구해보려는 멋진 꿈을 펼칠 수 있는 시대에 내가 살고 있다는 것이 행복스럽네"(HW.I,547). 젊은 시인이 새로운 방식으로 쓴 이 최초의 희곡은 셰익스피어의 유작遺作이나 다름없다. 왕을 소재로 한 셰익스피어의 희곡처럼 여기서도 민족의 역사를 소재로 한 것이다. 그보다 더한 것은 셰익스피어의 방식으로 씌어졌다는 점이다. 그렇다면 젊은 학파들에게 엄격히 금지되었던 모방이 아닐까? 괴테에게는 셰익스피어와 똑같은 창조적 자세로, 똑같은 세상의 힘과 권세를 묘사하고, 똑같은 한 개인의 삶의 성격을 묘사하려는 의지와 의식만이 있었다. 똑같은 자연스러움을 묘사하는 것, 그리고 한 위대한 개인의 본질을 묘사하는 것은 그가 보기에 셰익스피어의 제자가 되는 것을 뜻했다. 만약 *〈괴츠〉*가 세부적인 형식면에서 셰익스피어를 모방했다면 문제는 좀 다르다. 이것은 맹목적으로 자신보다 뛰어난 스승에게 제자답게 고개를 숙이는 것과 같은 것이다.

젊은 괴테가 계획하는 모든 희곡들의 테마는 한결같다. 곧 비범한 개인이 지닌 고결한 성품을 묘사하는 것, 힘과 성격이 창조하고 파괴하면서 자유분방하게 작용하고, 거기에 속한 현실 속으로 흘러들어 가는 현상을 형상화하는 것, 자아가 온전히 그리고 끈기 있게 자신이 되고자 하는 것 외에 아무것도 원하지 않음으로써 자아가 보편적 창조정신의 도구 구실을 한다는 것 등이 그의 희곡의 테마인 것이다. 괴테는 로마인人이 힘을 지닌 천재로 등장하게 될 한 편의 시저-드라마를 생각한다. 또한 그는 소크라테스를 철학적인 영웅으로 미화한 한 편의 비극을 마음에 두기도 한다. "고결한 남자를 보는 것은 일종의 즐거움이 아닐 수 없다"(JG,II, 150 쪽). 천재시대에 유행된 이 명제는 그 같은 계획들 중에서 유일하게 완성을 본 드라마인 *〈괴츠〉*에 들어 있다. 초판의 제목은 *〈쇠로 만든 의수義手를 가진 고트프리드 폰 베를리힝엔의 이야기를 희곡으로 만들다 Geschichte Gottfriedens von Berlichingen mit der eisernen Hand, dramatisiert〉*이다. 이 드라마는 새로 시작으로 들끓고 있는 시기에 괴테의 형상화 의지를 증언해 주는 가장 직접적인 증명서이다. 두 번째 개작본이 원숙미는 조금 더 있으나, 첫 번째 판본보다는 특색이 적은 편이다. 힘을 지닌 천재의 생애를 드라마화 하는 것 - 시저 비극과 소크라테스 비극도 이런 것이 되었을 것이다. 그 내용은 마땅히 행동하는 존재로서 위대한 개인의 일대기를 추모하는 것이 되어야 했다. 고대의 여러 영웅들 대신에 독일의 과거 역사에 나오는 한 사람의 영웅을 그리는 것, 그것이야말로 당시 모든 젊은 이들이 기울인 이른바 민족적 특성에 눈을 돌려보려는 노력의 일환이었다. 〈괴츠〉의 출현을 예고한 것 같은 헤르더의 강령적 표현들은 이 경우 일종의 현실적인 의도가 함께 작용하고 있음을 분명히 보여주고 있다. 괴테는 모두冒頭에 알브레히트 할러의 말을 모토로 인용하고 있다: "불행은 일어났고, 민중의 마음은 멸시당해서, 더 이상 고상한 탐욕을 가질 능력이 없다"(JG. II, 141). 이 말은 영웅의 시대에 해당되지만 당시의 현실을 그대로 반영한 것이다. 이를 통해 마땅히 "그토록 많이 변질된 조국"의 목전에 모범적인 독일인 상像이 제시되어야 했던 것이다. 계몽주의의 교육적 경향은 젊은 세대들에게 지속적으로 영향력을 발휘해 오다가 관념론의 교육사상 속에서 그 절정을 이룬다. 괴테의 본질 속에는 교육적인 요소가 남달리 강하게 부각되어 있다. 그의 젊은 시절의 이야기, 특히 누이동생과 교환한 서신이 이 점을 증언해주고 있다.

〈괴츠〉의 테마는 고집 세고 자유를 사랑하며, 에너지가 넘치는 개인과 이를 저지하려는 이른바 운명의 모습을 띠고 나타나는 시대 사이에 벌어지는 갈등이다. 주인공이 내면적으로 열망하는 것은 끝없는 자기계발과 자아성취이다. 자유는 그의 행위의 슬로건이고 죽어 가는 자의 동경의 외침이다. 그가 말하는 자유는 그에게 온전히 자기 자신이 되도록 허락하는 상태를 뜻한다. 온전하게, 조건 없이 자기 자신이 되는 것은 그의 권리이자 자연의 권리인 것이다. 보편적 신성神性은 오로지 개별적인 것 속에서만 생성되고 실체화된다. 그보다 더 고귀한 권리가 어디 있겠는가? 그리고 이것 역시 이제 다시 발견된 독일적인 의미로, 고결한 성격의 소유자들이 영위하는 자유롭고 스스로 결정한 삶을 뜻한다. 동시에 이 고결한 성격의 소유자들은 자신의 자아를 주장하고 펼치려고 할 때 전체를 위해서도 가장 크게 기여할 수 있다. "그는 기사 騎士의 본보기이다. 그는 자유인으로서 용감하고 고결하다. 불행을 당해서도 침착하고 의리가 있다"(JG, III, 260). 괴테의 의견에 따르면, 이런 것들이 에너지가 넘치고 남성다운 인물이 지닐 수 있는 특성이다. 그러나 이런 것에 대하여 아무것도 모르는 간교함, 이기심, 간계와 폭력은 문명으로 인해 부패된 것에 속하는데, 여기에는 괴츠의 상대역들이 속한다. 새로운 악의 세력들이 득세하기 시작하는 이 시대는 이제 더 이상 자유로운 남성다움을 인정해 주려고 하지 않는다. 이 시대는 성격이 강한 자들은 기가 꺾이고, 악한 사람들이 잘되고 착한 사람들이 잘못되는 시대이다. "그대들의 문보다 그대들의 마음을 더 단단히 잠그시오. 사기詐欺에게 자유가 주어졌으니, 사기가 판을 치는 시대가 올 것이오. 약자들은 잔꾀로 다스릴 것이고, 용감한 자는 비겁한 자들이 길 위에 쳐 놓은 그물에 걸릴 것이오."(JG,II, 265). 이것은 주인공의 마지막 대사이다. 이 대사에 나오는 시대는 역시 괴테의 시대를 가리킨다. 그 시대도 역시 여전히 부자유와 부자연의 시대에 속하기 때문이다. "고귀하고 또 고귀한 남자. 그대를 밀쳐내는 세기에 저주가 있을 지어다 - 그대를 오해하는 후세에 저주가 있을 지어다"(JG, II, 265). 그렇다, 이 영웅을 폭도, 반도로 받아들인다면 분명 오해일 것이다. 이 의리 있고 정의로운 사람이 엄연히 존재하고 있는 국가와 자신이 속한 계급에 대항해서 싸우며, 종국에는 반란을 일으키는 농민들의 지도자가 되는 것처럼 보이지만, 실은 그가 질풍노도 시대에 사랑받는 고결한 범죄자의 한 사람인 것이다. 그가 전적으로 숭상하는 가치는 천성적으로 독일인이 지닌 진실하고, 순수하고, 본원적인 성격, 즉 정의감, 자유, 항심이다. 이와 같은 덕목이 이제는 부상하는 어두운 세력에게 방해가 되기 때문에 시대에 부적합하게 되었다는 사실이 그로 하여금 어쩔 수 없이 현행법을 어기는 범죄자가 되도록 만드는 것이다. 그의 비극성은 그가 천성적으로 진정한 도덕성을 지닌 사람임에도 그 시대의 반역자가 되지 않으면 안 된다는 데에 있다. 좀 더 질이 나쁜 죄를 짓지 않고, 근본적인 법을 어기지 않기 위해서 범죄를 위장하는 것은 일종의 자신의 정당성을 잃지 않고 자기관철을 꾀하는 행위인 것이다. '난세亂世에 자구책을 가진 자'라면 오직 위장된 불의의 형식으로만 정당한 행동을 할 수 있다는 것이 바로 비극적 필연인 것이다. 논리적으로 해명할 수 없는 개인의 행위 동기들에 관심을 가지는 젊은 시인의 새롭게 꿰뚫어 보는 시선은 이와 같은 '죄 없는 것이 죄'라는 비극적 현상을 발견함으로써 그 신뢰성이 입증되고 있다.

이 주인공은 전적으로 자신의 법칙에 따라 살기 때문에 위대하다. 그러나 그는 단순하고 우직하여 숭고미가 없다. 이제 곧 괴테의 시문학의 큰 테마가 될 거인의 개인적인 자유 요구, 하늘로 치솟을 것 같은 무한성에 대한 열망이 힘은 있지만 세심하지 못한 이 정직한 기사의 초상화 속에 아직은 제대로 부각되어 있지 않다. 이 기사는 상황이 그를 억압하고 몰아칠 때 밧줄에 묶여 몸부림치기 시작하는 프로메테우스가 아니다. 이 기사의 인품을 꼽을 때 늘 천진무구함을 빼놓을 수 없다. 괴테는 이런 천진무구한 성품을 역사적으로 기사 자신이 직접 쓴 일대기를 번안해서 모범적으로 변용시킨 것이다. 바로 이와 같은 소박한 인간성 때문에 괴츠는 독일시민계급의 가장 보편적인 드라마 주인공 중 하나가 되었다. 괴테는 이런 착한 성격까지도 타고 난 천성, 곧 자연의 의미를 부여하였다. 이성적 인간의 명석한 머리가 아니라 소박하고 단순한 마음, 도에 넘치는 초자연적 거인이 아니라 건전하게 성장한 자연인이 곧 괴츠라는 인물의 프로필인 것이다. 그러나 그에게서는 혁명가의 굳센 결연함 같은 것은 역시 찾을 수가 없다.

일종의 혁명 운동임이 분명했던 질풍노도 운동 어디에 도대체 정치적이고 사회적인 생존형식과 관련된 혁명의 이념들이 들어있단 말인가? 종교적-보수세력들과 경건주의적 무관심은 이들 젊은 세대에 있어서도 본래 문학적-이론적 영역에서 보였던 것 보다도 더 강도 높게 그들의 정치적 사유를 억눌렀다. 그 당시 독일 문학에는 아직 프랑스의 계몽주의가 과격하다시피 행동으로 추구했던 자연법적 사고의 흔적은 찾아 볼 수 없었다. 독일 시민, 유산계급 출신의 지성인까지도 당시 정치교육면에 있어서는 아직 유치원생이나 마찬가지였다. 그 현상은 유례가 드문 독일의 정치적 운명, 즉 문화의 주도적 역할을 하는 생산 계층에 속한 사람들이 가장 역동적인 발전의 순간에 크고 작은 정치에서 배제된 채 여전히 학자나 예술가로서만 자기도취에 빠진 군주들과 가까이 지내야 하는 운명의 결정적 요인이었다. 18세기의 시민계급은 공개적인 행동을 요구했고 정치적 사유와 행동을 전개시킬 수도 있었던 장소에 일체 출입이 금지되어 있었다. 그들은 단지 목사, 학자, 지식인, 예술가였을 뿐 정치적 인간으로서는 어떤 계몽된 폭정의 조치 대상 이외에 아무것도 아니었으며, 사회적 인간으로서는 엄격하게 신분제도의 상자에 칸칸이 배속되어 있었다. 스위스인으로서 발전된 정치체제하에 살았던 보드머는 괴테의 방문을 받고, "극도로 무감각하게 신하로서 복종의 의무를 이행하는 한 독일인이 그처럼 대담한 이상을 품고 있다니 놀라운 일"(JG. V, 269쪽)이라며 의아하게 생각했다. 이와 같은 부자유스럽고 목을 죄는 삶의 현실과, 문화적으로는 분명 지도적인 역할을 하는 계층의 끊임없이 발전하는 에너지 사이의 긴장은 더욱더 고조되어 더 이상 견딜 수 없게 되었다. 정신병적인 현상들이 시민계층의 형편이 얼마나 위태로웠는지를 증명해 주고 있다. 탈출구는 단 하나뿐이었다. 이런 현실 속에서 원하는 만큼 발휘되지 못하고, 행동 및 조직력으로 소진消盡될 수 없었던 창조력과 자유에 대한 열망은 정신적이고 내면적 영역에서,

그리고 현실을 승화시키는 예술의 영역에서 한껏 역량을 펼칠 수 있었다. 귀족은 통치하고 전투를 하고, 시민계급 출신의 지식인은 설교를 하고 병을 고치며, 재판을 하고 시를 짓고 그림을 그리며 작곡을 한다. 시민이 정신적으로 창조하는 삶을 사는 시대에서는 구체적 권력의 영역에서의 통치행위는 시민에 의해 이루어지지 않는다. 정신적인 행동 에너지는 오직 공리공론과 미학적 형상화로만 펼쳐질 수 있다. 이와 같은 상황이 이상주의 시대에 독일의 정신생활면에 나타난 비교할 수 없이 빠르고 무성한 성장을 설명해주고 있다. 국가의 자연적 사회적 구조에서, 특히 공적이고 정치적인 생활의 영역에서 많은 결실을 가져올 수도 있었던 아주 막강한 동력 에너지는 어쩔 수 없이 정신과 예술의 영역으로 흘러들어 간 것이다.

이와 같은 상황과 상태는 왜 〈*괴츠*〉가 정치 드라마가 아니고 민족적 윤리 드라마가 되었는지를 이해할 수 있게 한다. 그 후의 유사한 시기, 즉 사회적 격동기에 태어난 작품으로 이에 필적할 만한 희곡으로는 뷔히너의 〈*보이첵 Woyzeck*〉과 하우프트만의 〈*직조공들 Die Weber*〉을 들 수 있다. 이들과 비교해 보면, 어디까지나 이 작품을 '정치적' 드라마로 보는 한에서 '괴츠'가 지니고 있는 특징이 무엇인지 분명해진다. 이 작품에서 정치적 이념에 대한 발언도 실제로는 비정치적 개인의 생존을 겨냥한 것이다. 여기서는 황제까지도 국가의 이익이 아니라 개별 인간의 행복이 중요하다는 의미의 말을 하고 있다. 그리고 반란에 가담한 주인공이 자신의 정치적 이상을 밝히려고 할 때 사용하는 표현들은 모든 정치적 사회적 긴장 해소에 바탕을 두고 있는 '보편적 행복'에 관한 당시의 인도주의적 사고에 친숙한 표현들이다. 그럼에도 *〈괴츠〉*의 소재는 이 같은 종류의 궁정과 세속적인 궁정, 심지어 종교개혁 시대에 일어난 큰 사회운동과 농민전쟁 등이 단면상斷面相으로 그려져 있다. 당시의 시대적 분위기와 환경을 묘사한 이 부분은 그 폭이 하도 넓어서 이 드라마의 초점이 위대한 개인이 등장하는 성격드라마에 있으면서 동시에 한편의 역사 드라마에 있지 않을까 하는 생각이 들 정도이다. 게다가 때때로 그리고 바로 결정적인 마지막 장에서는 주인공의 인물과 그의 비극은 은폐되고 있는 형편이다. 새로운 역사의 가치, 그 시대의 개인의 특성에 대한 견해가 여기서 처음으로 문학적으로 열매를 맺을 수 있게 된다. 작가가 고안해 낸 조연자들과 사실적인 정황들은 그 시대의 총체적 견해의 산물이다. 가장 내면적인 삶의 진실에 관한 작은 개별 특성들의 지적이 쌓여서 본질적인 상태의 살아 있는 그림을 제공하는 이 드라마의 양식도 새롭다. 마찬가지로 이 드라마의 본 줄거리가 괴츠와 상대역인 바이슬링엔Weislingen의 대결을 중심으로 꾸며져 있는 것은 다른 한편으로는 세계와 인생을 일종의 양극적인 힘의 관계라고 보는 괴테의 견해를 처음으로 형상화시킨 것이다. 형식상 1차전과 복수전의 공식은 당시의 드라마의 전통적 관습이다. 드라마는 물론 모순과 긴장에 바탕을 두고 있기 때문이다. 전통적으로 제2차전, 즉 복수전은 음모와 사악한 복수를 내용으로 하고, 주인공이 숭고하고 순수한 인물인 것과는 반대로 상대역은 어둡고 타락한 사람인 것이 통례이다. 그러나 여기서는 그와 같은 사정이 처음으로 바뀐다. 괴츠가 선량하고 위대한 사람이긴 하나 숭고한 사람이 아닌 것처럼 바이슬링엔도 타락하거나 악한 사람이 아니다. 그는 '자학적인 참회'와 동시에 사람의 기를 꺾는 실패를 이해하고 용서하는 발언을 함으로써 저자인 괴테의 고통스러운 경험을 고백하는 역할을 담당하고 있다. 또 마리아라는 인물은 얼마나 괴테의 애인이었던 프리데리케의 성격을 닮고 있는가! 괴츠의 상대역인 바이슬링엔도 부드럽고 감정이 풍부한 사람이지만 마음이 너무 쉽게 동요하기 때문에 본의 아니게 의리를 저버리는 사람이 된다. 악인이어서가 아니라 됨됨이가 나약한 인간은 항상 자기에게 영향을 끼치는 사람의 색깔을 받아들이기 때문이다. 그는 괴츠 앞에서는 좀 더 강하고 선량한 사람이 되지만, 쾌락과 권력이 그를 유혹하면 배신과 저질의 죄과에 빠지고 만다. 항시 새로운 쾌락을 추구하는 불안정한 마음의 유혹 때문에 사랑에서 죄를 저지르는 것, 그것이 바로 괴테가 충직하고 속이 깊은 괴츠의 상대역을 통해서 묘사하고 싶은 것이었다. 그러나 이는 한편으로는 앞서 언급했듯이 자기 자신을 향한 고백이기도 하다. 여기에도 역시 죄와 무죄가 비극적으로 섞여 있다. 바이슬링엔은 더 이상 속이 검은 음모의 악당이 아니다. 오히려 그는 주인공 괴츠의 친구이자 적敵이라고 보는 것이 옳다. 단지 그가 다르고 열등하기 때문에 때로는 마음이 끌리기도 하고 때로는 마음이 바뀌어 반발하기도 한다. 그리고 그는 양심보다 혈기의 위력이 강하기 때문에 도덕적으로 비난받는 사람이 되는 것이다. 사랑에 있어서 마성적이고 악행에 능한 한 여인의 매력을 미끼로 삼아 편안하지만 의리를 저버린 삶이 그를 유혹한다. (이는 성욕이 지닌 마성을 최초로 표현한 것이요, 레싱의 작품에 나오는 오르시나Orsina를 발전적으로 계승하고 있는 것이다). 그를 단죄斷罪하기 보다 유감 표명을 하는 것이 마땅하다. "우리 인간을 이끌고 가는 것은 우리 자신이 아니라니까. 악령들이 우리를 지배하는 권능을 가지고 우리를 몰락시키지 못해 안달을 하지"(JG, II, 256-257). *〈젊은 베르테르의 슬픔〉*에서 분명하게 등장하는 이른바 정열과 감정의 열망이 지니고 있는 신성한 힘은 동시에 재앙과 폭발을 일으키는 힘이기도 하다는 새롭고 디오니소스적인 생의 긍정의 어두운 반명제가 여기서 나타나고 있다. 정열은 인간을 위대하고 착하게 만들 수도 있지만, 저속하고 사악하게 만들 수도 있다는 것이다.

헤르더는 *〈괴츠〉*를 두고 "독일인의 장점과 깊이와 진실이 엄청나게 많이 들어 있는" 작품이라고 칭찬했다. 그러나 노골적으로 칭찬하기가 힘들었던지 그는 동시에 셰익스피어가 이 친구를 아주 망가뜨렸다고 보았다. 물론 형식 없는 장황함과 과다한 윤색, 드라마 구성의 산만함은 그 당시 괴테가 이해한 대로 셰익스피어 드라마의 형식을 모방한 것이다. 특히 지속적으로 간격을 두고 일어나는 사건 대신에 연거푸 다양하게 바뀌는 개별 장면들을 제공하는 짧은 막幕의 기법은 그대로 "셰익스피어를 흉내 낸" 것이다. 그 밖에 흥겨운 막간극, 재담, 노래의 삽입, 사실적인 쌍스러운 말씨 등도 마찬가지이다. 그러나 이 드라마는 개별적인 형식에 있어서 그처럼 셰익스피어를 흉내 내고(의고전주의의 드라마 유형과는 총체적으로 거리가 먼 반면), 총체적으로 셰익스피어의 드라마 형태와 가까움에도 불구하고 전체로서는 너무나 독일적이고, 너무나 새롭고, 너무나 천재적이어서 가히 독창적이라 하지 않을 수 없다. 물론 첫 번째 시도일 뿐이고, 급격한 자극을 받아 즉흥적으로 집필된 나머지 직접성을 지니고 있어 매력이 넘치긴 하지만, 어떤 의미로 보나 아직 완성도가 떨어짐으로 진정으로 훌륭한 작품이라 할 수는 없다. 동시에 시인 자신이 보기에도 초판은 직접성에 있어 아직은 만족할 만하지 못한 데다 너무나 '의도적'이었다. 후에 와서 괴테는 개별 인물들의 대사 속에 인물의 성격 묘사를 강화시켰다. 1773년에 나온 개정판은 그 밖에도 부수적인 줄거리를 줄이고 주인공들을 더욱 많이 전면에 부각시켜 강조하고 관계의 밀도를 높였다. 즉흥적인 요소와 과다한 서정성은 완화되고 신중을 기하는 조형력이 좀 더 많이 작용했으며, 새로운 방식의 유기적 통일성이 조심스럽게 추구되었고 당시의 무대의 가능성에 대한 배려가 엿보인다. 〈괴츠〉는 동시대인들의 취향에 맞는 연극으로서 젊은 세대에게 어떤 드라마와도 비교할 수 없는 막대한 영향을 끼쳤고 문학성을 지닌 최초의 민속 드라마였으며, 여러 세대에 걸쳐 유례를 찾아볼 수 없는 최초의 드라마였다. 괴테 스스로 표현하고 있는 것처럼 먼저 "비평의 퇴적장으로 진입하지 않고" 직접 민중의 가슴을 겨눈다는 것은 일종의 혁명적 발상이나 마찬가지였다. 이 시인은 지금까지 어느 누구도 시도한 적이 없는 작업, 곧 모든 사람을 상대로 작품을 쓰는 일을 해냈다. 모든 사람들이 이 작품의 언어 성향과 힘이 넘치고 구체성을 지닌 형식을 이해했다. 새로운 형태의 드라마, 곧 '기사드라마

Ritterdrama'가 역사적이고 민족적인 민중극의 장르를 계승하게 된 것이다. 〈*괴츠*〉는 이 장르를 대표하는 첫 작품이고, 언제까지나 이 장르의 최고의 본보기로 건재하고 있다.

4. 종교문학

괴테는 수많은 짧은 글이나 시문학 작품에서 변질되긴 했지만 영원히 구속력을 지닌 그 시대의 종교 세력들과 논쟁을 벌였다. 근원적 성격을 가진 종교성을 합리주의적으로 평준화하고 해체하는 행위는 헤르더에게 멸시당하고 극복되었을 뿐만 아니라 괴테에게도 관심의 대상이 아니었다는 사실은 신학교수 칼 프리드리히 바르트에게 대항해서 쓴 괴테의 풍자적인 글이 말해주고 있다. 바르트는 거룩하고 위대한 복음을 독일 시민계급의 계몽주의가 추구하고 있는 것처럼 평이하게 이해할 수 있도록 깎아내리고, 복음서 저자들을 자신과 같은 종류의 평범한 사람들로 격하시켜 "매끄럽게 닦고, 깎아 놓았는데", 이 신학자보다 성서의 정신과 '개념화되지 않은 신'에게 더 접근해 있는 시인 괴테가 그에게 그 점을 비난했다. 이 같은 신조를 가지고 쓴 작품이 힘이 넘치는 단편斷篇 드라마 〈*영원한 유태인 Der ewige Jude*〉인데, 이 작품에서 괴테는 그리스도라는 인물과 그의 근본적인 가르침을 바탕으로 자신이 살고 있는 시대를 평가하고 있다. 괴테가 지니고 있는 신조도 역시 위대한 관용의 이념, 모든 교의적 정당성 주장에 대한 적대감, 어디에서 진리를 발견하든 상관없이 진리를 사랑해야 한다는 신조, 종교는 사유의 긍정보다 더욱 더 동정적인 감정이어야 한다는 등 초종파적인 성격을 띠고 있다. 그의 〈*목사의 서신 Der Brief des Pastors*〉은 이 점을 분명히 말해주고 있다. 종교를 창시한 인물들, 즉 종교 설립자들의 위대함과 특성을 파악하고 이해함으로써 그는 종교적인 것에 직접적으로 접근한다. 일부분만이 보존되어 있는 〈*마호메트 Mahomet*〉 드라마에서 가장 아름다운 부분은 마호메트를 찬양한 노래로 삽입된 한 편의 서정시이다. 이 노래는 한 종교 창시자의 영웅적 삶, 종교적인 천재의 신념과 소명, 그의 내면적인 삶, 세상에 끼친 그의 영향 등을 신화적인 강의 흐름으로 풍유諷諭하여 찬양한다. 이 노래에서는 신약성서에 나타나는 신의 아들의 근본에 대한 로고스-이론, 근대 신비사상에 나타나는 사랑론의 흔적이 엿보인다. 그러나 새로운 찬가의 양식으로 도도히 흐르는 노래의 의미는 무엇보다도 자신의 빛나는 '에센스'로 본원적인 위엄과 압도하는 권능을 소유하고 있는 거인적인 영웅정신의 형상을 그와 같은 거인적인 영웅의 현실적 삶으로 포착한데 있다.

이와 같은 시행들이 우주를 형제처럼 하나되게 하는 보편적인 힘에 관심을 쏟고 있다면, 이때에 나온 다른 종교 드라마 〈*프로메테우스 Prometheus*〉 단편斷篇은 그와는 반대되는 테마, 즉 신화적 조물주 정신, 근본과 제신諸神에 대하여 분노하고 투쟁하는 제신의 아들을 다루고 있다. 전작全作은 전해지지 않고, 현재 보존되어 있는 이 작품의 두 장면은 "나는 하지 않으련다"라는 문장으로 시작된다. 추락한 제신의 아들인 타이탄은 제신들의 의지에 반하는 자신의 의지를 보이고, 우월감을 느끼며 제신의 아버지에게 반기를 든다. 제신의 은총이 그로 하여금 자신의 형상을 모방하여 양손으로 빚은 형상들에게 생명을 흡입할 수 있게 한다. 그러니까 그도 역시 인간의 창조자요 인간 가운데 살고 있는 거인인 것이다. 막상 그는 천상의 세력보다도 솟아오르는 생명에 더 가까운 자유인이다. 그대로 자유인으로 있고 싶은 것이 그의 의지이다. 이와 같이 순수한 인간이 되겠다는 고집은 소망하는 존재요 추방된 존재인 그에게 운명이 내린 듯싶은 가혹함에 대한 괴테 나름의 대답이었다. 샤를로테와 헤어진 후인 그 때의 심경이 이 장면들과 프로메테우스 시를 출현하게 한 것이다. 이 시는 "신과 인간에게 저항할 목적으로" 지어진 것이고, 괴테가 얼마나 운명의 타격을 받고 좀 더 굳세어지고 결연해졌는가를 보여주는 증서인 것이다. 이때 쓴 편지들에는 그가 황야에서 방황하고 있다고 탄식하는 내용들이 실려 있다. "나의 가련한 생존은 황폐한 바위를 응시하고 있다." 그는 자기파멸을 통해 자기구원을 도모하고 싶은 위험한 동경심에 사로잡힌다. 어째서 신성은 이제 와서 그를 그처럼 냉혹하게 대하게 되었는가? 그는 카인의 저주, 불행하게도 평안을 잃게 하는 저주가 자신에게 내렸다며 자신을 농락하는 듯싶은 신들을 매도한다. 그는 전례 없이 운명의 지배를 받아 무한한 고독을 느끼는 자아를 경험한다. 그러나 그와 같은 불 속에서도 그의 자기감정은 정련된다. 이와 같은 고립무원은 무한한 능력, 즉 개인의 인격만이 지닌 약점임을 그는 기억한다. 괴테는 *〈시와 진실〉*에서 프로메테우스-인물을 통해 표현되는 이와 같은 심도 있는 경험들의 성격을 이렇게 표현하고 있다. "우리는 부모와 친척의 보호하에 성장하고, 형제자매와 친구들을 의지하며, 친지들과 더불어 흥겹게 지내며, 사랑하는 사람을 통해 행복해질 수는 있다. 그러나 인간은 항상 마지막엔 자기 자신에게로 되돌아가게 마련이어서, 늘 그런 것은 아니지만 적어도 바로 긴급한 순간에는 마치 신성까지도 인간의 외경, 신뢰, 사랑에 대하여 응답을 보낼 수 없다는 입장을 취하는 것 같다."(WA. I. 28,310). 그는 이와 같은 운명들이 자기 자신, 힘과 생의 의지를 지닌 자아에게로 되돌아가도록 지시하고 있음을 알고 있다. 이와 같은 운명 속에서 신들은 그를 데리고 장난치는 것만 같은 생각이 든다. 삶에 대한 괴테의 특이한 성실성은 이때의 첫 시험에서 분명히 나타난다. "혹시라도 그대는 내가 어린 시절의 찬란한 꿈이 이루어지지 않았다고 삶을 미워하고 황야로 도망가리라고 망상하고 있는 것은 아닌가?"(JG, IV, 40). 다른 경우라면 젊은이의 우울증의 근본 원인이 될 법도 한 이와 같은 고통스러운 경험에도 불구하고, 세계고를 품거나 삶을 비난하거나 하지 않는다. 망연자실한 감정, 개별적 자아의 고독감은 바로 이와 같은 고집스러운 개별화의 긍정을 통해 극복된다. 외부로부터, 또는 인간의 영역으로부터, 아니면 신성의 영역으로부터 개인에게 전달되어 그 개인을 결정적으로 풍요롭게 하거나 충격을 줄 수 있는 것은 도대체 무엇인가? 무엇보다도 본질적인 것은 인간이 타고난 힘, 그가 소유한 힘으로 이룩한 자기 자신의 업적이 아닌가? "신들이라니? 나는 신이 아니야. 그렇지만 신만큼이나 한 가락 하는 몸이라고 자부하고 있네. 무한이라고? 전능이라고? 그대들이 할 수 있는 것이 무엇인가? 하늘의 넓은 공간을 내 주먹 안에 움켜쥘 수 있게 할 수 있는가? 나를 나 자신으로부터 분리시킬 수 있는가? 나를 하나의 세계로 확대시킬 수 있는가"(JG, III,308). 또는 그 시에서 "그대 성스럽게 타오르는 가슴이 모든 것을 손수 완성하지 않았던가?"(JG, IV, 39)라고 묻기도 한다.

저항하는 가운데 점점 견고해지는 거인의 자아감정의 바탕은 역시 창조력이다. 괴테는 *〈시화 진실〉*에서 프로메테우스에 대하여 관심을 가지게 된 배경을 이렇게 설명하고 있다: "내가 지금 이와 같은 타고난 재능에 대하여 곰곰 생각한 끝에 그 재능이 온전히 내 것이므로 어떤 낯선 것을 통해서 조장되거나 방해될 수 없다는 것을 발견한 것처럼 나는 기꺼이 이 재능을 바탕으로 나의 전체의 삶을 건설하고 싶은 생각을 가지고 있었다. 이 생각이 하나의 표상으로 변하여 옛 신화에 나오는 프로메테우스라는 형상에 생각이 미치게 되었다. […]"(WA,I.28,311). 프로메테우스는 수백 년에 걸쳐 변함없이 창조정신을 상징하는 인물로 마침내 괴테에 의해 문학적으로 형상화되기에 이른다. 그의 프로메테우스는 거침없는 자아감정을 지닌 거인이다. 그의 자아의 자유를 제한하려드는 독단적 태도는 설혹 그것이 신성의 배려와 자비의 형상으로 나타날지라도 모두 그에게는 적이다. 프로메테우스는 외견상으로는 그를 제한하는 것을 완전히 받아들이고, 온갖 한계와 고민과 실망과 삶의 온갖 문제점을 가지고 있는 인간임을 모두 수긍함으로써 완전히 그 자신이 되고 완벽하게 자유로워진다. 쓴맛과 단맛의 이중적 성격과 모순을 지닌 통일체의 성격을 지닌 삶을 그는 받아들일 뿐만 아니라 좋고

옳다고 생각하며 그 삶을 성취로 체험한다. 삶은 그 자체로서 만족스러운 것이다. 그는 그 삶을 넘어서려고 하지도 않고, '피안彼岸'의 영역에서 구원을 찾지도 않는다. 그것은 운명의 시련을 겪은 사람이 이 땅에서 인간이 영위하는 삶에 대하여 전적으로 긍정적인 판결을 내리는 것이요, 생각할 수 있는 최상의 동의를 나타내는 것이다. 왜냐하면 이 동의는 또한 총체적으로 의문도 함께 의미하고 있기 때문이며, 기독교가 내세우고 있는 것처럼 인간의 이념을 부정하는 하나의 태도, 타인을 죄가 있고 연약하며 구원이 필요한 인간으로 전제하는 태도에 대한 의문을 내포하고 있기 때문이다.

그럼에도 여기에서 인간의 이미지는 이상적으로 승화되고 있지 않다. 프로메테우스의 창조물들은 그들의 삶을 천사天使로 시작하지 않는다. 그들의 첫 번째 행위는 사물의 장악이고, 그들의 생존은 소유를 위한 싸움으로 시작된다. 인간은 동물인 동시에 신이다. 그러나 괴테는 이것을 비관적으로 생각하지 않았다. 인간은 그렇게 태어났고, 그런 것이 적절하고 당연하다. 드라마란 원래 세상과 인생의 속성이 본래 이렇다는 것을 상연해 보여 주어야 하는 것이다. 인간의 문화(노동, 재산, 전쟁, 사랑, 죽음)의 초창기인 신화적 선사시대를 무대로 하는 드라마는 본래 이와 같은 것이 세상과 인생의 속성이라고 묘사하는 것을 당연시했다. 그리고 모든 것은 모순되는 것을 유기적으로 융합하는 인간의 천성에 연유하고, 그 속에는 우주적인 구조의 모상模像이 들어 있다는 점을 보여 주어야 했다. 프로메테우스는 자신의 근본과의 연결고리를 끊고, 아들이 지녀야 할 공손한 태도를 저버린 거인인 것이다. 주신主神에게 반기를 듦으로써 그는 자아의 완전한 자유를 체험한다. 이제야 비로소 그의 자아는 위로부터의 자비를 필요로 하지 않고, 외부의 계명을 지키지 않아도 되고, 오히려 창조적인 힘을 의식하면서 무한의 자유스러움과 자긍심을 느낀다. 그리고 현존에 만족해서: "그러므로 나는 존재하기 때문에 영원하다" 그리고 "여기는 나의 세계요, 나의 우주! 여기에서 나는 나를 느낀다"고 토로하는 것이다. 그러나 자아가 이와 같은 창조적 개인을 신화화하면서도 상대해야 할 신을 도통 모르는 것 같지는 않다. 그렇지만 "신이여, 나는 더 이상 당신이 필요하지 않습니다"라는 말로 높은 분의 참여를 의식적으로 포기하는 표현은 신의 현존은 건드리지 않고 그냥 둔다는 것을 의미한다. 이와 같은 태도가 곧 거인다운 자신감의 발동과 함께 단지 신성과의 새로운 결합을 위해 다른 생의 단계에 이르는 발전의 통로라고 괴테는 의식하고 있는 것처럼 보인다. 왜냐하면 머큐리가 주피터에게 이 반항아와 그의 피조물에게 신의 위력을 느끼게 할 것을 권면하자, 주피터는 태연자약하게 "아직은 아니다. 새로 태어난 젊음의 희열 속에서 그들의 영혼은 신과 동등한 것처럼 착각하고 있다. 그들은 너를 필요로 할 때까지 너의 말을 듣지 않을 것이다. 그러니 그들을 나름대로 살게 내버려 두라"(JG, III, 316)고 지혜로운 결정을 하기 때문이다. 삶이 그들에게 창조하는 자아 역시 무조건적인 자기 현시욕과 함께 모든 것을 포괄하는 연관, 일종의 세계의 법칙성에 편입되어 있다는 것, 자기부정, 헌신이 곧 최후의 자신에게로 돌아옴이라는 것을 가르쳐 줄 것이다. 노년의 괴테는 파우스트의 마지막에 나타는 위대한 이념과 "죽어서 이루라"는 신화적인 구절로 이 종교적 경험을 마무리하지만, 그 경험의 시작을 처음으로 표현한 것이 프로메테우스 문학이다. 그가 초기에도 이미 그와 같은 동경과 신념을 가지고 있었다는 사실은 *〈베르테르〉* 외에 *〈가니메트 Ganymed〉*라는 시에서 가장 분명하게 나타난다. 이 시에서 개인이 외톨이 신세가 되는 것을 모면하고 싶어 하는 열망, 다시 말해 보편적인 신성에게 헌신하고픈 열망은 '자신을 연장해서, 세계로 확대시키려는' 욕구를 의미한다.

5. 천재문학

위대함, 거인다운 자신감, 프로메테우스의 운명은 그의 속에 들어 있고 그 시대의 언어 속에 들어 있는 창조성, 곧 그의 천재성에 바탕을 두고 있다. 천재 개념은 새로운 개인주의의 중요한 가치개념이다. 인간의 새로운 이념에 따르면 천재적 인간은 가장 위대한 인간형이다. 본래 영어에서 유래한 "독창적 천재Originalgenie"는 원천源泉에서, 근원根源에서 물을 퍼 올리는, 생성하는 자연처럼 창조하는 인간을 두고 하는 말이다. 이 경우에 원천적인 것, 직접 솟아오르는 것이 무엇보다도 중요하다. 르네상스 시대 이후로 통용되는, '예술은 현실의 모방이요 의도적인 숙련' 이라는 이론은 보편타당한 규칙을 통해 표현할 수 있는 수법에 바탕을 두고 있지만, 이 이론은 이제 무너졌다. 예술과 문학의 모사기능에 관한 견해 대신에 모든 예술은 우선 내면적인 삶의 표현이라는 견해가 이제 대두된다. 예술과 예술가의 본질에 대한 이와 같은 이론은 신비주의의 신앙과 친연 관계임이 백일하에 드러나고 있다. 신은 곧 창조하는 정신이고, 인간의 작품들도 신의 정신에서 발생되는 것이다. 다름 아닌 이와 같은 영원한 창조적 열망이 예술가를 만든다. 예술가는 그와 같은 열망을 가져야 하며, 천재로 태어나야만 한다. 그리고 천재성을 가진 사람은 예술가가 될 수 있는 모든 것을 가진 것이다. 천재는 규칙들, 예술 형상화의 원칙들을 습득할 필요가 없고, 원칙 자체를 가지고 있는 것이다. 어떤 예술가든, 어떤 예술작품이든, 심지어 지금까지 우상화되었던 고대 예술 작품까지도 모방될 수 있는 것은 아무것도 없다. 시詩란 모든 시대의 위대한 시인들이 사용했던 힘과 똑같은 힘이 있어야만 지을 수 있는 것이다. 그러므로 작품의 모방이 아니라 그와 같은 방법으로 위대한 시인들을 본받으려고 노력하는 것이 독창적인 천재다운 것이다. 독창적 천재는 모형模型이 아니라 원형原型을 거울삼아 창조한다. 그렇게 함으로써 젊은 초심자들을 압박했던 고대문학과 그 밖의 모든 다른 문학의 독단적 권위에 대한 강박관념이 극복되었다. 사람들은 역사의 위대한 행위는 결코 끝맺음되는 법이 없고, 항상 새로 시작되어야 한다는 것을 깨달았다.

천재를 만드는 창조력은 무의식적으로 발동된다. 이 창조력은 사유나 의지에 바탕을 두고 있지 않다. 창조력에 영양을 공급하는 것은 환영, 즉 떠오르는 영감이고, 창조력을 발휘케 하는 것은 '순간의 불꽃 튀는 시선' 과 열망으로 고조된 감정이다. 그렇게 탄생된 시문학 작품은 더 이상 현상을 반영하지 않고, 그 현상의 내면적 존재, 그의 감추어진 본질, 근원을 느낄 수 있게 만든다. 이 모든 것이 천재에게 가능한 것은 오직 그의 가장 깊은 본질이 신의 본질과 하나이기 때문이다. "그러나 영원한 정신이 지혜의 시선을, 사랑의 불꽃을 어떤 선택된 자를 향해 던지면 그는 돌발적으로 자신의 감정을 흥얼거린다는 것이다."(JG, III, 131) 그는 신의 입이며, 전달자의 소명을 받은 것이다. 진리는 천재의 작품에만 있고 그의 중재를 통해야만 우리는 그 진리를 파악할 수 있다. 종교적인 중재자의 개념도 여기에서는 살아 있는 개념이다. "진리! 진리! 자연! 자연! 우리는 보지 못했던 것을 보고, 듣지 못했던 것을 듣는다. 그렇지만 우리가 보고 듣는 것은 우리들의 살에서 떼어낸 살이고, 우리들의 사지四肢에서 잘라낸 사지이다."(라바터). 자아감정, 개인적 특성 의식은 전 세기에 걸쳐서 자라난다. 경건주의자들이 가장 본질적으로 여기는 나와 하나님과의 직접적인 관계를 종교적으로 체험하는 것, 라이프니츠 철학의 모나드 이론, 레싱의 윤리와 클롭슈토크의 시인의 자세 – 이런 것들이 개인주의가 성장하면서 거쳐 온 정거장이다. 질풍노도 시대에 와서는 이 개인주의가 범람하여 모든 것을 휩쓸어 버린다.

시인의 작품들을 생산해 내는 것은 역시 모든 생명을 좌우하는 신의 창조력이다. 마치 다양한 사물이 단 하나인 신의 실체인 것처럼, 이렇게 특성화된 각자는 일회적이다: "신의 작품에는 각 작품마다 일반적으로 닮은 점을 지니고 있긴 하지만 모두 무한한 다양성이 있다. 게다가 완전히 동일한 것으로 여겨질 수 있는 것은 아무것도 없다. 모든 것은 천성에 있어 서로 닮은 점을 가지고 있으나, 모두가 천차만별이다"(라바터). 시인에게도 마찬가지다. 창조력은 항상 하나이나 개별 인간에는 개성이 스며 있고, 그의 일회적인 인격이 각인되어 있다. 모든 형상화는 유일무이한 모나드의 표현이고 모상이다. 가치도 그런 방법으로만 탄생한다. 즉 개별성은 현상세계의 카오스 속에서 우선 등급과 차이, 곧 가치를 창출한다. 그리고 자아는 단지 그 특성화의 끊임없이 바뀌는 동작과 살아서 발전하는 하나의 형식이기 때문에 각 순간의 표현 속에 완전히 포함되어 있을 수 있다. 그것이 바로 직접성이라 불리는 것이다. 천재의 모든 작품은 하나의 창조력의 형상화라는 점에서 서로 비슷하다. 그리고 각 작품은 자아의 넘치는 상태와 헌신의 일회적 본질을 형상화시킨 것이라는 점에서 다른 작품과 구별된다. 그것은 우주의 커다란 세계와 마찬가지로 인간과 그의 작은 작품의 세계에도 해당된다.

창조적인 것은 최상의 가치이자 최후의 가치이다. 천재는 모든 것을 독단적으로 결정한다. 새로운 시문학에 있어서 그 말의 의미는 곧 모든 것이 대상이고, 형식은 진실이기만 하면 모두 다 좋은 형식이라는 것이다. 실천적인 행동에 있어서도 마찬가지이다. 미美와 추醜가 이제는 객관적인 가치로부터 개인적인 감정의 상대적인 가치가 되는 것처럼 선善과 악惡도 역시 그렇다. 모든 행동에 있어 자신에게 성실한 것만이 선한 행동인 것이다. "누구나 자기 마음에서 우러나는 대로 행동하고, 자기의 내면적 특성에 따라 행동하며, 자기 자신에게 성실한 것, 그것이 바로 온전한 모럴"이라고 헤르더는 자신의 약혼녀에게 이르고 있다. 그리고 라바터의 모토도 역시 '너 자신이 되라!' 였다. 그런데 그것은 무슨 의미인가? 여기서 감정, 순간적인 느낌이 도덕적 정당성의 척도가 된다. 감정은 누구도 벗어날 수 없고 벗어나서도 안 되는 마력으로 나타난다. 이와 같은 비합리적이고 개인적인 충동의 영역 외에 다른 영역에서 오는 어떠한 주저감도 더 이상 통용되어서는 안 된다. "느낌에서 오는 나쁜 것이 오성에서 오는 좋은 것보다 낫다"고 그 당시 괴테는 말하고 있다(JG, II,54). 무조건적인 열망은 우선은 무제한 속으로 빠져 사방으로 번져가기 때문에 "행동과 행위, 법칙과 규칙을 통해 제공되는" 에너지가 아니다. 모든 것이 체험의 가치요, 감정의 내용이다. 믿음에 있어서 중요한 것은 오직 믿는다는 사실일 뿐, 무엇을 믿느냐는 중요치 않다고 괴테는 생각했다. 만약 감정이 그처럼 내면적이고 자극이 그처럼 강하다 하더라도 믿을 수 없는 것이라면 어떻게 되는가? 만약 그 열망이 자유와 광명 대신에 미혹이나 몰락으로 이어진다면? 이 새로운 운동은 초기만 하더라도 낡은 삶의 형식과 함께 모든 것을 형식화하는 것, 제한하는 것을 우선은 버리지 않으면 안 된다고 믿음으로써 혁명적인 젊은이가 지니게 마련인 사려 깊지 못한 면을 가지고 있었다. 이 운동은 삶과 거리를 두지 않으며, 수영하는 사람이 물속에 빠져 있듯 삶 속에 빠져 있었다. 그 운동의 온전한 삶의 내용은 여전히 삶을 느끼는 것이었다. 그 운동은 한동안 새로운 세력의 그릇이라는 것을 의식하고, 거기에 도취된 나머지 새로운 형식을 창조할 필요성을 망각하고 있었다.

이것이 괴테가 그 당시 취한 자세였다. 그와 만나는 동년배들은 그를 이 같은 새로운 자세의 가장 강력한 화신化身으로 보았다. 그가 뒤셀도르프를 방문한 후 그의 친구들의 편지에 이런 구절들이 눈에 띈다: "머리끝부터 발끝까지 천재요, 힘과 능력을 지닌 25세의 한 아름다운 청년. 가슴엔 감정이 넘치고, 정신은 독수리 날개를 단 불로 가득 차 있다." 또는 "거의 어떤 경우에도 마음대로 행동하게 내버려두어서는 안 되는 [⋯] 광기 있는 사람"으로 묘사되기도 했다. 천재는 오직 한 가지 권세에만 복종하는 데 그것은 곧 자기 자신이다. 즉 그의 내부에서 실현되는 창조적 열망의 권세에만 복종한다. 신비주의의 신도가 자신의 내부에서 역사하는 신을 경험하는 것이 그렇듯, 천재들은 그들이 지닌 마성의 신비한 위력을 경험하는 것이 그의 가장 깊고 은밀한 의무이다. 선지자가 소명감 때문에 있는 힘을 다 소모하듯, 천재들은 이와 같은 마성의 위력 때문에 혼신의 힘을 다 바친다. 하만은 '천재는 하나의 가시면류관'이라고 말한 적이 있다. 사로잡힌 자에게 계시된 신의 비밀을 표현할 말이 부족해 보이는 것처럼, 신의 충만함을 담기에는 모든 그릇이 너무 작고, 직접 체험된 것을 잡기에는 모든 손이 너무 약하게만 느껴지는 신비적인 경험은 천재에게도 마찬가지이다. 마력적 충동에 도취되어 행복감에 젖어 있는 삶, 마찬가지로 내적 불만과 외적 제약에서 오는 고통의 삶, 이와 같은 삶은 곧 무한한 것의 전모와 문제점을 경험하는 삶을 뜻하는데, 이 무한한 것은 또한 유한한 것 속에서 날조되거나 굴절됨이 없이 그대로 현실이 되어 나타나고 싶어 한다. 괴테는 이런 삶을 당시의 잡다한 작은 시문학 작품에 그려놓았으며, 또한 그와 같은 삶을 최대한 크게 조망하며 전심전력을 다해 파우스트의 인물 속에 묘사하기도 했다. *〈예술가의 저녁노래 Des Künstlers Abendlied〉*는 곧 창조정신을 열망하는 기도이자 이 열망을 말로 다 표현할 수 없음을, 다시 말해 언어 표현의 한계를 노래한 것이다. 신비주의자의 경우 무한한 것은 표현할 수 없다는 느낌에 압도되어 완전한 침묵이 최고의 기도 형식인 것처럼, 여기에서는 더듬거림이 적절한 표현으로 통한다.

> "나는 떨며 더듬거릴 뿐이지만
> 그렇다고 그만둘 수는 없네.
> 자연이여, 나는 그대를 느끼고 알고 있기에
> 이렇게 그대를 잡아야만 한다네."(JG, IV, 153)

언어로의 표현이 감정의 경험에 너무 멀리 뒤져 있지 않았으면 하는 것이 '내면적 창조력'으로 창작된 새로운 시문학에 대해 시인이 가지고 있는 바램이다. *〈마부馬夫 크로노스에게 An Schwager Kronos〉*는 괴테가 위대한 시인 클롭슈토크를 배웅하고 돌아오는 우편마차 안에서 지은 시이다. 천재적인 도취감으로 드높아진 감정과 시인의 삶이 열망보다 느리지만 친밀감을 느끼게 하는 시간의 신을 향한 호소가 담겨있다. 다시금 순전히 동작을 표현하는 동사들(전체적으로 동사가 엄청나게 많이 동원되었다)을 사용하여, 단 하나의 격정적인 도약이 전진하고 상승하려는 열망으로 표현되어 있고, 영웅다운 삶의 열망에 취한 사람의 더듬거림이 억제된 리듬으로 표현되어 있다. 이 시의 몇몇 시행은 굴절되지 않은 천재의 느낌 방식을 가장 순수하게 표현하고 있다.

"아득히 높이 올라 장엄하게 시선을
산맥에서 산맥으로 옮기며
사방의 인생을 들여다보노라니,
그 위에는 영원한 정신이 영원한 삶에 대한
예감으로 가득 차 있네."(JG, IV, 166)

마지막 연은 최상의 삶의 용기와 프로메테우스의 자신감의 표현으로써, 삶에 취한 자는 몰락의 비전도 무서워하지 않고, 죽음의 문턱까지도 굽히지 아니하고 꼿꼿한 자세로 들어갈 것이다. 짧은 익살극 〈*예술가의 토담 Des Künstlers Erdewallen*〉은 반어적 굴절로 천재의 현존, 즉 가장으로서 시민의 삶을 영위해 가는 예술가를 보여 주고 있다. 천재들은 19세기의 보헤미안들처럼 그렇게 시민에게 적대적이지 않았다. 그렇지만 일체의 속물적인 것에 대해서는 분명하게 질타를 했고 베르테르처럼 탄식을 했다. "아 나의 친구들이여! 어찌하여 천재의 강물은 좀처럼 솟아나지 않고, 큰 홍수를 이루어 용솟음치며 그대들의 놀라는 영혼을 동요시키는 일이 드문 것일까? 사랑하는 친구들, 거기 천재의 강 양안兩岸에는 침착한 친구들이 살고 있네. 그들은 자신들이 세우고 가꾼 정자나 튤립 화단, 채소밭이 망가질 것을 염려해서 제때에 함께 담을 쌓고 물길을 돌려 장차 다가올 위험을 막을 줄 안다네."(JG. V, 229)

아버지의 뜻에 따라 변호사 노릇을 해야 했고 "매일 매일 점점 더 도시 시민생활 환경에 갇히게 되었던 젊은 시인의 형편은 그와 같은 토론들을 필요로 했다. 거인은 시민이 되어야 했고, 사회의 지체가 되어야 했으며, 제국도시에서 직책을 수행해야만 했다. 그는 상류사회의 한 젊은 숙녀와 약혼을 했다. 그리고 천재성이 외형적 삶으로부터 내면적인 문학적 현존으로 되돌아옴으로써 그는 인간들 가운데 인간으로서 좀 더 침착한 마음의 자세를 얻었다: "[…] 그리고 나는 어디에나 사람이 있고, 어디에나 크고 작고, 곱고 추한 것이 있을 수 있다는 것을 안다." 그리고 그는 시민적인 공동체 삶의 영역과 사회의 아웃사이더로서 새로운 시대 형식에서 벗어나서 자신의 법칙에 따른 발전의 출발점이 된 천재의 영역 사이의 중간 자리를 차지하게 되었다. 이제 일련의 즉흥시, 익살극과 풍자극 등이 탄생하는 데, 이것들은 반어적 자유와 더불어 동의의 뜻을 담은 미소로 크고 작은 세태인정을 벗겨 보이고 있다. 괴테는 특히 격동기의 흐름을 따라 헤엄치며, 되는 대로 살아가기를 포기하고 거리를 두고 사물을 바라본다. 그런 가운데 타락한 천재와 우상화된 거인이 벌이는 희극을 풍자한 두 편의 풍자극이 탄생했다. 그중에서도 가장 뛰어난 *〈사티로스 Satyros〉*는 절반은 대중적 현상인 종교에 대한 익살스러운 조롱이고, 절반은 쾌락을 추구하는 종교로 변질된 힘의 천재성, 봇물처럼 쏟아지는 자연숭배의 허례허식에 대한 심판이다. 천재의 진지한 자기 묘사와 자기 조소가 뒤섞여 독자의 흥미를 자극한다. 즉 잔인무도한 사도使徒가 오만불손하게 굴면서, 동시에 천재의 고독을 이야기하고 있는 것이다. *〈브라이 신부의 사육제극 Fastnachtspiel vom Pater Brey〉*은 프랑스 혁명의 지지자로 의심받아 온 당대의 천재적인 협잡꾼이요, 유행하는 감상주의의 '거짓 선지자' 인

로이히센링에 대한 풍자이다. 괴테는 당시 자신이 읽었던 한스 작스의 세련미가 부족한 민중예술과 16세기의 그로비안 문학Grobianische Literatur에서 이 익살극과 또 다른 익살극 〈*플룬더바일러의 연말 대목축제 Jahrmarktsfest Plunderweilern*〉의 외형적 형식을 빌려오고 있다. (이는 후에 오페라로 개작되어 상연됨). 그로비안 익살극 〈*한스부르스트의 결혼식 Hanswursts Hochzeit*〉은 구상에 그치고 말았지만 완성되었더라도 아주 볼품없는 작품이 되었을지 모른다. 이 극은 시대의 변화에 항의해서 한 어릿광대가 사방으로 몽둥이를 휘둘러대지만, 열정과 분노의 정열이 없이 주로 우스꽝스러움과 어리석음, 해로움을 깔보듯 폭로하고 때로는 개인적인 책략이 깔려 있기도 하다. 여기서 책망을 많이 받는 것은 존중되어 온 관습보다 괴테 자신의 타락한 새로운 생활태도이다. 그리고 곳곳에 생에 대한 흔들림 없는 긍정이 보이고, 또한 그처럼 많은 천박한 것, 가소로운 것, 병든 것이 다양하게 발견되기도 한다. 〈*하나님의 최신 계시 서곡 Prolog zu den neuesten Offenbarungen Gottes*〉은 궁극적으로 기독교의 감성적 종교성이 지닌 근원적인 내용에 찬성하고, 경직된 교회의 무미건조한 신학에 반대하는 내용을 담고 있다. 문학적으로 이와 같은 소품들은 등장인물들의 자유가 신장되는 조짐들을 보여 주고 있다. 이들은 우직한 고대 독일인의 마스크를 쓰고 있음에도 예술적으로는 심지어 〈*괴츠*〉 보다도 더 자유로운 것이 아닌가하는 느낌을 준다.

6. 클라비고

〈*클라비고 Clavigo*〉의 테마는 천재에게 허락된 열외列外의 권한, 천재적 자아감정이 지니고 있는 문제점이다. 괴테는 자신의 주인공 인물의 특징을 '확정되지 않은 인간, 군자와 소인의 속성을 반반씩 지닌 사람'이라고 말하고 있다. 당시 그의 이야기는 피에르 보마쉐의 스페인 여행에 관한 보고를 소재로 했기 때문에 시사성時事性을 지니고 있다. 보마쉐는 자신의 누이동생의 명예를 구하기 위해 스페인 행을 결심한다. 마드리드의 친척집에 머무르고 있던 누이동생은 작가인 클라비고와 약혼한 사이인데 클라비고가 그녀를 버리자 그녀의 오빠는 해명을 요구하고 그로 하여금 후회하게끔 만든다. 괴테는 이 멋진 장면을 자신의 작품 소재로 받아들여 주인공의 배신의 심층심리학적인 근거를 밝히려고 한다. 버림받은 아가씨의 분노한 오빠가 보기에 이 파혼은 적나라한 악행일 뿐이다. 그러나 괴테가 천재적인 시대 감정을 알게 되고, 자신의 심도 있는 경험에서 얻은 새로운 통찰은 그와 같은 무분별한 단순함에 대한 도덕적 판단을 버리고, 그 대신 어떻게 이 사람이 이와 같은 상황하에서 그처럼 행동할 수밖에 없게 되었는지 독자들에게 보여주고 있다. 그 사건의 특수성이 가시화 되고, 그 사건은 보편타당한 도덕의 개념에서 벗어난 성격을 지닌 것으로 나타나게 된다. 그러므로 새 시대의 특징을 말해 주는 테마가 아닐 수 없다. 즉 주인공 클라비고는 자유분방함과 위대함을 추구하는 당시의 젊은이들이 가진 보편적 욕망의 지배를 받고 있는 것이다. 그렇지만

이 욕망은 그의 내부에 자연스럽고 그 자체가 기쁨에 넘치는 욕망에 근거를 둔 것이 아니라, 위험하게 변질된 무절제한 공명심과 공개적으로 인정받고 싶은 허황된 욕심에 뿌리를 두고 있다. 그 밖에도 그의 내부에는 또 다른 것이 있으니, 곧 자기 자신으로부터 구원되고, 그의 모든 큰 계획들과 함께 사랑에 몰입하고 싶은 소원이 그것이다. 명예를 얻고 싶은 그의 열망은 자유분방함, 무제한적인 전망의 매혹적인 환상을 원하지만 사랑은 정절과 인내, 애착과 체념을 요구한다. 클라비고는 그 같은 '조용히 자족하면서 사는 행복'에 대한 열망과 명예욕에 불타고 항상 불안하게 동요하는 자신의 천재성 사이에서 갈팡질팡한다. "칼로스! 그것이 온통 나에게 박차를 가하고 있네. 내가 만일 생긴 대로 남아 있지 않으면, 나는 아무것도 아닐 것이야! 위를 향해서! 위를 향해서 달려야지! 그러려면 노력과 꾀가 있어야지! 온통 머리를 짜내야만 된다구. 그런데 여인들이라, 여인들! 우리는 여인들과 너무 많은 세월을 허송하고 있다고 볼 수 있지."(JG, IV, 170)

변덕스러운 주인공의 의리 없는 마음에 이성의 목소리를 경청하라는 친구의 충고가 맞선다. 친구인 칼로스Carlos라는 인물은 냉정하고 분별이 있으며 냉소적일 정도로 솔직한 성격을 소유한 남자이다. 당시 괴테의 가장 가까운 친구였던 요한 하인리히 메르크와 같은 사람이다. 메르크가 괴테의 행동과 삶의 단계들에 대하여 언급하듯, 이 칼로스는 불타는 명예심과 심중에 품고 있는 의심 사이에서 흔들리는 클라비고를 메피스토펠레스처럼 혹평한다. 세상의 모든 것이 변하는 마당에 어째서 흔들리지 않는 정열을 요구하는가? 이 처세에 능한 남자가 세상의 결함을 자신을 위해 태연자약하게 받아들이는 것이 천재들에게는 불가사의한 문제였다. 그들은 '종말이 아니라', 내적으로 충만한 삶의 황홀경을 위해 영원을 원하였기 때문이다. "그녀가 처음은 아니다"라고 한 메피스토의 주장은 여기에서도 악마의 쟁점으로 나타난다. 그러나 모든 것이 커보려고 하는 친구의 의지에 공간을 만들어 주기 위한 최선의 의도에서 그런 것이다. 칼로스는 악인도 아니고 모사도 아니다. 괴테는 *〈시와 진실〉*에서 칼로스라는 인물의 설정 배경을 이렇게 밝히고 있다: "나는 복수, 증오 또는 옹졸한 의도로 고귀한 인품을 지닌 사람에 맞서서 그를 멸망시키는 악한에게 싫증이 나서 칼로스라는 인물로 하여금 한 번 참된 우정을 겸비한 건전한 상식을 가지고 정열과 애정과 외형적 곤궁에 대항토록 함으로써 한 편의 비극의 동기를 부여해 보려고 했다."(WA,I,28, 347) 그러나 진실이란 병을 고치려고 할 때 오히려 병을 악화시키는 법이다. 칼로스도 역시 당연히 해야 할 것을 하는 하나의 인간이다. 그렇다. 그는 좀 더 강하고 자신에게 더욱 성실하기 때문에 클라비고 보다 더욱 그렇다. 무기력한 그 자신이 도달할 수 없는 위대한 경지를 그의 친구가 대신 성취하는 것을 보고 싶어하고, 친구의 사람 속에 나타난 이 위대한 경지를 함께 기뻐하고 즐기고 싶어 한다. 이 클라비고는 천재여야 하고, 천재일 수 있기 위해서 그는 열정적인 시간에 도취해서 매달렸던 아가씨를 떨쳐버려야 한다.

천재가 법의 테두리 밖에 있다면, 그가 할 수 있고 당연히 해야 하는 것을 해서는 안 되는가? 사회의 모럴은 모두 속물적이고, 거인에게 적대적이지 않은가? 그것은 괴테 세대가 가진 중요한 도덕적 문제인데, 여기서는 이 문제가 사건일화의 뼈대를 이룬다. 분명 천재는 허물이 없음은 물론, 당연히 해야 할 일을 행할 때 자신의 척도에만 구속을 받는다고 괴테는 생각한다. 그러나 참다운 천재만이 그처럼 사회와 모든 공동체의 도덕적 규범의 범주를 벗어날 수 있다. 한낱 범상한 사람이 이 같은 거인적 특권이 있다고 믿는다면 이는 가슴 아픈 일이 아닐 수 없다. 클라비고의 경우가 바로 그렇다. 그는 그릇이 작고 감정이 메마르며, 마음이 흔들리기를 잘하고 의리가 없을 뿐 아니라, 공명심에 불타 궤변을 늘어놓기를 잘하는 사람이다. "그대가 종결지을 수 없는 행동의 궤도에 들어 선 것은 안타까운 일일세!" 그는 어떻게 변치 않는 사랑으로 자신보다 한없이 우월한 여인에게 자신의 욕심의 희생물이 되라고 요구할 수가 있는가? 그는 바이슬링엔과 마찬가지로 나약한 반쪽 영웅일 뿐이다. 그러나 괴테는 아무리 생생하게 살아 있는 감정이라 할지라도 변심할 수 있고, 아무리 좋은 의도라 할지라도 자유와 발전을 요구하는 자아의 마성적 열망 앞에서는 얼마나 약해지는지를 너무나 잘 알고 있었다. 그래서 그는 자신이 저지른 것과 비슷한 잘못을 저지른 이 주인공을 무턱대고 매도할 수가 없다. 오히려 이해해야 마땅하다고 생각하는 것이다. 제일 먼저 돌을 들 수 있는 사람이 누구인가? 제젠하임, 버림받은 처녀, - 이 모험의 망령들이 아직도 괴테의 영혼을 짓누르고 있다. 그래서 그는 자기 자신과 대화를 나눈다. 그의 자책감이 담긴 회상이 내키는 대로 행동했던 정신과 은밀하게 대화를 나누는 것이다. 그가 처해 있는 내면적 곤궁이 거리감을 유지할 수 있는 문학의 세계에서 비극적 세력의 장난으로 형상화되고 있다. 괴테는 스스로 고통스러운 경험을 겪고 나서 누구나 악하지 않으면서도 나쁜 행동을 할 수 있고, 내면적으로 곤궁에 처해 있을 때 탓할 수만 없는 좋은 동기를 가지고 취한 행동이 결과적으로 어떤 잘못에 말려들 수 있는 것처럼 죄 없는 죄, 필요한 죄이기 때문에 용서받을 수 있는 죄를 범할 수 있다는 이른바 죄의 본질에 관한 새로운 인식을 〈*클라비고*〉에서 표현하고 있다. 그는 이 드라마의 소재를 보마쉐에게서 받아들였지만, 심리적 근거 제시와 해명은 그가 해야 할 몫이었기 때문에 이 작품을 쓴 것이다.

이 작품에는 괴테의 청년기 문학에서 처음으로 죄의 개념에 대한 새로운 문학적 형상화와 도덕적 척도에 따른 무조건적인 판단 대신 조건의 이해, 동기에 따른 행동의 평가가 나타난다. 자아의 자유를 조건 없이 누리려 했던 이 시기는 전례없이 승화된 가치관 속에서 개인의 비극적 제한의 어두운 나락을 같이 경험하게 된다. 계몽주의 세계에서는 맛 볼 수 없는 경험이었다. 당시에는 아직도 타고난 재능에서 오는 인간의 독선적 태도에도 불구하고, 인간을 겉을 보고 이해하는 옛 기독교적 중세의 질서와 중세를 변형시킨 바로크 질서의 잔재가 많이 남아 있었다. 이성의 승인을 받은 도덕 가치들이 여전히 절대적이었고 모든 면에 통용되었다. 왜냐하면 이와 같은 가치들이 '자연스럽고', 그렇기 때문에 무조건 유효한 것처럼 보였기 때문이었다. 어떤 행동의 가치는 그와 같은 외부의 척도를 가지고 규정되었다. 이성적 의지가 인간의 행위의 주인이라고 사람들은 믿었다. 어두운 세력들, 충동, 변덕, 지상목표, 잠재의식 등이 가진 마성적 힘 – 이것은 아직은 행동의 모티브로 인식되지 않았거나 최소한 인정받지 못했다. 이와 같은 힘의 발견과 명예회복은 질풍노도의 젊은 세대가 성취한 위대한 업적 중에 하나이다. 문학작품에서 그와 같은 것들이 형상화되고 가시화되었다. 보편타당한 가치척도에 따른 판단 대신에 행동을 동기의 측면에서 이해하는 태도가 나타나면서 윤리의 혁명이 일어났다. 이는 오늘에도 여전히 우리의 도덕성의 기초가 되는 위대한 발견이 아닐 수 없다. 그리고 근대적 인간의 도덕적 관계에 유효한 가치목록에 큰 파문을 일으킨 변천이 아닐 수 없다.

*〈베르테르〉*의 중요한 대목 중에 하나인 주인공 베르테르가 알베르트와 자살에 대하여 나눈 대화에서는 가치 척도에 관한 새로운 이해, 즉 행동을 동기에 비추어 가치를 인정하는 문제가 극히 인상 깊게 토론된다. 선과 악이란 무엇을 두고 하는 말인가? "그대들은 그 때문에 어떤 행동의 내면적 상황을 연구했는가?" 시민적 모럴에는 오직 한 가지 변명만이 통한다. 즉 범인犯人이 열정, 만취, 정신이상으로 인해 자신에 대한 제어력을 잃었을 때이다. 그러나 영혼을 동요시키는 세력, 그 같은 비정상적인 상태가 바로 위대한 행동과 느낌의 원천이기도 하다는 것이 젊은 세대의 견해였다. 그런 마당에 이 같은 것들을 어떻게 도덕적으로 '미덕'의 반대 세력이라고 매도할 수 있겠는가? "도덕군자들이여, 그대들은 아무런 관심도 없이 뒷짐만 지고 서서, 술고래를 나무라고,

정신 나간 짓을 하는 사람을 혐오하고, 목사처럼 지나쳐 간다. 그리고는 바리새인처럼 하나님이 자신들을 이런 사람으로 만들지 않은 것을 고마워한다. 나는 한 번 이상 술에 취한 경험이 있고, 열정으로 반은 미치다시피 한 적도 있다. 그렇지만 내가 두 가지 일로 후회하지 않는 것은 나름대로 위대한 행동, 도저히 불가능해 보이는 행동을 실천한 모든 비범한 사람들이 예부터 술 취한 사람, 미친 사람이라는 소리를 들어야만 했던 것을 이해하게 되었기 때문이다. 그러나 하찮은 경우라도 어떤 친구가 상당히 자유롭고 고상하고 기대하지 못했던 행동을 할 경우에, 대놓고 그 인간은 술에 취했어, 그 인간은 바보야 하고 외치는 소리를 듣는 것은 견디기 어렵다. 그대들 취하지 않은 자들은 부끄러운 줄 알라. 사려 깊은 자들도"(JG, IV,260) 이와 같은 세대를 가르는 논쟁의 결론은 진정한 정열의 위력, 그 정열의 신성과 어두운 마성에 대한 새로운 신앙이다. "그도 사람인지라, 약간의 오성이 있다손 치더라도 정열이 광란을 하고, 인간성의 한계에 몰리면 오성은 기능을 별로 발휘하지 못하거나 전혀 발휘하지 못할 수도 있다." 클라비고는 이와 같은 영웅적 인간형에 속하지 않지만 그의 행위는 그가 휘말려 있는 어떤 힘의 지배를 받고 있는 것으로 이해되기를 괴테는 기대한다. 괴테는 클라비고의 비극적 최후를 통해 자신의 의리 없고 불안정한 마음을 참회한다. 그는 클라비고의 최후를 엘자스 지방의 한 민요에 등장하는 슬픈 사건을 소재로 하여 묘사하고 있지만, 실제로 원전에는 그와 같은 내용이 없다.

괴테의 드라마에서는 처음부터 여러 가지 힘이 특이한 방식으로 작용하고 있다는 점이 자주 언급되었다. 착한 주인공과 악한 음모자라는 과거의 드라마 공식은 다른 가치관계, 즉 작용과 반작용의 관계로 곳곳에서 대치對峙되었다. 거기에는 항상 인물을 통해 표상되고 실현된 이항대립이 나타난다. 괴츠 대對 바이슬링엔, 클라비고 대 칼로스, 에그몬트Egmont 대 오라니엔Oranien, 오레스트Orest 대 필라데스Philades, 타소Tasso 대 안토니오Antonio가 바로 대립적 관계에 있는 대표적인 인물들이다. 소설에서도 역시 베르테르 대 알베르트와 같은 대립 구조가 나타난다. 이들은 상반된 정신자세를 개념적으로 표상하는 사람들이다. 하지만 그들의 행위를 선과 악의 양자택일로 해석하는 것은 부당하다. 여기에서는 개념적으로 모순되는 것이 삶에 있어서도 상호 대립으로 나타나고 있는 것이다. 그러나 이는 일찍이 괴테가 밝힌 바 있고 이제부터 그의 세계관을 지배하게 될 보완적 모순의 기본 현상이다. 이와 같은 모순은 하나의 통일체인 동전의 양면인 동시에 부조화 속의 조화인 것이다. 실제 삶 속에서는 이 양극의 세력 간에 존재하는 긴장관계 속에서만 모든 일이 일어난다. 모순성은 유기체라는 하나의 동전이 가지고 있는 양면이라는 것을 인정함으로써 이 모순성을 극복하려는 노력, 즉 위대한 조화의 경향은 독일 관념론의 유일한 특징으로서 일찍부터 젊은 괴테의 문학과 세계관에 나타나고 있다. 이와 같은 모순이 모든 유기체의 삶의 조건이라면 아직 남은 길은 오직 인정할 것을 인정하는 것뿐인데, 전체의 삶을 인정하는 것이 바로 그것이다. 부정적인 것이 어떤 형태로든 삶의 조건으로 등장하면 그것은 더 이상 악이 아니다. 이와 같은 견해를 가장 직접적으로 표명하고 있는 것은 〈*파우스트*〉에서 메피스토가 한 유명한 말이다. 그 말 속에 메피스토는 자신을 "항상 악을 원하면서도 항상 선을 만들어내는 힘의 일부분"으로 규정하고 있다. 이 말은 〈*원原파우스트 Urfaust*〉에는 들어 있지 않다. 그러나 부정적인 힘들의 긍정적인 기능에 관한 견해, (후에 괴테의 색채론에 표현된 기본 사상처럼) 빛과 그림자가 활발하게 상호 작용을 할 때 비로소 색이 생성된다는 견해는 분명 괴테의 초기 세계관을 지배하고 있다. 〈*셰익스피어 날을 기해*〉에서 그는 섀프츠베리에 근거해서 다음과 같이 말하고 있다: "우리가 악이라고 부르는 것은 단지 선의 생존을 위해 꼭 필요하고, 전체에 속하는 선의 다른 면일 뿐이다…"(JG, II, 140쪽). 그가 최초로 발표한 드라마들의 구조, 대립 세력을 중심으로 한 드라마 진행의 구성은 그와 같은 세계관에 기초를 두고 있다. 거기에서 진실과 정의는 쌍방에 다 있다. 후에 〈*파우스트*〉의 서곡에서 아버지이신 하나님 자신도 메피스토를 그의 추진력과 창조력 때문에 인정하지 않을 수 없게 된다. 마귀까지도 창조의 요소로 작용하는 것이다. 〈*클라비고*〉에서 이미 그랬고, 〈*타소Tasso*〉에서 가장 분명하게 그렇게 묘사되었다. 즉 상대역도 그 나름대로 주인공과 똑같은 정당성을 지니고 있는 것이다. 괴테는 최초의 신념이었던 디오니소스적인 도취의 삶으로부터 거리를 유지하는 삶의 자세로 처음 바뀌어 갈 때 이미 이러한 종래의 이원론, 기독교적인 사유공식과 합리주의자의 사유공식을 극복할 줄 아는 탁월한 통찰력을 지니고 있었다. 초기 드라마에서 대부분 이 같은 역동적인 모순들은 당연한 성격을 지니고 있어서 주인공은 감정과 정열을 지닌 인간으로 오로지 추진하는 마성의 지배를 받지만, 그의 상대역은 붕괴시키는 세력에게 위협당하지 않는 사려 깊은 인간으로 묘사되어 있다.

7. 스텔라

〈*클라비고*〉는 시민극이다. 이 드라마는 셰익스피어를 계승한 힘이 넘치는 문체로 되어 있지 않고, 그 당시 사회적 직접 어조를 담고 있다. 그러나 이 드라마는 좀 더 감상적인 감정의 내용과 보다 깊고 열정적인 표현면에서 전통적인 시민극의 양식을 능가하고 있다. 〈*괴츠*〉와 더불어 시작된 발전은 이를테면 회귀 운동인 셈이다. 똑같은 시민극인 〈*스텔라 Stella*〉도 거기에 속하지만 감상주의적 정신자세가 좀 더 강하게 나타나는 작품으로 볼 수 있다. '사랑하는 사람들을 위한 연극' 이요, 〈*베르테르*〉와 짝을 이루는 이 연극은 만족할 줄 모르고 들뜬 마음에 전적으로 몰입하는 사람들에 관한 연극이다. 괴테가 〈*베르테르*〉에서와 마찬가지로 여기서 보여 주려고 하는 것은 당시의 젊은이들이 앓고 있는 행복하고도 불행한 병이다. "나는 인간 중에서 우리 세대의 운명에 대하여 탄식하는 데에도 지쳤다. 하지만 나는 그들을 묘사하려고 하고, 그들도 가능하면 내가 인식한 것처럼 스스로 인식해야 하며, 해소될 줄 모르는 불안 속에서나마 좀 더 강해져야만 한다."(JG, V, 19). 괴테는 이 작품에 헌시獻詩를 써 넣어 약혼녀인 릴리에게 주었다. 이 시는 마음과 마음이 끌리는 뿌리칠 수 없는 힘에 관한 담론이고, 사랑이 사랑을 피하는 것은 헛수고라는 내용이다. 여기서도 클라비고를 괴롭혔던 것과 똑같은 갈등이 주인공을 괴롭게 한다. 숭고함을 추구하는 남성의 감각은 자유와 무한한 가능성을 원한다. 그러나 마음엔 신의가 있어야 하고 사랑하는 마음은 분열되지 말아야 한다. 그것은 괴테가 첫사랑을 통해 느끼고 겪은 기본감정이고 중요한 경험이었다. 분열되긴 하지만 순수하고, 얽매임과 제제에 대해 두려움을 느끼는 감정, 그 다음은 다른 모든 것보다도 강력하게 치솟아 오르는 자유에 대한 열망에 떠밀려 가는 경험이 바로 그것이다. 프리데리케에 대한 괴테의 사랑이 그랬었다. 바이슬링엔, 클라비고, 〈*스텔라*〉의 주인공도 사정은 매한가지이다. 이것은 순전히 괴테 자신이 지니고 있는 삶의 감정과 문제점에 관한 묘사이다. 당대인들도 괴테가 외부로부터 제약이 없이 완전히 자기 내부의 열망에 따라 살고 싶은 염원을 강하게 가지고 있었음을 알고 있었다. 케스트너는 괴테를 두고, 마음 내키는 대로 행동하며 일체의 강요를 싫어하는 사람이라고 말했다. 〈*스텔라*〉의 주인공인 페르디난도Ferdinando가 얼마나 두려움과 열정을 가지고 이 사랑에서 벗어나려고 하는가! "나는 떠나야만 해! - 나를 옭아매게 내버려두면 나는 바보가 되는 거야! 이 상태는 나의 모든 힘을 질식시키고, 나의 영혼에게서 모든 용기를 앗아가며, 나를 답답하게 만들고 있어. - 내게 없는 것이 무엇이지? 내게 있는 모든 것 중에서 발전할 수 없는 것이 무엇이지? - 나는 떠나야 해 - 자유로운 세상으로!"(JG,V,100). 클라비고처럼 이 주인공도 자신의 숭고함에 대한 믿음을 가지고 있으며 자신의 천재성과 권리에 대한 믿음이 깊은 불안의 근원으로 보고 자신의 부정不貞을 정당화시키고 있다. 그리고 또 그처럼 탁월한 예감과 황당한 꿈과 사전事前 경험의 능력을 가지고 있으면서도, 예감한 것을 현실화시키고 행동으로 옮길 수 있는 힘과 샘솟는 창조성을 가지고 있지 못한 반쪽 천재인 것이다. 페르디난도가 자유를 다시 얻었을 때, 일이 어떻게 전개되는가? 거인적인 팡파르에 대한 씁쓸한 후속담은 이렇다: "우리들은 통과했고, 자유로운 세상으로 들어갔다 – 그리고는 펄펄 날았다. 위로 아래로, 안으로 밖으로 – 그런데 마지막에 가서는 온갖 자유로운 용기를 가지고도 권태감을 불식시키기 위해서 무엇을 해야 할지 알지 못한 나머지 부랴부랴 자진해서 잡혀가지 않을 수 없었다. 그렇지 않고는 다시금 이마에 총알을 쏘지 않고 배길 도리가 없었다."(JG, V, 100). 무기력한 사람, 자유가 주어졌을 때 무엇부터 해야 할지 모르고 (왜냐하면 자유는 오직 창조적인 사람을 위한 것이므로) 권태로움 때문에 새로운 사랑으로 줄달음치는 (왜냐하면 타인의 감정의 따뜻함 속에서만 살아 있는 보람을 느끼므로) 환상에 젖어있는 사람들이 그 시대의 병이라 할 수 있는 혼자서만 즐기는 감상주의에 빠진다. 거기에서 가슴의 열정은 세상으로 흘러들어 행동으로 옮겨지는 대신에 자기 자신 속으로 쫓기듯 되돌아가고 만다. 확고한 개성과 성취력이 없는 감정의 천재, 이것이 〈*베르테르*〉의 주제인 것이다.

페르디난도는 사랑하고, 또 사랑한다. 그는 여인을 찾아야만 뜨거워지고, 순수한 사랑의 불길로 충만한 삶의 감정을 만끽할 수가 있다. 그리고는 혼자서는 불가능한 내면의 행복, 안정, 깊이를 느낄 수 있다. 사랑에 대한 그의 간청은 곧 생명을 위한 간청이다. "이 메마르고 폭풍우가 지나가 폐허화된 가슴에 그대의 충만한 가슴에서 흘러나오는 새로운 사랑과 새로운 생의 기쁨을 다시 불어 넣어주오!"(JG, V,94). 이 인물 역시 악하지도 선하지도 않으며, 자유에 대한 열망에 못 이겨 신의를 저버리고, 열망하는 감정을 못 이겨 약해지는 남자들 중의 한 사람인 것이다. 그는 남편, 아버지, 애인 가운데 어느 역할도 제대로 못 하지만, 이 모든 것이 되고자 하는 의욕은 떨쳐버릴 수 없다. 그는 나쁜 사람이 아니고, 그처럼 모든 느낌에 마음이 열려 있어 남의 부추김을 당해 저지른 못된 행동을 스스로 용서할 수가 없고, 사랑에 대한 채워질 수 없는 허기처럼 그의 후회하는 마음은 격렬하기만 하다. "마음! 우리의 마음! 그처럼 느끼고, 그처럼 행동하는 마음이 그대 안에 있다면, 왜 일어난 것을 용서할 수 있는 힘도 가지고 있질 못하는가!"(JG, V,102). 감상적인 젊은이의 영혼에서 터져 나오는 절규가 아닐 수 없다! 그는 남에게 고통을 안겨 줄 수는 있지만, 그가 저지른 비참함을 보는 것, 절망하는 소리를 듣는 것, 그것은 할 수가 없다. 그리고 이와 같은 행-불행의 불확정 상태는 결국 다름 아닌 구속 없는 감정과 목적 없는 자유 속에서 참극에 이르고 만다. 여인들은 그로 인해 비참해진다. 그가 없어서 비참해 지고, 그와 함께 있음으로써 더더욱 비참해진다. 그는 만신창이가 되어 자기 자신을 추스를 만한 능력조차 없다. 지금도 그에게 성취된 삶을 되돌려 주어야 하는 사람은 여성이다. 그는 받고,

또 받고, 항상 받기만 한다. 그리고 그는 자신의 만신창이가 된 삶에 양분을 공급하는 근원까지도 파괴한다. "세상에는 온전한 것도 없고, 순결한 것도 없다!"는 탄식은 그에게 해당되는 것이지, 여인들에게 해당되는 것이 아니다. 여인들은 온전하고, 순결하다.

괴테의 청년기 문학에서 (그리고 그의 고전주의 시대에도 여전히 그렇다) 모든 문제점을 안고 있는 것은 어디에서나 남자다. 남자는 항시 마성적인 힘의 지배를 받고, 운명에 예속되어 있다. 그러나 여인들에게는 평화와 의지할 곳이 있다. 괴테는 엄청난 불안의 시기를 당하면 처음부터 그와 같은 여인들에게로 도피했다. 프리데리케 외저는 그의 마음을 괴롭히는 다른 라이프치히 여인과 대비되는 순결한 여인상이다. 릴리에 대한 사랑의 아픔에서 그는 아우구스테 스톨베르크와의 영적인 우정을 맺음으로 자신을 구한다. 그리고 샬로테 폰 쉬타인이 그에게는 마성적 불안에서 구원해 주는 평화의 천사라는 것은 유명한 감사의 시가 말해주고 있다. 괴테의 청년기 문학에 등장하는 여성들은 거의 모두가 마성이 없다. 그러나 그들이 사려가 깊어서 그런 것만은 아니다. 그들의 존재는 본래 '정상적인 자연의 영원한 법칙에 따라' 올바르게 나타나고, 어떤 거인적 열망도 날개를 펼 수 없을 만큼 자족적自足的이다. 그러나 남자는 그와 같은 행-불행의 열망에 꼼짝 없이 묶여 있으나 또한 그들만이 창조정신을 가지고 있다. 질풍노도 문학에서는 여성의 천재성은 보여주지 않는다. 여인은 여전히 자연적인 현존의 테두리에 국한되어 있고, 단순한 사랑에 있어서만 위대하다. 성생활에 있어서도 오로지 남자만이 생산하는 자이기 때문에 창조적이다. 클링어의 드라마 〈*짐소네 그리살도 Simsone Grisaldo*〉에 주인공으로 등장하는 인물이 이런 견해를 표명하고 있는데, 그에게 있어서는 넘쳐나는 정력이 바로 창조적인 것으로 나타나고 있다. 그러나 괴테와 그의 세대의 상황 간에 격차가 커지면서 남자는 바로 자신이 지니고 있는 보다 큰 문제점, 즉 자신의 마성적 불안 때문에 더 위협당하고 있는 존재로 나타난다. 여하튼 〈*스텔라*〉의 주인공은 여인들의 그늘에 철저하게 가려져 있다. 그는 서툴지만 여인들은 사랑이라는 예술의 대가들이다. 그러나 여기서 사랑은 감상적으로 승화되고 있음에도 불구하고 여인들의 감정으로서는 끝까지 아무런 문제점이 없는 것으로 나타난다.

체실리에와 스텔라는 무조건적인 여인의 사랑의 두 가지 단계를 대변하고 있다. 여주인공 스텔라는 아직 젊고, 열렬했던 첫 사랑이 끝났지만 한때 그녀를 완전히 사로잡았던 첫 사랑에 여전히 집착하고 있다. 이 여인에게는 사랑 이외에 다른 것이 없다. 그녀의 삶은 사랑과 함께 비로소 시작되는 것이다. "나의 영혼이 그대의 사랑을 의식하였을 때, 나는 비로소 세상에 발을 붙일 수 있었습니다"(HA.II, 337). 그러니 어떻게 그녀가 천재적인 불안을 이해할 것이며, 자신에게서 그 남자를 떨쳐버린다는 상상을 할 수 있을 것인가? 사랑하는 남자로 인한 온갖 고민은 결합의 행복에 비하면 아무것도 아니다. "그대를 위하여 내가 한 일이 만족스럽기까지는 아직도 멀었습니다"(HA.II, 337). 그녀의 고민은 오직 회상하면서 뒤늦게 즐기는 공유의 체험과, 희망하면서 미리 즐기는 재발견 사이에 있는 막간의 시간이다. 그러나 아내인 체실리에의 느낌은 한 차원은 높다. 오래 전에 버림받은 그녀 역시 당시와 마찬가지로 지금도 사랑하고 있다. 그러나 그녀는 긴 고뇌의 시험을 통해 자신에게 무슨 일이 일어났는지 알게 되었고, 이해하는 것을 배우게 되었다. 스텔라에게는 '삶의 전부' 인 반면에, 체실리에는 "고뇌하면서 나는 많은 것을 배웠다"(HA.II, 341)고 말한다. 그녀는 남편이 왜 자기를 떠났는지 알고 있는 것이다. "그는 항상 나를 사랑했어! 항상! 그러나 그는 나의 사랑보다 더 많은 것을 필요로 하는 거야"(HA.II, 331). 이것을 알게 된 여인의 사랑은 지극히 헌신적이고 무조건적이어서 그 남자의 모든 허물을 덮어주고, 그 허물을 그 남자의 삶의 형식으로 치부한다. 즉 한 처녀에게 매달리는 남자는 모두 불쌍한 포로나 다름없다는 것이다. 그리고 그녀는 좀 더 깊은 통찰을 통해 마성에 조종당하는 남자들에게는 사랑의 최고 순간까지도 진실이 아니라는 것을 이해한다. "우리들은 남자들을 믿는다! 그들은 열정의 순간에도 자신들을 속이는 데 우리가 무엇 때문에 속임을 당하면 안 된다는 말인가"(HA.II, 320). 괴테는 이미 거리감을 획득하여 "온 마음과 온 감정"의 상태와 열망하는 존재가 지니고 있는 문제점을 충분히 알 수 있게 된 것이다. 그와 같은 인식은 만족하고 자제하는 삶으로 변화하는 출발점이 되고, 이 같은 삶에서 새로운 고전적 문학이 성장하게 된다.

이 여인은 감정과 지혜를 함께 소유하고 있기 때문에 혼란스러운 삶의 영역에 있어서 운명의 여신이 된다. 그녀만이 유일하게 "사랑하기 때문에 그녀의 사랑까지도 바칠 수 있고", 체념할 수 있는 힘을 가지고 있다(괴테에게는 계속해서 중요성을 지니게 될 이른바 죽음을 통해서가 아니라, 체념을 통한 해결의 모티브가 여기서 처음으로 등장한다). 그리고 세 사람이 맺어지는 혼인에 관한 지극히 대담한 생각을 가능한 것으로 여기는 것은 오직 그녀다운 발상이다. 그녀가 들려주는 백작에 관한 이야기는 감상주의 세대의 총아寵兒들이 저지르는 비극적 참사를 피하려고 하는 계획을 합법화시키기 위한 것이다. 매듭은 풀려야지 끊기면 안 되는 것이다. 비극으로 가는 사건의 행방을 마지막에 행복한 해결로 바꾸는 것은 괴테가 관대하고 모든 문제가 원만하게 풀리는 결말을 애호하기 때문만은 아니다. 명쾌한 결정을 피하는 것은 감상주의적 삶의 형식에 속한다. 마음에 들면 무슨 짓이든 서슴지 않고 하는 마당에 이 같이 있을 수 없는 일, 그야말로 가능치도 않은 일이 시도되면 안 될 이유가 있는가? "우리는 그대의 것입니다"(HA.II,347). 심약한 남자 주인공은 마지막에 두 여인에게 포옹된다. "그리고 그들의 행복, 그들의 사랑은 다행하게도 하나의 집, 하나의 침대, 하나의 무덤을 받아드렸다"(HA.II, 346). 이것은 한낱 희극 같은 아이러니에 지나지 않는 것처럼 보일지도 모른다. 그러나 이것이 아이러니라면 이는 불타는 감정 이외에는 아무것도 중요치 않은 이 작품에 본질적으로 어울리지 않는 남의 옷이나 다름없을 것이다. 뿐만 아니라 당시의 문학은 남자들의 마음이 채워지지 않아 3인이 맺은 결혼에 여성의 희생이 따르는 것은 당연하다는 생각을 다루고 있다. 괴테는 후에 제2판에서는 비극적인 결말만이 미풍양속에 어울린다고 여겨 사랑하지만 신의를 저버린 페르디난도가 자살을 함으로써 베르테르처럼 비극으로 끝나는 것으로 바꾸어 썼다. 〈*친화력 Die Wahlverwandtschaften*〉은 똑같이 두 여인 사이에 끼인 한 남자, 즉 사랑의 삼각관계 모티브를 다시 한 번 보여 주지만 이제는 절제 없는 자아의 특권을 더 이상 용인하지 않는 거대하고, 정언적定言的인 질서의 이념을 통해서 보여 주고 있다.

〈*스텔라*〉는 생활감정의 심리적 성격과 그 감정이 종교적인 느낌으로서 변해감에 있어서나 그 감정의 표현에 있어서 전적으로 감상주의적 삶의 형식에 속한다는 점에서 〈*베르테르*〉와 짝을 이루는 드라마 작품이다. 이 작품에서 격앙된 감정은 의식된 자기애自己愛를 통해 더욱 고조되고, 정다운 순간들이 면밀하고 생생하게 묘사되어 있다. 이 같은 면밀함은 체험하는 자아가 세심하게 관찰하고 연구했다는 것을 증명해 주는 것이다. "그 옛날 그가 아직도 너를 사랑하여 너의 품속에 누워 있을 때 그의 눈길이 너의 전 영혼을 가득 채웠었네. 그리고 – 아 하늘에 계신 하나님! 당신의 뜻을 헤아리기가 어렵군요 – 내가 그와 입을 맞추면서 눈을 당신에게 향하고, 나의 가슴이 그의 가슴을 달굴 때, 내가 움직이는 입술로 그의 숭고한 영혼을 내 속으로 들여 마실 때, 그리고 기쁨의 눈물을 흘리며 당신을 올려다보았을 때, 마음이 뿌듯해져 당신에게 하나님 아버지! 우리를 행복하게 하소서! 이처럼 우리를 행복하게 해 준 분은 바로 당신이십니다! 라고 말했을 때 – "(JG, V, 85). 이는 감상주의적인 감정이 모두 섞인 말이다. 그리고 체험하는 자아가 자신을 낱낱이 뜯어보면서 관찰함에 있어서 자신의 감각적인 즐거움을 의식을 통해 더욱 고조시키는 체험 방법에 어울린다. 이전의 독일 드라마에서는 그와 같은 독백을 찾아보기 어렵다. 라이벌 관계에 있는 여자들이 남자들 때문에 얻어진 행복에 대하여 나누는 대화도 없었다. 그들은 무엇을 알고 그런 말들을 할까! "눈물과 아픔의 천 년은 첫 번째 시선, 떨림, 더듬거림, 접근함, 회피함, 자기망각의 행복감에 비하면 아무것도 아니야. 그리고 번쩍하는 불꽃같은 첫 키스, 조용히 숨을 고르면서 껴안는 첫 포옹 – 마담! 당신은 주저앉으시는군요, 내게 소중한 분! – 당신은 어디에 계십니까?"(JG, V, 88). 그리고 다른 여인은 이와 같은 행복감을 뒤늦게 즐기면서 제대로 말도 못하고 더듬거리기만 한다: "남자들이란! 남자들이란!"(JG, V, 88). 이 드라마는 베르테르와 같이 격앙된 시대의 감정상태를 거울에 비추어 주는 그림이다. 그러나 유독 소설 *〈베르테르〉*는 감상주의를 심판하고 비극적인 결과로 끝맺음하는 데 반해 드라마 *〈스텔라〉*는 타협적인 해결로 비극적 결과를 모면한다. 이 같은 해결은 과잉보호로 유약해진 그 시대의 정신에서 나온 발상이지만, 어디까지나 생각일 뿐, 냉엄한 현실을 비켜 가고 있다.

8. 에르빈과 엘미레 – 클라우디네

*〈에르빈과 엘미레 Erwin und Elmire〉*에서는 본래의 주제인 정열적인 감정과 사회적 도덕의 요구 사이의 괴리가 장난조로 가볍게 다루어지고 있다. 이 가벼운 연극은 루소의 *〈마을의 점쟁이 Devin du Village〉* 의 창극형식을 좀 더 신선한 어조로

계승해서 "정신과 감정을 크게 소모하지 않은 채 우리들의 배우와 무대의 형편에 맞게 번안해 놓은 것이다." 그러나 여기에도 역시 개인적인 요소가 없지 않다. 괴테는 릴리의 애인으로서 불안에 찬 그의 형편을 마음에 두고 사랑하는 사람들의 갈라섬과 재결합을 다룬 이 같은 고뇌에 찬 장면들을 연출해서 릴리에게 헌정했다.

창극 〈*벨라 별장의 클라우디네 Claudine von Villa Bella*〉는 내면생활과 사회적 공권력 사이의 불편한 긴장을 좀 더 예리하게 묘사하고 있다. "그대들이 속한 시민사회가 내게는 역겨워! […]. 어느 정도 쓸모가 있는 사람이라면 차라리 넓은 세상으로 나가야 하는 것이 아닐까?"(JG, V, 193) 여기서는 어떤 노상강도가 반사회적인 자유를 열망하는 것을 묘사하고 있다. 이 노상강도는 쉴러의 드라마 〈*떼도둑 Die Raeuber*〉의 주인공 칼 모어와 그의 후계자들의 선배이지만 그들처럼 비극적이지 않고, 좀 더 편안하다. 이 같은 작품들은 분명 가벼운 작품들로서 연극에 대한 기호嗜好가 바탕에 깔려 있다. 그리고 독일의 연극 프로그램에는 그와 같은 활발한 동작이 없다는 의견도 나름대로 작용을 했다. 괴테는 이 가벼운 작품들을 자신이 환영했던 렌츠의 플라우투스-희극들처럼 평가했던 듯싶다. "어릿광대가 추방된 이후 우리 극장은 아직도 고트셰트 추종주의에서 벗어날 수가 없었다. 우리에게는 도덕성과 지루함만이 있는데 이는 프랑스인에게 능한 음담패설을 대신할 만한 희극정신이 없기 때문이다. 우리의 사회성과 성격도 그와 같은 희극정신에 대한 모델을 제시하지 못하고 있다. 그러니 우리는 한결같이 지루해 할 수 밖에 없고, 그런 판국에 극장에 활기와 액션을 가져오는 자라면 누구든 환영을 받는 형편이었다"(JG, III,30). 하지만 이 드라마들도 만족시키고자 했던 당시의 극장 사정이 바뀜에 따라 한물 지나갔다.

제 4 장

세계상世界像

1. 경험 방식

계몽주의 시대의 문화는 비판하고 규정하는 정신, 밝히고 정리하는 정신의 산물이었다. 정신은 세상을 파악하기 위해서 세상의 모든 영역을 섭렵하고 사유하고 구별했다. 그리고 인식한 것을 개념으로 정립했다. 이와 같은 노력으로 얻어진 내용은 살아 있는 존재를 떠나 독자적으로 존재하는 형식, 곧 체계로 정리되었다. 이 같은 조류의 목표는 모든 것의 이론화와 동시에 실제 행동을 위한 보편타당한 규칙의 발견이었다. 지금 이 순간의 현실과의 접촉을 통해 불붙은 감정에 따라 행동하는 것은 '올바른' 행동이 아니라고 보았다. 인간은 어떠한 경우에라도 사색하고, 또 사색한 것을 이론으로 정립함으로써 세워지는 원칙에 따라 행동하는 것이 바람직하다고 본 것이다. 직관적 감각, 직접 체험의 감정, 행동을 통한 극복의 힘 사이에 이론적 심급審級이 끼어들고, 이 심급은 정리하고 지배하는 정신의 '본질적' 진실을 가지고 '비본질적' 현실과 만났다. 살아 있는 존재의 감각 영역과 정신 영역 사이에는 건널 수 없는 심연이 놓여있다고 가르쳤다. 사색하는 정신과 그 정신의 규범을 따르는 삶만이 진실하고 선한 삶으로 통했다. 이와 같은 생각을 지닌 사람들 앞에는 어떠한 세계상도 열리지 않고, 그 사람들은 세상의 의미와 삶의 연관에 대한 단 한 가지 사유 공식만을 가지고 있었다. 그러나 젊은 세대에게는 이로써 인간이 자연에 대한 근본적 관계에서 풀려나고, 인간과 삶을 연결해 주는 끈이 끊어졌으며, 인간은 우주의 작용하는 힘과의 활발한 관계 대신에 한낱 파생되고 날조된 개별 현실에 대한 지식만을 소유하고 있는 것처럼 보였다. 이 개별 현실들의 진정한 연관 관계에 대해서는 일체 알려진 것이 없기 때문에 이 현실들은 더 이상 이해될 수 없었다. 젊은 세대들은 이와 같은 연관 관계는 연역적으로 설계될 수 있는 것이 아니라, 정작 느끼면서 경험하고 직관적으로 바라봄으로써만 이해할 수 있다고 인식했기 때문이다.

"우리에겐 철학적인 방법으로 능력을 계발하고 향상하고픈 열망은 전혀 없었다"(WA.I.28,68). 젊은 사람들이 추구하는 것은 정작 살아 있는 지식, 경험, 행동, 시 쓰기였다. 괴테는 세계질서의 이성적 합목적성의 사유공식에 만족할 수 없는, 새로운 유형의 비이론적 경험인의 모범을 그 세대의 젊은이들에게 몸소 가장 순수하게 실천하여 보인 사람이다. 그는 결연하게 이론적인 지식욕과 '축적된 경험의 체계화'에 등을 돌리고, 학문의 방식이 이와 같다면 더 이상 학문에 기대할 것이 없다고 보았다. "충만한 예감, 친구사이의 내면적 교감, 생각의 종합장綜合帳"이 "이성과 주기週期"보다 더 소중한 것으로 생각되었다. 그는 당시 젊은 사람이 바보가 되는 지름길의 종착점이 바로 체계라는 섀프츠베리의 역설적인 명제를 방명록에 적고 있다. "하나님, 우리의 감관을 유지시켜 주시고, 욕망의 이론으로부터 우리를 보호하여 주시옵소서"(WA.I,37, 213). 우리의 영혼은 자연을 사표師表로 삼을 때에만 힘이 솟는다. 그리고 가장 중요한 것은 바로 창조력을 키우고 발휘하는 것이다. 활동하는 것, 만드는 것, 창조하는 것, 이것만이 결실을 가져올 수 있다.

"그리고 [나는] 매일같이 가장 작은 것에 손을 대고, 자신을 가다듬는 것이 어떤 명인名人의 완벽한 경지에 관해서 왈가왈부하는 것보다 모든 면에서 훨씬 가치가 있다는 것을 배운다. 이 점을 나는 건축술에 대한 글에서, 그리고 어떤 다른 곳에서 진지하게 거론한 적이 있다. 그리고 나는 이 말이 아직은 이론과 문헌의 수렁에 정신을 빼앗기고 있지 않은 젊고 따뜻한 영혼을 사로잡으리라는 것을 알고 있다"(JG,III,63). 괴테가 일생 동안 지칠 줄 모르고 주장한 이른바 유익성이 중요한 도덕적 가치라는 견해는 이미 이때부터 형성되기 시작한 것이었다. 그는 우리가 역사에서 배울 수 있는 최선의 것은 역사가 야기하는 감격이라고 노년에 와서 말한 적이 있지만, 젊어서도 같은 말을 하고 있다: "나는 한 명이 되었든 천 명이 되었든 바로 나로 하여금 힘을 내게 하고, 강하게 하는 것을 나보다 앞서 어떻게 느꼈는지 보여주는 기록들만을 높이 평가하고 사랑하며 존경한다"(JG, IV, 16). 전통은 오직 그러한 관점에서만 이해되었고 전통에 대한 지식도 그럴 경우에만 생명력이 있다. 지식은 자기만족이나 교리를 위한 자료로 끝나서는 안 된다. "유익한 것, 그것만이 진리이다." 지식의 향상과 이치를 따지는 태도는 창조 욕구가 발동하고 키워진 후에만 진정으로 유익한 것이다. 특히 예술가에게는 더더욱 그렇다: "어떤 사변적인 노력이 예술에 유익하게 되려면, 예술가에게 접근해서 그의 타고난 정열에 불을 댕겨서, 그 불이 번져 행동으로 나타나게 해주어야만 한다"(WA.I.37, 212).

괴테의 인식 태도는 직관적 경험의 태도이다. 그는 47세 때에 어떤 자연과학자가 그의 사유방식의 특징을 구상적具象的이라고 하자 기뻐하며, 그의 시작詩作 또한 항상 구상적이었다고 덧붙인다. 그리고 그의 고유한 인식방법을 설명하기를 "[…]나의 사고가 대상들과 동떨어지지 않고, 대상들의 요소들과 직관들이 같은 사고 속으로 들어가고, 그 사유의 가장 내면으로 침투되어서 나의 직관 자체는 하나의 사고가 되고, 나의 사고는 하나의 직관이 되는 것[…]"(WA.II. 11, 58)이라고 했다. 그의 사유의 기본적 특성이라 할 수 있는 사물을 있는 그대로 보려는 '현실주의자 고유의 특성', 즉 눈이 곧 빛이 되게 하는 정확성은 자연주의적 경험 인간에게 익숙한 수동적인 수용 방식이 아니다. 대상을 정신으로 다시 탄생시킬 수 있는 자만이 본연의 그리고 고차원적인 의미에 있어서 대상을 직관한다고 말할 수 있는 것이다. 괴테가 종종 기술하듯 그것은 이중적인 바라봄이다. 구체적이고 직관적이며, 신체상의 눈과 '정신의 눈'을 가지고 바라보는 것, 대상적인 현상들에서 이념적인 것과 본질적인 것을 간취看取해 내는 행위이다. 칸트의 개념으로 표현하자면 대상의 이념적인 것에 관심을 쏟는 지적 직관이다. 이 이념적인 것은 카테고리를 통해서 담론적으로 인식하지 않고, 대상을 직관적으로 한꺼번에 직접 파악하는 것이다. 바라보면서 경험하는 것, 시각적이 되는 것, 사물을 응시하는 것, 이 모든 것이 처음부터 괴테의 경험 방식이다. 그러나 이 방식은 바로 사물 속에서 본질적인 것, 이념과 영혼을 읽어낸다는 것을 의미한다. 물질적 세계, 감각을 통해 파악할 수 있는 세계는 초감각적인 비밀의 계시이자 신성의 표현으로 이해된다. 괴테가 지금의 자신의 상태를 "잡을 수는 없지만, 만질 수는 있는 우리 아버지의 찬란하고 무한히 거룩한 대양에 떠있는 듯하다"고 기술한 것과 같은 맥락이다. 신은 잡을 수는 없지만, 스칠 수도 있고 사물의 유한한 존재 속에서 감지할 수도 있다. 70세의 괴테가 경험과 타고난 이념의 관계와 종합적이고 분석적인 인식에 대한 플라톤의 근본 견해를 대변하고 있는 것처럼, 신에 대한 우리의 타고난 지식과 우리 속에 있는 이념들을 통해 우리는 신이 감각적인 경험의 영역에서 비밀리에 이미 알고 있는 것을 우리에게 털어놓고 있다는 것을 깨닫고 판단할 수 있다. "우리들의 모든 인식이 설혹 경험과 관계가 있다 하더라도, 인식이 모두 경험에서 생기는 것은 아니기" 때문이다. 이중으로 바라보는 경험 방식은 현존재 자체가 신神이라고 보는 괴테의 세계상과 일치한다. 그 세계에서는 신이 사물 속에 존재하고, 여러 개별적인 현상에서만 인식될 수 있다고 그는 믿는다. 괴테가 보기에, 인식하는 인간의 육체와 정신의 이원적 성격은 세계의 이원적인 성격에 가장 정확하고, 가장 적절하게 부합한다. 이것은 그가 처음으로 독자적이고 편견 없이 세상의 내막을 알게 된 후 지니게 된 믿음이요 경험 방식이다. 젊은 괴테의 세계상이 지닌 특색은 분명 그가 근원에 대한 공평무사한 바라봄을 통해서 세계에 대한 표상을 얻고 있다는 점이다. 처음부터 그에게는 세계는 둘로 갈라져 있는 것이 아니라 하나라는 확신이 살아 있었다. 그에게는 세계가 현상인 동시에 본질이며, 현실인 동시에 신이며, 시간인 동시에 영원이라는 확신이 있었던 것이다.

2. 우주 생성론

괴테는 그의 자서전 〈*시와 진실*〉 제8권 말미에 처음으로 독자적인 생각을 가질 수 있던 시기에 세상의 유기조직의 탄생에 대하여 어떠한 상상을 가지고 있었는지를 보고하고 있다. 원래 이 자서전이 노후에 와서 옛 기억을 더듬어 노벨레의 서술형식에 맞춰 완성도 있게 정리된 것이어서 세부사항에 사실과 맞지 않는 부분도 있지만 이 '우주진화론Kosmogonie'이 괴테의 세계상의 기본바탕이요, 그의 관찰의 기본방향이라는 주장은 분명 초기부터 있어 왔다. 왜냐하면 다른 어록과 문학작품들도 같은 사상을 담고 있기 때문이다. 그의 우주진화론에는 영원으로부터 창조하는 신성이 가정되어 있다. 개별성, 사물의 개체, 개별적 본질들은 신성의 다양한 구현이고, 따라서 생성하는 힘의 집중을 통하여 생긴, 개별 원칙을 지닌 작품들인 것이다. 그러나 그렇게 겨우 일면Eines은 존재하지만, 일체의 반작용, 반대욕구는 아직 존재하지 않는다. 이 현실은 이를 야기시킨 힘의 방향으로 계속 발전한다. 이 현실은 더욱 개체주의를 지향하다가 끝내 추락하게 되는

데, 이 추락을 표상하는 신화적 존재가 바로 루시퍼Lucifer이다. 이 같은 발전과정이 지니는 의미는 모나드Monade의 무절제와 더욱 결연해지는 자아감정이다. 그렇게 발생되는 물질에는 부유하는 것, 유동적인 것, 빛 등의 저항세력이 아직 없기 때문에 "무겁고, 딱딱하고, 어둡다." 괴테는 이 위협적인 사건을 개별성의 집중Konzentration des Individuellen이라고 한다. 개인의 힘은 자기 자신 속에 축적되고, 내면을 향해 승화되면서 더욱더 독단적 성격을 띠게 된다. 그 때문에 세계의 통일성과 체계적 분류는 소멸될 위험에 처한다. 이 같은 현실에는 아직 저항을 통해 상쇄시키는 힘, 즉 자아가 외부로 확장할 수 있고 발전할 수 있는 힘이 결여되어 있다. 이를 보완하기 위하여 천사가 행위의 완성자로 나타나는데, 천사의 제2의 창조 행위에는 저항하는 힘이 부가附加된다. 그렇게 해서 리듬 있는 변화, 즉 확대와 수축을 본질로 하는 "생명 고유의 맥박"이 비로소 다시 생성된다. 이와 같은 세계 생성의 단계에서 인간이 탄생한다. 인간도 역시 이중 존재요, 서로 조건으로 삼는 모순성 있는 창조 원리의 산물이며, 무한하고 무조건적이고자 하는 욕구의 지배를 받고, 조직의 유한하고 조건적인 형식을 통하여 유지된다. 가장 행복한 존재인 동시에 가장 불행한 존재요, 정신인 동시에 물질이며, 선한 동시에 악하고, 어둠인 동시에 빛이다.

3. 양극성과 통일성

생명의 맥박이 들려주는 양극적인 리듬에 관한 아이디어

가 분명 괴테에게서 비롯되었다는 것은 초기 미완성 소설에 나오는 문맥을 통해서도 알 수 있다: "사랑은 생명이나 호흡과 마찬가지이다. 나는 물론 공기를 들이마신다. 그대는 그것도 이기적이라고 하겠는가? 그러나 나는 들이 마신것을 다시 내쉰다. 그리고 내 자신에게 말하는 것이다. 네가 봄날의 햇볕을 쬐고 앉아 있을 때, 기쁨에 넘쳐서 너의 가슴이 좀 더 세차게 숨을 들이 마실 때, 숨을 들이 마시는 것은 노력이고 숨을 내쉬는 것은 휴식이기 때문에 숨을 내쉬는 것이 들이마시는 것보다 더 큰 기쁨은 아니라고…"(JG, II, 51). 이렇게 체험되는 두 가지 속성은 세상물정의 양극적 리듬과 또한 인간의 삶의 리듬을 상징하고 있음을 괴테는 밝히고 있다: "[…] 비록 우리를 끌어내리고 억압하는 것처럼 보이는 어떤 상태에 우리가 처해 있을지라도, 이 상태는 우리가 고양되고, 우리가 어느 한편으로는 부득이 "자신이 되지verselbsten" 않을 수 없고, 다른 한편으로는 규칙적인 맥박 속에서 "자신을 벗어나기entselbstigen"를 소홀히 하지 않음으로써 신성의 의도가 실현될 수 있는 기회를 제공하고, 심지어는 그렇게 하는 것을 의무로 삼게한다"(WA. I. 27, 221). 이 부분에 대한 *〈시와 진실〉*의 설명은 여기에 게재하지는 않았지만 괴테가 처음부터 "완전한 것에서 불완전한 것을, 빛에서 어둠을, 활동에서 저항을, 선에서 악을 발전시키려고"(WA.I.27,397) 얼마나 애써 왔는지에 대하여 말하고 있다. 즉 '생명의 영원한 공식' 인 심장의 수축Systole과 이완Diastole을 거론하고 있는 것이다. 부정적 이미지를 지닌 상대역을 현실의 보완적 대표자로 변신시키는 초기 희곡들의 구조는 세계 및 인간 천성의 기본형식이 양극적인 힘의 통일이요, 두 가지 상치된 것의 합일이며 곧 둘이 하나로 통일되는 것이라는 견해를 형상화한 것이다.

4. 자연과 신

괴테의 세계상은 이와 같은 '통일된 양성적 성격'의 기본 감정과 기본 비전에 바탕을 두고 있다. 거기에는 영원한 것과 일시적인 것, 신과 자연, 육체적인 것과 정신적인 것, 육체와 영혼, 현실적인 것과 본질적인 것 사이에 괴리가 더 이상 존재하지 않는다. 신성과 본질과 현실은 하나인 것이다. 신은 현존재요, 오직 하나의 신성만 존재한다. 신은 '그 모든 것을 자신 속에서 직접 만들어 내는' 존재인 것이다. 그러나 신은 이와 같은 작업을 내부에서 은밀하게 한다. 곧 신은 작용하는 힘으로서 세계의 내부에 자리 잡고 있다. 현실은 실현된 신성이다. 신은 자연보다 드높지만, 단지 자연 속에 있는 보다 드높은 자연일 뿐이다. 그렇다면 신이 자연 속에 있는데 어떻게 우리들은 자연 위에 있는 신을 찾을 수 있을까? 신은 인간의 내면에 자리 잡고 있듯이 인간은 또한 자연의 한 부분인 것이다. 우리는 오로지 신을 현실에서 들어서 알고, 접촉해 알고, 깨달아 알 수 있을 뿐이다. 괴테의 일기에는 라틴어로 된 문장들이 있는데 아마도 프랑크푸르트에 있을 때 쓴 것이거나 늦어도 스트라스부르 시절에 쓴 것일 것이다. "신과 사물의 본성과 괴리되어 행동하는 것은 마치 우리가 육체와 영혼을 별개의 것으로 생각하듯 어렵고 위험하다. 우리는 육체를 매개로 해서만 영혼을 인식할 수 있고, 자연에 대한 통찰을 통해서만 신을 깨달을 수 있다. 때문에 순전히 철학적으로 신을 세계와 연관시킨 사람들의 어리석음을 나무라는 것은 어리석어 보인다. 왜냐하면, 신이 유일한 현실이요 모든 것을 포용하기 때문에 존재하는 모든 것은 틀림없이 신의 본질에 속하기 때문이다" (JG. II.33. 딜타이의 번역문 인용).

그러나 이와 같은 통일성은 그 자체 내에 양극의 긴장, 근원적인 이중성을 포함하고 있다. 신은 무한하고, 현실은 유한하다. 그러나 이 무한한 것은 오직 유한한 것 속에만 존재한다. 동시에 유한한 것 이상의 것으로 자연 속에 있는 보다 높은 자연이다. 괴테의 종교성은 이와 같은 모순성을 지니고 있다. 이는 바로 자연 속에서 실현되는 신성에 대한 직관과 도처에서 사물의 경계를 지워버리는 신성의 무한성에 대한 감정 사이의 괴리乖離인 것이다. 형식은 모두 허위라는 그의 말은 유한한 존재가 무한한 본질을 온전히 포괄할 수 없다는 이 기본 경험을 의미하고 있다. 만일 유한한 존재가 무한한 본질을 온전히 포괄할 수 있다면, 이 완성된 존재는 안정을 찾고 굳어져 버릴 수밖에 없다. 그러나 산다는 것, 창조적 움직임은 항구적 불안정이요, 결코 완성되는 법이 없이 영원히 변천하는 것이다. 신성은 언제나 반복적이고 궁극적으로 생성되어야 하고, 형식을 찾아야 한다. 그리고 항상 이 형식을 파괴해야 한다. 어느 형식도 만족스럽지가 못하기 때문에 새롭고 보다 높은 형식을 찾아야만 한다. 〈*파우스트*〉에서 정령이 한 말들은 이와 같은 우주관을 전달해 주고 있다.

“생명의 흐름 속에서, 행위의 폭풍 속에서
나는 솟았다가 가라앉고,
바람 불듯 오고 간다!
탄생과 무덤,
영원한 바다,
교차하며 짜는 길쌈,
불타오르는 생명!
이처럼 나는 시간의 소란스러운 베틀에 앉아
살아있는 신성의 옷감을 짠다.”(JG,V,366)

그와 같은 이원론을 이해하기 위해서는 얼마나 함께 바라보는 힘, 모순을 지닌 총체적인 연관에 대한 그리고 대립적인 것의 통일에 대한 확고한 믿음이 있어야 하는 것일까! 베르테르의 병든 영혼은 이와 같은 가장 내면적인 모순, 즉 탄생과 죽음이라는 이율배반을 지니고 있는 스핑크스의 시선에 굴복하고 있다. 작용하고, 무진장 만들어 내며, 환희에 넘쳐 은총을 베풀며, 끊임없이 창조하는 것이 신의 속성이지만, 반대로 소모적인 힘으로써 “그것이 형성한 것은 모두 이웃과 자기 자신을 파괴하는, […] 영원히 삼키고, 영원히 반추하는 괴물”(JG, IV, 266)과 같은 것이기도 하다. 그러나 괴테는 이 모든 것을 아름답고 필요한, 그래서 선한 것으로 바라보고, 이것이냐 저것이냐가 아니라 타인과의 상호관계를 누리는 삶 속에만, 다시 말해 ‘영원한 분리와 결합’ 속에만 존재하는 불가해한 삶의 바탕으로 높이 평가한다. 인간의 내면생활도 한편으로는 자아 해체, 헌신, 만유와의 일체화, ‘포용하면서 포용되고’ 싶은 충동과 다른 한편으로는 자아를 보존하고 정신을 가다듬어 자아를 승화시키고 개인적 특성을 고양시키려는 욕구 사이에서 오락가락한다. 한편으로는 일체감의 희열과 모든 존재와의 공동체가 되고 싶은 동경, 한 번 영원한 것으로 충만해지고 싶은 염원, 다른 한편으로는 사티로스의 노래에 표현되었듯 모나드의 몸서리치는 고독 사이에서 인간은 갈팡질팡한다.

5. 우주와 개체

신성의 본질은 영원히 약동하며 창조하는 힘이요, 작용이요, 발아이며 변신이다. 이 힘은 구상적인 존재 속에서 실현되고, 삶은 물결치는 에너지의 흐름이다. 그러나 이 작용은 자의적으로나 우연히 일어나는 것이 아니고 일정 법칙과 맥락 속에서 일어난다. 문제는 단순한 운동이 아니라 지향적 행동이다. 능력의 신은 사려가 깊은 신인 동시에 조화로운 질서의 신이다. 근대의 철학자들이 믿고, 라이프니츠와 스베덴보리가 믿는, 이른바 활기를 띠는 특성화의 바다는 일관성 있는 법칙의 지배를 받을 때 잠재워질 수 있다는 믿음은 역시 괴테의 최초의 믿음이기도 하다. 괴테는 이와 같이 개체와 전체가 사이좋게 결합하는 것을 곧잘 옷감 짜기와 계단식 구조에 빗대어 생각한다:

> "모든 것이 서로 엮이어 전체를 이루고
> 하나가 다른 하나 속에 작용하며 살아가네!
> 하늘의 힘들이 오르내리며
> 황금의 두레박을 주고받듯,

모든 것이 축복의 향기로운 날갯짓으로
하늘로부터 지상으로 뚫고 들어와
삼라만상 안에 조화롭게 울려 퍼지네!"(JG,V,364)

세계의 연관은 계단 모양을 띤 힘들의 유기체로 파악된다. 그 유기체 내에서는 모든 것이 서로 서로 맞물리고, 상호간에 전제가 되어 결과적으로 하나의 체계화된 전체가 형성되는 것이다. 이와 같은 질서는 동시에 미학적 성격을 지니고 있어서 아름답고, 다양성 속에서도 통일성을 지니고 있다. 아름다운 형식으로서 우주의 형상 – 후에 괴테의 자연과 예술의 관계에 관한 고전적 이론의 전개는 이와 같은 견해에서 비롯되었다. 그리고 그의 젊음은 이와 같은 확고한 믿음, 이른바 '자연 전체는 깊은 화음을 지니고 있는 하나의 멜로디' 라는 믿음에서 세계의 의미에 대하여, 신성이 지닌 자비심에 대하여, 인간의 성품에 대하여 깊은 신뢰감을 얻기에 이르렀다. 괴테는 이 믿음을 지키기 위하여 일생 동안 투쟁을 했다.

"오, 경이로운 혼란이 가득하고
맥 풀린 오류의 질서 정신으로 가득 찬 세계
그대는 환희와 비애의 연결고리."(JG,IV, 52)

심연과 같은 어둠과 세계와 인생의 모순에 대한 일체의 새로운 지식, 우리의 생존의 한계에 관한 일체의 새로운 경험을 이와 같은 우주의 통일성에 대한 신앙관에 귀속시키는 것은 괴테가 끊임없이 기울여 온 노력이다. 이 노력은 그의 생사와 관련된 문제였다. 이 믿음을 잃는 것은 곧 멸망을 의미하는 것이나 마찬가지였을 것이다.

개별적 존재와 모나드들은 이와 같이 서로 조화롭고 훌륭한 관계를 맺으며 존재한다. 모두가 일회적이고 자기만의 가치를 지니고 있으면서도 전체 우주 속에서 작용하며 살고 있다. 통일성 속의 다양성, 형식 속에 꽉 찬 내용이란 이를 두고 이르는 말이리라. 젊은 세대가 내면으로 느낀 것은 승화된 자아에 대한 동경, 자아의 자유롭고 힘찬 발전 욕구였으며, 이런 것들을 그들 스스로가 신성으로 풀이하고 이 신성을 그들의 개별적인 인물 속에서, 그것도 현재의 삶 속에서 쉬지 않고 실현하려고 했다. 괴테가 대상적 현상들, 즉 나무와 식물, 동물과 인간에게 열중하게 된 것도 바로 이 때문이다. 바라보면서 인식하는 것은 개별적인 것으로부터 보편적인 것으로 승화하는 것이지 그 역逆은 아니다. 개별적인 풍경을 바라보는 가운데 자연을 직관적으로 인지함으로써 직접적이고 감각적인 것으로부터 초감각적인 것으로 넘어간다. 감각적이고 따뜻한, 구체적으로 바라볼 수 있는 개별 존재 속에서 보이지 않는 절대자를, 개별적인 것에서 전형적인 것을, 종種에서 류類를, 특수한 것에서 보편적인 것을 이해하는 것, 이것이 곧 괴테의 체험 방법인 것이다.

6. 인상학

그리고 이와 같은 체험 방법은 괴테의 문학을 구상적으로 만들고, 그의 모든 문학은 '눈으로 본 것'을 형상화했다는 특징을 가지게 하고 있다. 그의 표현 방식과 형상화 방법은 거기에서 연유한다. 이 모든 것이 시대정신에 속한 것이라는 점은 질풍노도 세대의 문학과 그 문체가 보여 준다. 예컨대 인상학에 대한 라바터의 정열도 이 점을 보여 주고 있다. 그러나 이와 같은 시대적 경향을 문학적으로 가장 강하게 표현하고 있는 것은 역시 괴테의 청년기 문학이다. 괴테는 한동안 라바터의 작업에도 참여한 적이 있다. 그도 "인간의 외형은 인간에 대하여 느낄 수 있고 말할 수 있는 모든 것에 대한 최상의 텍스트"(JG, V, 91)라는 점을 알게 되었다. 라바터의 명제에 따르면 외형적인 것은 '내재적 소질의 표현' 이다. 관상학자들이 행한 것과 같은 이와 같은 관찰은 개인의 외형적인 현상을 직관적으로 '흘끗 쳐다봄' 으로써 개인의 인성을 파악하는 것이요, 외형을 보고 본질을 인지하는 것이었다.

7. 인간의 이념

그와 같은 인식들은 괴테로 하여금 인간의 특수한 형태는 어떻게 생기는가에 대한 의문을 가지게 한다. 이 특수한 형태는 이미 현실 속에 부각되어 나타나지만, 아직은 확정되지 않았고 계속 발전되어야 한다. 이 특수 형태는 들어맞아야 할 법칙이요, 실현되어야 할 이념이다. 이는 살아가면서 비로소 마땅한 존재로 형성되어야 한다. 그리고 이 형태는 외부와 씨름함으로써 발전하는 것이고, 이 외부는 이 형태가 발전해 들어가야만 할 곳이다. "인간에게 영향을 미치는 것은 유독 그를 둘러싸고 있는 주변환경만이 아니고, 인간도 역시 자신에게 영향을 미친다. 인간은 자신을 변화시킴으로써 다시 주위를 변화시킨다. […] 자연은 인간을 형성하고 인간은 자신을 개조한다. 그리고 이와 같은 개조 또한 자연스러운 것이다. 자신이 크고 넓은 세상에 내던져졌다고 보는 인간은 울타리를 치고, 그 세상 속에 있는 한 작은 세계 주위에 담을 쌓고, 이 세계를 자신의 형상대로 장식 한다. – 항상 신분과 상황이 그 인간의 환경을 결정하겠지만, 최고의 의미를 지니는 것은 역시 인간이 어떠한 영향을 받는가이다 […]"(JG, V, 322). 인간을 그의 주변 세계 속에서 식물과 같은 존재로, 자연의 존재로 바라보는 것은 새로운 견해였다. 이 새로운 견해에 따르면, 식물이 서 있는 장소에 따라 결정되며, 환경조건이 전형적인 원형을 변화시키는 것처럼 인간의 개성도 그렇게 결정되고 변화된다. 자아의 '무엇' 이 아니라 자아의 '어떻게' 는 외적인 조건에 의해 결정된다. 그러나 인간의 유일한 특성은 반응을 하고, 부적합한 것과 소멸하는 것에는 저항을 하고, 적합한 것과 고무적인 것은 습득한다는 것이다. 이와 같은 자유는 오직 인간에게만 있는 것이다. 이 자유는 물론 제한된 자유요, 계몽주의의 오만이 생각하는 몽상적인 자유가 아니다. 왜냐하면 이 자유는 주변 세계가 부여하는 가능성에 얽매여 있기 때문이다. 인간의 내부에는 밖으로부터 들어오지 않은 무엇인가가 있다. 인간의 자아의 핵核이 바로 그것이다. 그 핵은 물론 결정적으로 변화할 수 없다. "인간은 가고 싶은 방향으로 갈 수 있고, 무엇이든지 계획할 수 있을 것이다. 그렇지만 항상 전에 자연이 그에게 제시했던 그 길로 되돌아올 것이다"(WA.I.26,204). 그러나 이 길은 자아 발전의 가능성이 상대적으로 크고 작음을 가리켜준다. 개인적인 원형의 크기에 따르고, 상위에 자리 잡고 있는 합법적인 보편성, 즉 자연의 편제의 한계 내에서의 자유, 그와 같은 구속의 의식 속에서만 순수하고 굴절됨이 없이 자신을 느끼는 사람은 더 이상의 자유를 탐하지 않을 것이다. 만약 이것이 세계질서 속에서 인간이 차지하는 자리라면, 이 자리가 바로 정상위치라는 것은 말할 것도 없다. 인간 내부에는 '완성능력Perfektibilität' 이 살아 있다. 상승 욕구, 유한성의 확대 욕구, 무조건의 방향으로 조건의 확대 욕구 등이 바로 그것이다. 만약 인간이 내면으로 상승하고, 집중을 통해서 더욱더 자아가 되고자 할 때 봉착하게 될 위험은 이와 같이 묶여진 자유의 말살과 자신의 인격 파괴이다. 자신의 인격은 오직 본래적인 중간 상태에서만 존속할 수 있다. 베르테르의 운명이 이를 잘 말해 준다. 아니면 보다 더 높고 무조건적인 현존의 형식으로 변신하고 싶은 욕망, 초인적으로 위대해지려는 의지, 자아를 총체로 확대하려는 의지와 같은 것들은 인간을 파괴하는 거인주의의 심연으로 인간을 유혹한다. 이 길은 바로 파우스트가 걸어간 길이다. 무절제는 억제된 자유의 상태를 유일하게 보장해 주는 평화로운 행복에 종지부를 찍는다. 개인은 집중에 있어서나 확대에 있어서나, 그리고 언제 어디서나 자제심을 잃을 수 있다. 이와 같은 자아의 삶의 양극 사이에서 중용을 지키지 못하고 우왕좌왕하며, 진정으로 좋아하는 자유로운 형식을 찾을 수 없는 것, 이것이 젊은 세대가 처해 있는 상황에서 크게 대두되는 문제점이다. 이것은 또한 자기 자신을 '불안정한 사람' 이라고 부른 젊은 괴테의 문제점이기도 하다. 인간성으로의 방향 전환이 비로소 그를 인간에게 허락된 만큼 구원시킨다. 이와 같은 생의 단계에서 세계의 질서와 조화는 체념, 한계를 파괴할지도 모르는 욕구 충족을 자유롭게 포기하는 대가로 얻어진다.

8. 대우주와 소우주

그러므로 유일한 개성, 종교적 가치, 고유한 삶이 가지고 있는 특징들은 이렇다. 개성은 경험을 하기 전에 내재적 신성을 통해 알고 있으며, 영원히 활동적인 힘의 존재로서 신성의 본질에 상응하는 창조적 욕구로 충만해 있다. 개성과 신성의 관계, 우주 속에서의 개성의 지위, 스스로 형식을 만들어내는 개성의 독특한 힘을 포괄하고 설명하는 하나의 개념이 있는데, 곧 인간은 하나의 소우주라는 개념이 바로 그것이다. 이는 인간이 가질 수 있는 종교적 견해의 최고의 상징 개념이기도 하다. 파우스트가 만물을 다스리고 창조하는 정신과 아주 가깝게 느낄 때, 또 그가 자신을 신성의 닮은꼴이라고 부를 때, 이는 자신이 이 우주와 전적으로 가까운 친척관계임을 전제로 한다. 노년의 괴테가 지은 시 속에 있는 "내면에도 하나의 우주가 있나니"란 구절과 바이마르 초기에 쓴 스피노자 논문에 "그처럼 제한적이긴 하지만 살아 있는 존재가 무한성에 참여한다기보다는 오히려 그 존재가 자체 내에 어떤 무한한 것을 가지고 있다[…]"는 구절이 이를 증명해 주고 있다. 젊은 괴테는 이미 이 같은 확신에 차 있었다. 유한한 존재일 뿐만 아니라 온갖 제약을 받는 존재인 자아는 내면적으로 만유의 기본 윤곽에 따라 만들어져 있고, 자아의 형식에는 우주의 황금 분할이 되풀이되고 있다. 모든 인간의 개인 형식에는 거대한 전체 형식이 반복되고 있는 것이다. 그리고 개인은 그의 안에 있는 이 같은 우주의 경상鏡像대로 창조하고 행동하며 형상화한다. 이는 일종의 신화적 상상으로 괴테가 최초로 만들어낸 것은 물론 아니다. 이 상상은 플라톤-네오 플라톤 사상속에 최초로 나타나고, 독일 철학에는 쿠사누스와 파라켈수스에게서 발견되며, 무엇보다도 라이프니츠의 철학에서 중요한 역할을 한다. 플로틴은 개성을 원상原像의 모상模像이라고 이야기한다. 라이프니츠의 모나드 이론은 그가 이미 표현한 것처럼 모든 모나드는 '신성의 닮은꼴' 이라는 믿음에 기초를 두고 있다. 왜냐하면 모나드는 모두 신의 창조 행위를 통해 직접 탄생되었기 때문이다. 전체 속에는 하나의 우주가 반영되어 있으며 각자는 하나의 커다란 세계 속에 들어 있는 작은 세계이다. "모든 모나드는 일종의 살아 있는, 또는 내적 작용의 능력을 갖춘 거울인데, 이 거울은 세계라는 건물을 자신의 관점에서 보여주고, 마찬가지로 세계 건물로서 정리하고 있다"고 라이프니츠는 말한다. 인간은 창조하는 거울이요, 우주의 모상인 동시에 모사자模寫者이기도 하다. 이 개념은 괴테에 의해 인간의 종교적 비밀을 이해하기 위하여 변형되었다. 이것도 역시 젊은 시절 괴테의 세계상의 하나의 모티브임에 틀림없다. 베르테르는 자신의 영혼을 무한한 신의 거울이라고 말한다. 그러나 그것은 애당초부터 영혼이 우주를 반영하는 고요한 수면에 지나지 않는다는 뜻이 아니다. 인간이 가지고 있는 가장 위대한 것은 곧 행동력이라는 신념이 자아의 내면세계와 만유의 외부 세계와의 관계에 대한 괴테의 견해를 단적으로 표현해주고 있는 것이다. 동시에 이와 같은 인간 속에 세계의 반영은 단지 절반의 경험일 뿐이다. 우주의 영상이 자신의 내면에 모습을 나타내면 인간은 그 영상을 분명히 붙잡아서 그의 창조적 힘의 즉흥적 행위를 통해 대답한다. 왜냐하면 인간의 영혼 속에 무한한 것의 반영은 동시에 그로 하여금 이와 같은 윤곽, 이와 같은 형식을 창조적으로 가득 채우고 빈 곳을 메우라는 도발이기 때문이다. 이렇게 해서 소질이 실행이 되는 것이다. 소우주라는 것은 자신의 소질을 있는 그대로 유지할 수 있는 것을 의미하지 않고, 창조적 자체형상화, 자아완성을 위한 동력을 의미한다. 그리고 자아완성에 대한 열망은 모든 자아 속에 살아 있다. 인간에 의해 창조된 모든 형식은 인간 속에 내재하는 원상의 모상이요, 잔상殘像이다.

9. 예술의 본질

이와 같은 규범은 예술을 세계의 근원과 연결시키고 있기 때문에 예술의 형이상학 편篇, 더 좋게는 예술의 종교 편으로 연결된다고 할 수 있다. 그처럼 예술의 형식 세계는 더 이상 끝없는 숙련으로 얻어진 성과로 생각되지 않는다. 숙련이란 시간적, 개별적 요인에만 좌우되고, 역시 시간이 가면 다시 쇠진해 버리고 마는 것이다. 오히려 예술의 형식 세계는 과거에 창조의 보편적 형태나 피조물의 특별한 형태로 실현되었고, 현재에도 끊임없이 새롭게 실현되고 있는, 결국 모든 것을 지배한다고 할 수 있는 신성의 형식 요소에서 생겨난다. 후에 헤르더가 신은 '모든 형식 중의 형식'이기 때문에 가장 높고 가장 순수하며, 가장 아름다운 개성화라고 말한 것처럼. 우리는 신의 자리에 역시 자연을 대신 앉힐 수 있고, 그런 다음엔 섀프츠베리와 함께 예술가는 자연과 동일한 법칙과 동일한 방식으로 창조한다고 말할 수 있다. 예술작품은 그 속에 만유가 반영되는 영혼의 거울이고, 이미 설명한 바 있는 창조적 의미의 경상인 것이다. 그러므로 예술형식은 모든 형식들의 형식의 모상, 우주 속에서 실현되는 신의 모상이다. 괴테가 예술가에 의한 세계의 예견, 모든 경험에 앞서 이미 소유하고 있는 현실적인 것의 직관적 표상, 생산적 자아 속에 전체 세계의 예감에 대하여 논할 때, 그는 바로 이와 같은 우주의 형성 원칙과 예술가의 그것 사이에 있는 불가사의하고 가장 내면적인 관계를 의미하는 것이다. "특별히 재능이 있는 사람 속에는 공통적으로 자연이 그들 속에, 또한 외부 세계 속에 부여한 모든 것에 어울리는 모형들을 열심히 찾고, 그럼으로써 자신의 내면을 완벽하게 고양시키고 싶은 욕구"(WA.I.46, 20)가 있다는 것이다. 이제 비로소 괴테가 이중의 바라봄, 즉 외부의 눈과 내면의 눈으로 바라본다고 한 것이 무엇을 의미하는지 제대로 이해된다. 또한 감각적인 경험은 단지 절반의 경험이라는 것이 무슨 의미인지, 그리고 마지막으로 천재, 곧 창조 정신의 신성이 어디에 있는지 제대로 이해된다. 인용된 발언들은 모두가 막상 미학적 형식 세계의 종교 편이 확정적으로 완성된 후기에 유래한 것이긴 하다. 그러나 괴테가 젊은 시절에 이미 이 이론을 적어도 반쯤 의식된 영감을 통해 그 기본 윤곽만이라도 알고 있었으리라는 점은 무엇보다도 〈*파우스트*〉의 지령이 등장하는 장면과 〈*베르테르*〉가 증명해 주고 있다. 물론 이와 같은 내면생활이 현실과의 대결을 통해서 처음으로 나타난다고 하더라도, 시문학은 직접적이고 개인적인 내면생활의 표현이라는 주관론적인 새로운 해석이 단연 우세해서 예술은 자연의 완성이고, 예술창작이란 내재하는 원형에 맞춰 모조하는 것이라는 이론의 단서들이 아직은 설 자리가 없었던 것이 분명하다. 젊은 괴테의 이 같은 주요한 인식이 바뀌는 데에는 바이마르 시대의 자연 연구와 이탈리아에서 예술의 '무저갱abgrund'을 직관했던 경험 등이 도움이 되었다.

10. 내면적 형식

괴테의 젊은 시절 거인주의에서 고전주의에로의 탈바꿈은 근본적으로 그가 청년기 말에 하나의 새로운 통찰을 얻음으로써 일어났다. 이 통찰을 표상하는 개념이 곧 '내면적 형식'이다. 괴테는 이 개념을 섀프츠베리로부터 물려받았다. 그는 과거의 미학적 개별 비평과 기교적 세부 내용의 전문가적인 평가에 대항하여 느낌에 바탕을 두고 예술작품을 조직적으로 비평하는 태도를 내세운다. "마침내 이제는 희곡작품의 형식에 대하여 논하고, 그 희곡의 길고 짧음에 대하여, 통일에 대하여, 시작과 수단과 종말 등 이름이 어찌되었든 그와 같은 것들에 대하여 논하는 것을 그만둘 때가 왔다.

[…] 그렇기 때문에 마치 내적 감각이 외적 감각과 구별되듯 그와 같은 형식과 구별되는 하나의 형식이 분명히 존재하는 것이다. 이 형식은 손에 잡히기보다는 느껴지기를 원한다. 우리의 머리는 다른 어떤 사람의 머리가 이해할 수 있는 것을 이해해야 하고, 우리들의 가슴은 어떤 다른 사람의 가슴을 미어지게 하는 것을 느껴야 한다. 규칙을 저버린다고 운율이 없는 것은 아니다. 그리고 그 예가 그야말로 위험하다고 한다면, 근본적으로 동정심을 유발하지 못하는 차가운 작품을 만드는 것보다는 규칙 없이 얽히고 설킨 작품을 만드는 것이 낫다. – 물론 다수가 모든 형식을 포괄하는 이와 같은 내면적 형식의 감정을 가질 경우, 우리들은 정신의 탄생이 연기된다고 해서 별로 불쾌감을 느끼지 않을 것이다. […] 형식은 모두, 심지어 가장 느낌을 강조한 형식까지도 진실하지 못한 점을 지니고 있다. 그러나 물론 그 형식은 우리들이 인간들의 가슴 한 곳에 흩어져 있는 자연의 성스러운 빛을 모아 불을 일으키는 화경火鏡과 같다. 그러나 그 화경! 그것이 없는 사람은 어디서 빼앗아 올 수도 없다. 그것은 연금술사의 신비의 돌과도 같은 것이요, 그릇이며 질료이고, 불이요 냉각수와 같은 것이다. 그 화경은 모든 문 앞에 다 달려 있는 간단하면서도 신비로운 물건이지만 바로 그것을 소유하고 있는 사람들이 대부분 그것을 활용하지 못할 수가 있다"(JG,V,344).

처음으로 주관적 측면에서 출발하여 미학적 현상들을 그 현상이 불러일으키는 인상의 분석을 통해 이해하려고 한 18세기의 미학은 이와 같은 인상이 결국 통일성을 지니고 있다면서 새로운 인식을 북돋아 주었다. 그것은 예술작품의 특정한 성격을 전제로 했다. 그러므로 예술작품은 개별적 특성의 집적集積이 아니고, 그 자체가 역시 하나의 통일적인 것, 곧 형체Gestalt라는 것이다. 그러나 이와 같은 구상적인 예술형상의 전체성이 탄생되기 위해서는 하나의 조직하고, 통일적으로 형상화하는 원칙이 작용하지 않으면 안 되었다. 이 새로운 예술관의 기본 원리는 새로운 종교성에서 생긴 것으로 이는 새로운 세계상과 일치한다. 예술가의 형상화를 위하여 물질적인 현실과 그 속에 내재하고 그 속에서 실현되는 신성의 본질 사이에 전제되어야 할 것은 예술가의 형상화 역시 하나의 창조적 정신의 물질적 실현 이외에 아무 것도 아니라는 것과, 창조정신도 신이라는 전능한 예술가처럼 내부로부터 외부로 발전해 가는 적법한 형식의 힘을 가지고 있다는 사실이다. 이 세계상의 입장에서 볼 때 자연 속에서 신의 진술은 물론 선별도 없고 규칙도 없는 단순한 의견 개진이 아닌 것이다. 오히려 신의 진술은 헤아릴 수 없는 다양한 형식으로 이루어진다. 그 다양한 형식 속에서 모든 개별 형상은 일사불란하게 작용하지만, 분명 하나의 일관성 있는 형식 법칙이 곳곳에서 작용하고 있다. 하나의 법칙, 그의 본질은 유기적 전체성의 의미에서 통일성이다. 그 결과 모든 개별 형식 요소들, 모든 개별적인 구성 부분들은 이 같은 조직하는 정신의 핵이 개별적으로 발전한 것일 뿐이다. 이처럼 자아실현을 하는 정신은 전체와 부분으로 작용한다. 전체와 지체는 그 정신에서 자라나는 것이다. 그리고 관찰하는 자의 직관은 그것이 본질적이고자 할 때 반대의 길, 즉 외부적인 눈을 가지고 구상적인 형상을 파악하는 것으로부터 출발해서 내재하는 이념적인 것의 인지에 이르는 길을 가야 한다. 이 내재하는 이념적인 것은 오직 정신적인 눈의 직관적 시선에만 접근의 길이 열려있다.

인간은 하나의 소우주요, 작은 것 속에서 우주의 구조를 반복하는 하나의 전체라는 새로운 이념은 이 새로운 미학에 바탕을 이루고 있다. 게다가 유기적인 개별 형상 속에서 하나의 정신적 기본 존재를 실현하는 자연신의 방식에 따라 예술가를 창조자인 천재의 개념으로 보는 견해가 바탕이 되고 있다. 예술가의 내면세계가 우주의 거울일 때만 그 내면세계의 표현은 보편적 형식 원리, 곧 유기적인 전체의 원칙에 따라 이루어질 수 있다. 이와 같은 종교성과 세계상에 입각해 볼 때 자연과 정신, 육체와 영혼, 형상과 본질의 이원론적 구별은 지양되고 만유의 통일이 이루어진다. 그래서 이제는 예술작품에 있어서도 외부와 내부, 형식과 내용의 대립은 더 이상 본질적인 것이 되지 못한다. 괴테가 독일 미학에 도입한 내면적 형식 개념은 이와 같은 새로운 예술관을 대표한다. 괴테가 그의 세대와 함께 전통 미학의 규칙을 일축한다고 해서 앞에 인용된 문장에서 보듯 절대로 형식이 일축된 것이 아니며, 비형식을 형식으로 삼는 것도 아니다. 규칙들은 개별 형식 속에 미학적 완성도와 관련된 것이다. 사람들이 예술작품의 아름다움에 대하여 말할 때, 그 말은 그와 같은 완전한 개별 특성들로 하나의 완전한 전체가 합성될 수 있다는 것을 의미한다. 전통 미학의 견해는 예술작품은 말하자면 외부로부터 객관적 규범에 따라 완성되어야 한다는 것을 바탕에 깔고 있다. 괴테는 이에 반대하는 견해를 제시하고 있지만, 이런 견해를 최초로 밝힌 사람은 원래 섀프츠베리이다. 이 견해는 철학의 새로운 세계 해석에서 필연적으로 대두된다. 예술작품은 외부로부터 만들어지는 것이 아니고 내부의 정신적 창조성에서 펼쳐지는 것이다. '모든 형식을 포괄하는' 괴테의 내면적 형식은 개별 작품 속에서 개체적으로 실현되는 이와 같은 보편적 조형의 힘이다. 이 조형력은 우주를 조직하는 신의 형식 능력과 같은 성격의 것이라는 점을 근거로 모든 순수한 형식이나 형식 자체가 만유 형식의 소우주적인 상징이요, 유기체 세계의 비유적 묘사라고 할 수 있다. 순수한 예술가적 천재성은 이와 같은 상징력을 통해서, 모든 개별적 형식화의 기초적 상형문자인 내면적 형식의 소유를 통해서 증명되는 것일 뿐, 기술적 완성도나 개별적 형식요소의 구비를 통해서 증명되는 것은 아니다. 괴테는 후에 민중문학의 '예술성 부재' 또는 기교상으로 '부족한' 예술을 변호하고자 할 때 이 점에 대하여 한번 언급한 적이 있다: "어디에서 등장하든 참된 문학적 천재는 그 자체가 완성된 것이다. 그의 언어나 외형적 기교의 불완전성이나 그 밖에 무슨 약점을 지적하든, 천재성은 결국 모든 것을 뜻대로 할 수 있는 보다 높은 내면적 형식을 소유하고, 어둡고 희미한 요소 속에서도 종종 나중에 분명한 요소 속에서 보다 더 훌륭하게 작용을 한다. 하나의 제한된 상태를 생생하게 시적으로 직관하는 행위는 개별적인 것을 비록 한계가 있지만 절대적인 우주로 승화시킴으로써 우리들은 작은 공간에서 전 세계를 본다고 믿게 된다."(WA.I.40,356).

섀프츠베리가 시인을 제2의 창조주, 제2의 프로메테우스로 칭송한 유명한 글 〈*독백 혹은 어떤 저자에게 주는 충고 Soliloquy or Advice to an Author(1710)*〉에서 표현하고 있는 것처럼 예술 작품들은 내부로부터 외부로 성장한다. "시인은 최고의 장인匠人이나 보편적으로 조형하는 자연과 마찬가지로 하나의 전체를 창조하는 데, 그 전체에는 모든 것이 서로서로 연관되어 있고 적절한 관계를 맺고 있으며, 구성 요소들이 적절하게 종속되어 있다." 예술작품들은 만인의 소질로서, 예술가의 인간 속에서 살아 활동하는 창조력으로부터 자라난다. 예술작품은 이와 같은 창조력에 속하고, 세계의 형상과 예술작품의 형상을 조직하는 형식 원리에 따라 성장한다. 그렇기 때문에 예술가는 외부 세계의 형식을 띠고 있는 자신의 내면세계로부터 우주와 동일한 구조를 가진 자체의 세계를 만들어 낼 수 있다. 이는 더 이상 설명이 불가능한 불가사의가 아닐 수 없다. 괴테는 1774년 친구 프리드리히 야코비에게 보낸 편지에 이렇게 쓰고 있다: "모든 글쓰기의 알파와 오메가는 나를 에워싸고 있는 세계를 나의 내면세계를 통해 재생산하는 것이라는 것을 참조하는 편이 나을 걸세. 내면의 세계는 모든 것을 움켜쥐고 연결하며, 새로 만들고 반죽하고 자신의 형식과 기법으로 다시 생산한다네. 이 모든 것이 영원한 비밀로 남아 있다는 것은 참으로 다행일세. 나도 그 비밀을 방관자들이나 수다쟁이에게는 밝히고 싶질 않네."(W.A IV, 132). 또는 "발걸음을 뗄 때마다 예술가가 가지고 있는 창조력은 상황과 정도와 적절성을 부풀리는 감정이라는 것, 이 창조력을 통해서만 다른 피조물이 그들의 개별적 발아력에 힘입어 솟아나듯 하나의 독립된 작품이 솟아오른다는 것을 더욱더 확신하게 되었다”(JG,V,263). 상황을 부풀리는 감정, 그것이 곧 자아 실현을 하는 내면 형식인 것이다.

모든 형식은 허구적인 면을 지니고 있고, 우주의 신과 개인의 차이는 신의 예술작품인 우주와 인간이 제작한 예술작품의 차이이기도 하다. 그러나 그보다 더한 것은 모든 예술형식은 만들어진 것이지, 자연 속에서 찾아낸 것은 아니라는 점이다. 예술형식은 부득이한 제한이요, 완성인 것이다. 한없는 창조 욕구가 인간이 만들어 낸 형식 속에서 잠시 동안 안정을 찾게 되는 것이다. 그렇긴 하지만 그와 같은 ‘인공적’ 인 형식은 만족하려 들지 않고, 제한된 것은 그 어느 것도 제한되지 않은 것을 진정으로 포용할 수는 없는 것이다. 신은 모든 현실 속에 있지만 모든 개별 현실 이상의 것이고, 현실의 전체보다 더 많은 것인 것처럼 어떠한 예술적 형상도 이념을 완전히 커버할 수는 없고 어떠한 외적인 형식도 내적인 형식과 완전히 일치하지는 않는다. 이것을 느끼는 것은 모든 형식의 허구성과 미진함을 인식한다는 것을 의미한다. 여기도 역시 쉼 없는 변화, 항시 새로운 형식으로의 이행이 요구된다. 예술도 항상 완성해 가는 것이지 완성된 것은 아닌 것이다.

11. 철학적 전통과의 관계

괴테는 체계적인 세계관을 가져본 적이 없다. 그 자신은 이를 오히려 장점으로 여겼다. 그래야만 그는 열린 자세로 거리낌 없이 모든 새로운 경험에 접할 수 있기 때문이다. 그는 어디서나 통일성을 추구하고, 그의 세계상도 처음부터 통일적으로 의미 깊은 연관을 가지는 경향을 지니고는 있다. 그러나 이와 같은 연관은 한 번도 개념적 결과나 이념적 구조의 연관은 아니었다. 그가 추구한 것은 조직과 형상의 통일이었다. 세계를 들여다보는 그의 첫 번째 이해의 시선부터 단호한 직관을 동반하고 있다. 직관은 그에게 이 같은 세계의 성격을 명백히 해준다. 이 젊은 시인에게 떠오르는 것은 우선 윤곽과 일종의 기본 구조일 뿐이다. 만족할 줄 모르는 인식 욕구와 긴 생애 동안 끊임없이 흘러들어오는 경험들이 이 윤곽을 채워 주고 상세한 부분을 교정해 주며 분명히 해준다. 그러나 최초의 소질은 그대로 유지된다. 그러므로 중요한 통찰들이 이미 초기에 이루어졌다고 말할 수 있다. 그러나 이 시기에는 그의 노년과는 달리 아직 인생과 세계에 대한 자신의 지식을 시문학의 상징적 표현 외에 어떠한 교훈이나 어록 형식으로 남기지 않았다. 그렇기 때문에 사람들은 그의 젊은 시절에 이미 기본 틀이 확정된 것을 비로소 후에 와서 성숙된 그의 세계상을 통해 제대로 이해할 수가 있다. 이와 같은 최초의 생각은 미완성이기는 하지만 중요한 기본 특징들을 이미 가지고 있기 때문이다. 이미 언급한 바와 같이 완숙한 생각은 최초의 생각이 좀 더 풍부해지고 차별화되었으며 완성된 것이다. 그러나 그것은 초기에 이루어진 스케치를 대부분 그대로 완성하고 확대한 것이다. 이러한 사실의 단서를 여기에서는 달리 찾을 길이 없지만 그의 후기의 발전에 대한 언급을 통해 비로소 그 단서가 드러나고 있다는 것을 인정해야 한다. 그리고 이와 같은 사실은 언뜻 보기에 아직 아무런 관련이 없어 보이는 요소들 사이에도 기본 틀에 있어서는 확정된 연관이 있음을 보여 줄 필요가 있을 때는 완성된 그림에 주의를 기울이는 것이 옳다는 것을 여실히 말해 주고 있다.

세계의 형상의 고유성을 이해할 수 있기 위해서는 우선 젊은 괴테에게 떠오른 세계의 형상 그 자체가 설명되어야 한다. 그것이 괴테의 생각이요, 그만의 고유한 것이다. 그러나 독창적이라고 해서 마치 무無에서 '아무런 전제 없이' 창조되었다는 의미로 이해하는 것은 잘못이다. 어떠한 인간도 아직 그처럼 독립된 초자연적인 존재가 아닌 이상 무에서 출발하지는 않는다. 누구나 창조적인 것에 앞서 항시 전래된 것이 있는 것을 발견하게 마련이고, 진정한 독창성은 모두 전해내려 오는 것의 변형이요, 계승 발전인 것이다. 인간은 두 세계에 살고 있다. 곧 자연의 세계와 인류의 창조물인 '문화'의 세계가 바로 그것이다. 인간은 각기 기존의 문화와 그 문화의 개별 영역에 심취하지 않고서는 자기 자신이 될 수 없다. 그때까지의 업적을 배워 익힌 것, 곧 전래된 것은 그것이 개인의 욕구를 북돋는 것이 되었든 장애가 되었든 그리고 전범이 되었든 상극을 의미하든 창조적인 개인에게는 자기 자신에게 이르는 길의 출발점이 된다. 그리고 이와 같이 무엇에 심취함이 없이 발전하기를 원하는 사람은 결단코 자기 자신에 이르지 못하거나 오직 에둘러서만 도달하게 될 것이다. 그와 같은 격려가 얼마나 중요한지 괴테는 후에 다음과 같이 말한 적이 있다: "사람에게는 전통과 배움이 없이 제때에 자기 자신을 발견하고 스스로 돕기란 힘들다.” 또한 괴테는 사람은 타고날 뿐만 아니라 배워 익히기도 한다고 말하기도 했다.

우리가 보기에 본원적인 것, 창조적인 것의 화신이나 다름없는 젊은 괴테도 자신의 자아를 기존의 전래된 것으로부터 발전시키고 있음을 그의 가장 초기의 시문학이 보여 준다. 그에게는 우상과 스승들이 있었고, 그와 담화하는 전래된 정신적 자산과 끊임없이 대결하는 가운데 자기 자신에게 도달했다. 바로 전통과 현재의 철학적 자산이 이와 같은 방법으로 그에게 영향을 끼쳤다는 것을 그는 만년에 와서 더할 나위 없이 훌륭하게 표현한 적이 있다: “본래 나는 철학적인 감수성을 갖고 있지 않았다. 단지 나를 압박하는 세계에 맞서고 그 세계를 필연적으로 내 것으로 만드는데 이용했던 지속적인 대립 작용이 나를 어떤 한 방법으로 이끌었음이 틀림없는데, 이 방법을 통해 나는 철학자들의 의견을 마치 대상이나 되듯이 수용하고 그를 통해 나를 단련시키려고 애썼다.”(WA.II.11,47) 그에게 철학은 세계에 대한 개념적-체계적인 해석을 제공하기 때문에 그를 향해 작용하는 외부세계의 한 토막이요, 세계를 극복하는 그의 방식에 어울리지 않는 다른 낯선 것 중의 하나인 것이다. 그 낯선 것은 자아의 저항을 촉발하고, 그의 자신 속에서 좀 더 확고하고 좀 더 고유하게 됨으로써 비로소 그에게 도움을 준다. 그래서 괴테는 막상 전체로서 그에게 어울리지 않았던 낯선 것을 수용함에 있어서 어떻게 대처했는지 기술하고 있다: “우리의 모든 인식이 한결같이 경험과 관련이 있다고 해서 인식은 모두 경험에서 나온 것은 아니다. […] 내 마음에 들었던 것은 입구였다. 감히 미로 자체로 들어갈 생각은 할 수 없었다. 때로는 시문학의 재능이, 때로는 인간오성이 나를 방해해서 나는 어디에서도 개선되었다는 느낌을 가지지 못했다."(WA.II.11,49) 이는 칸트의 견해와도 일치하는데, 칸트의 인식론이 그에게 끼친 영향으로 볼 수 있다. 그에 따르면, 기본 입장은 그와 일치하나 체계에 관한 입장은 그에게 아무런 의미도 없었다. (그는 체계를 반어적으로 하나의 '미로Labyrinth' 라고 부른다. 그에게 체계는 이젠 더 이상 직관이 불가능하고 사유에 대한 사유는 거부감을 주었기 때문이다). 다만 칸트 미학과의 만남은 그로 하여금 보다 많은 결실을 낳게 했다. 예술과 자연의 작품은 "그 자체를 위하여 존재한다는 것, 그리고 병존neben하는 것은 상호 보완적für 관계일 수는 있어도, 의도적으로 상호 인과관계wegen를 가지지는 않는다"는 이론을 그는 인정했다. 이 이론은 그가 이미 알고 있었던 것을 그에게 다시 가르쳐 주었고, 그가 홀로 인식했던 것을 확인해 주었기 때문이다. 이 같은 만남은 그의 자체 힘과 자기 확신을 강화시켜 주었다. 그리고 타인이 창조적으로 깨어 있는 자아에게 끼친 영향이란 바로 그 점을 두고 하는 말이다. "나 자신은 그 길들이 어디로 이어지는지 몰랐고, 내가 내 것으로 만든 대상과 방법에 대하여 칸트주의자들에게서는 별로 호응을 얻지 못하였기 때문에 나는 열정적으로 고무되어 더욱 박차를 가해 나의 길을 달려왔다. 나는 내 안에서 격양激揚되는 것만을 밖으로 이야기하고, 내가 읽은 것은 이야기하지 않았다. […] 몇몇 사람들이 의아스럽다는 듯 미소를 지으며 그것은 칸트의 사고방식과 유사하기는 하나 좀 특이한 방식이라고 고백하는 경우가 여러 번 있었다."(WA.II.11,51) 유사품이긴 하나 특성 있는 유사품이라고 바꾸어 말해도 될 것이다. 여기서 괴테가 훗날 칸트와의 만남에 대하여 기술하고 있는 것은 기본 정황으로 볼 때 그가 젊은 시절 철학을 통하여 받은 영향과 정확하게 일치한다. 그와 같은 모든 언급을 통해서 분명해 지는 것은 그는 내부에서 격양되는 것만을 표현했을 뿐 책에서 읽은 것은 밖으로 이야기하지 않았다는 점이다. 그는 남의 것을 무턱대고 답습하는 것이 아니라 그에게 적절한 것(소질로서 이미 그의 안에 들어 있는 것)을 체득했다. 그렇게 해서 그는 오로지 자신의 독창적인 자아 속에서 좀 더 강해지고 생명감에 넘치게 된다. 타자는 자신의 발전 욕구에 맞설 때나 이를 지원할 때나 마찬가지로 자신의 고유한 힘을 북돋아 주는 하나의 수단일 뿐이다.

계몽주의 시대에는 배척당했지만 그 당시 경건주의 신앙의 특수한 영역에 아직 살아 있던 비합리적인 세계 경험의 낡은 조류는 이제 질풍노도 속에서 광범위하게 다시 정신생활의 표면으로 나타난다. 종교적인 의미에서 공허해진 한 시대가 무궁무진한 의미를 가진 전체에서 삶과 그 형식, 사물과 그 운명, 인간과 그 행동들을 다시 보려고 하는 것이다. 인간은 새삼스럽게 직접적인 의식을 통하여 경험하게 되는 신성과 공동체를 이루기를 동경한다. 괴테의 세계상은 몇몇 기본 특징에서 신비주의와 유사한 점을 지니고 있다. 곧 신, 현실, 인간을 조망함에 있어서, 신과 세계, 인간과 신의 합일을 인정함에 있어서, 그리고 모든 현실 속에 내재하는 신성이 내면적 동질성 때문에 인간에 의해 경험될 수 있다는 점에서 유사점을 지니고 있다. 직관적인 인식 행위를 통하여 본질적인 것을 파악하는 것은 신비주의자의 특성이다. 그러나 괴테의 특별함은 우선 그의 믿음과 체험의 사실적 묘사에 있다. 결연하게 내면으로 전향하거나 세상과 등지거나 육체를 벗어남으로써 본질적인 것을 경험하는 것이 아니고, 사물의 존재, 대상적 현상에서 신을 읽어 내는 것이 그의 남다른 점이다. 정신적인 것이 전부가 아니고, 반대로 물질적인 것은 오직 장애물과 감옥이 아니라 도리어 사물의 현상들이 정신의 발현이라는 것, 자연을 신성의 구현으로 보는 것이 그의 독특한 견해이다. 사물을 통해 영원한 것을 바라보는 이와 같은 경험을 통해 개별 현상은 그 속에 거룩한 신성이 봉인되어 있는 것이 되고, 초자연적인 것의 비밀이 그 속에 명시되어 있는 것이 된다. 괴테가 인식하는 정신은 성급하게 대상의 특수성을 지나쳐 대상 없는 보편성으로 향하는 것이 아니라, 그는 바라보고 사물 속에서 신을 파악한다. 그와 같은 정신과 감각, 바라봄과 사유함의 조화는 일찍이 서양 인류의 역사에서 거의 찾아 볼 수 없던 것이다. 서양 근대에 있어서 자신의 삶을 예술적으로 표현한 사람 중에 괴테처럼 영혼과 육체, 정신과 감각이 진정한 통일을 이루며 살아간 사람은 없다고 감히 말할 수 있다. 뭇 종교들이 구원론을 가지고 무마시키고 있는 오랜 긴장 상태가 그의 인물 속에서 조정되는 듯싶다. 이는 한 영역이 은폐되거나 두 영역의 힘이 소멸되고, 긴장 없는 평화가 얻어진 것과 같은 것이 아니다. 오히려 각자는 홀로 발전하면서도 성취된 현존의 포괄적인 통일 속에서 타자와 화음을 내면서 두 세력이 반복해서 합쳐지는 것과 같은 것이다. 그러기 위해서는 일생 동안 끊임없는 노력이 요구되었고, 항상 반복해서 이 같은 통일을 추구하고 달성할 필요가 있다. 괴테의 청년 시절에는 이 같은 통일이 아직 세계상이나 삶의 형식으로 완성되거나, 관조나 행동으로서 완전히 실현된 것은 아니었다. 그러나 그는 분명 이 같은 목표를 향해 전력질주를 했다. 마치 모든 기본 입장들이 항상 요구되는 통일에 관한 예비지식으로 우선 두루 체험되고 극복된 것 같고, 그에 대한 의지와 힘이 단계를 거듭하며 더욱더 강화된 것 같았다.

이와 같은 괴테의 개성의 발전, 그가 준수했던 법칙의 발전은 기존의 환경과의 대결 속에서 이루어졌다. 그의 세계상 형성에서 중요한 의미를 가지는 이른바 그가 대결한 기존의 환경이란 바로 전통적인 세계관을 가리킨다. 즉 전통적 세계관이 젊은 시인에게 가장 이상적으로 일치하지는 않을지라도 가장 분명하게 체계적인 세계 해석의 형식을 띠고 마주쳐 온 것이다. 내부로부터 외부로 펼쳐지는 그의 자아는 생소한 사유 현실과 마주친다. 이 생소한 사유 현실은 자아가 거부하든가 받아들임으로써 극복되어 자신 속에서 더욱 강화된다. 그러므로 이제 여러 사상가들로부터 전승된 근원적으로 유사한 세계상들과 괴테의 세계상 사이의 연관 관계를 살펴보는 것이 마땅할 것이다.

12. 플라톤과 신플라톤주의

괴테는 우리들 속에는 원상과 모상의 관계에 있는 현실의 내적 본질에 대한 본원적 지식, 이른바 '타고난 이데아'가 있다는 확신 때문에 젊은 시절부터 어느 정도 알고 있던 플라톤에 동의할 수 있었다. 그러나 플라톤이 보기에는 참된 현실의 세계, 즉 이데아의 세계는 사물의 세계인 상대적 현실의 세계와 일치하지 않는다. 물질적인 것은 모상이지 이데아가 실현된 것이 아닌 것이다. 그러므로 이데아 역시 현실적인 것에서 경험되고 인지될 수가 없다. 사물을 바라보면 우리 속에 단지 하나의 기억만이 일깨워지는데, 이는 영혼의 전생에서 인지된 원상들에 대한 기억이다. 여기에서 물질의 영역은 이데아보다 못한 것, 이데아에 반감을 가지는 것으로 나타나고, 현실적인 것, 육감적인 것은 본래적인 것, 초현실적인 것에 못 미치는 것으로 나타난다. 일종의 이원론적 기본 견해가 바탕을 이루고 있는 것인데 이는 괴테에게 처음부터 받아들일 수 없는 것이었다.

신 플라톤적인 사상도 그에게는 틀림없이 이 같은 작용을 했을 것이다. 초기부터 그가 그 사상을 진정으로 이해했는지는 대단히 의심스러워 보인다. 하지만 그의 젊은 시절에 쓴 글들에서 신 플라톤적인 이론과의 유사점이 발견되는 데, 이는 곧 그와 신 플라톤 이론과 간접적인 관계가 있는 것으로 볼 수도 있을 것이다. 예컨대 모든 개별 현상은 전체이자 하나인 신성과 관련이 있는 힘의 유기체라는 우주에 대한 견해(플라톤에게 있어서도 창조하는 힘은 최상의 세계 원리의 본질이다)와 이와 같은 우주에서 삶은 신성의 이완과 수축의 양극적인 리듬으로 파악된다는 것(그러나 이는 아리스토텔레스도 비슷하게 가르치고 있다)이나, 유기적 전체의 부분들 간에는 빈틈없는 연관이 존재한다는 것, 인간을 우주의 소우주적인 닮은꼴로 보는 견해와 내부에서 외부로 펼쳐지는 예술가의 창작과정(내적 형식)의 설명 등 – 이 모든 중요한 기본 성격에서 젊은 괴테는 신플라톤주의와 밀접한 관계를 가지고 있다. 좀 더 상세한 비교는 막상 그의 고유한 세계관이 시숙時熟되고, 그가 실제로 플로틴 연구도 하게 되는 좀 더 후기로 미루는 것이 옳을 것이다. 그러나 처음부터 세부 사항에 이르기까지 일치했다고 말하는 것은 옳지 않다. 왜냐하면 신플라톤주의 철학도 화해가 없고, 육적인 것과 영적인 것, 정신과 물질의 실질적인 일치가 없는 이원론적인 것이기 때문이다. 만약 개별 자아의 영혼이 신화적 상승 행위를 통해서 신성과 하나가 될 수 있다면, 우주 속에 물질과 정신은 분리되어 있는 것이다. 우주의 삶의 과정에서 물질과 정신은 가장 내면적으로 동일한 성격과 비중을 가진다는 괴테의 기본 견해, 양극적 반대 세력의 통일에 관한 그의 기본 이데아는 이와 같은 이원론적 세계관을 철저히 배격한다. 아마도 그는 젊은 시절 그리스의 철학자들이 그가 근원적으로 체험한 통일적인 우주와 우주의 현상들의 일치성을 증명해 준 것으로 해석한 것이 아닌가 싶다. 신이 유일한 실재요 모든 것을 포괄하고 있기 때문에 존재하는 모든 것은 틀림없이 신의 본질에 속한다는 스트라스부르 시절에 쓴 일기에 나오는 부분은 그와 같은 견해에 대한 '그 많은 남자들'의 증언에 바탕을 두고 있는 것이다. 여기서 그 많은 남자들이란 당시에도 고대 그리스의 철학자들을 두고 한 말일 것이다. 그러나 그가 아리스토텔레스에게 등을 돌린 이후에 모든 고대의 철학에 대하여 이의를 제기한 것은 숨길 수 없는 사실인 것으로 곧 밝혀졌다. 즉 이중성 자체 속에서 통일성이 어떻게 깨어지는가를 고대 사람들은 보지 못했다는 것이다. 그리고 그가 보기에 이것은 바로 처음부터 그의 직관하는 사유에게는 열리지만, 체계적인 사상가에게는 감추어지는 중요한 비밀이었다. 상반된 경험 방법은 분명 해석의 깊은 대립성을 입증해 주고 있는 것이다.

13. 스피노자

젊은 괴테와 스피노자와의 관계도 유사하다. 당시에 이 인물이 그에게 어떤 인상을 주었는지는 25세의 괴테와 대화를 나눈 라바터의 기록들이 증언해 주고 있다. 스피노자는 〈*시와 진실*〉에서도 상세하고 긍정적으로 언급된 유일한 철학자이다. 괴테는 기억을 더듬어 당시 스피노자의 글들을 처음 만났을 때와 두 번째 만났을 때 받은 영향을 높이 기리고 있다. "내가 한때 그 유별난 사람의 유작을 대충 훑어보았을 때 얼마만큼 나의 마음이 진정되고 이해가 명확하게 되었는지 나는 아직도 잘 기억하고 있다. 이와 같은 효과는 비록 낱낱이 기억할 수는 없지만 내게는 아주 분명한 것이었다. 그래서 나는 그처럼 많은 덕을 보았던 그 작품들에 재차 달려갔고, 그때마다 같은 평화의 공기가 내게 다시 불어왔다.

나는 이 작품들을 읽는 데 몰두했고, 내가 믿기로는 내 자신 속을 직접 바라봄으로써 세계를 그처럼 분명하게 바라볼 수 있었던 적이 없었던 것 같다. […]. 스피노자에 대한 나의 신뢰의 바탕은 그가 내 안에 불러일으킨 평화로움이었다. […]"(WA.I.29.9). 당시 괴테가 스피노자로부터 새로운 세계관을 배운 것은 아니었다. 그의 작품을 읽음으로써 그는 자신의 내부를 들여다보고, 자신의 내부에서 피어나고 있는 것을 더욱 명백하게 인식하고, 세상으로 눈을 돌려서 그 곳에서도 사물을 보다 분명하게 보게 된 것이었다. 정작 그가 스피노자의 사상체계를 전체로서 이해했을까? 그의 젊은 시절의 작품들은 그 점에 대해서 아무 것도 알려주지 않는다. 그리고 그 다음 시기, 곧 헤르더와 함께 보낸 바이마르의 시기라면 스피노자는 그에게 그처럼 의미 있는 존재가 될 수 없었을지도 모른다. 그 이전에 이미 그는 스피노자를 완전히 수용했던 것이다. "그러나 내가 그의 글들의 내용에 동의하고 문자 그대로 믿었으리라고 생각지는 말아 주기 바란다." 그는 라바터를 상대로 스피노자의 솔직성, 인간애, 정의감을 높이 평가하고 있다. 인간의 특성들은 당시 그에게 무엇보다도 깊은 인상을 주었던 것들이다. 스피노자를 대할 때 느끼는 것은 편안함, 명석함, 충족감 등이었는데 (도덕적 현존의 기초로서 체념에 대한 그의 유명한 언사들은 이 같은 스피노자에 대한 논평에 들어 있다) - 이는 바로 괴테의 불안정한 청년기에 결핍되었던 부분이었다. 그가 불안감과 초인주의로 심한 고통을 겪고 있을 때 스피노자가 지닌 고도의 안정감과 명석함은 틀림없이 본받고 싶은 귀감으로 보였을 것이다. 그가 이 같은 철학에 끌린 것은 무엇보다도 이항대립에 대한 사랑이었다. 스피노자의 글 속에 표현된 성향, 품격, 자세는 괴테가 도달하고 싶은 이상이 되었다. 그는 그렇게 되고 싶었다. 그는 당시 스피노자의 글 속에 하나의 세계관이 자신에게 생소한 가장 엄격한 사유체계의 형식으로 개진되어 있지만, 기실은 그 세계관이 그의 입장과 가깝다는 정도는 이해했다. 거기에는 우주를 지배하는 창조의 힘이 있었다. 그리고 그 우주의 성격은 이중적으로 나타나지만 분리될 수 없는 통일이었다. "신은 유일한 실체이며, 모든 것을 포용하기 때문에 존재하는 모든 것은 틀림없이 신의 본질에 속한다"는 기본 견해에 젊은 괴테와 스피노자의 의견이 일치했다. 괴테에게 그와 같은 견해를 가지도록 도운 것은 스피노자가 처음이 아니라는 것은 확실하다. 이와 같은 명제가 들어 있는 괴테의 일기에는 심지어 당시 아직 분명하게 이해되지 않았던 스피노자 철학에 대한 비판적인 표현도 들어 있기 때문이다. 스피노자는 괴테에게 인간은 합일의 세계에서 동시에 육체와 영혼의 이중성을 지니고 있다는 확신을 강화시켜 주었을 뿐 처음으로 그 확신을 심어 준 것은 아니었다. 이와 같이 기본적인 입장에서 느낌으로만 확인된 일치는 괴테가 스피노자의 영향을 받게 된 원인이 아니라 전제였다. 스피노자가 가졌던 것, 곧 그의 명석함과 법칙에 맞는 질서에 대한 이기적이 아닌 이해성 있는 사랑에서 흘러나오는 깊은 평온함을 괴테는 그러한 세계이해의 도덕적 결실로 이해했던 것 같다. 그렇다면 괴테는 신이 영으로 다스리는 세계를 그처럼 법칙성이 있는 통일로 보고 있는 사람에게 자신의 믿음의 진지함과 가치를 그와 같은 성향의 결과라고 밝힐 필요는 없었던 것일까? 괴테는 스피노자를 아직 그의 사상 체계를 전체로서 추구하기 이전에, 세계 해석에서 자신이 미처 하지 못한 것을 수행한 인물로 경험하였다. 그렇기 때문에 그는 친구들에게 스피노자의 인간됨을 논하면서도 그의 체계에 대해서는 일체 언급하지 않았던 것이다.

14. 자연철학과 범신론

괴테와 스피노자의 세계상이 중요한 특성에서 서로 일치하는 현상은 그 밖에 일련의 서양 사상가들에게서도 확인된다. 그들은 공통적으로 르네상스 이래로 활발해진 인생, 자연, 우주의 성선설性善說에 대한 믿음을 가지고 있었다. 세계의 의미와 그 안에 깊이 자리 잡고 있는 일체감을 향한 그들의 길은 이원론적 결단을 경유하지 않는다. 그들은 사람들이 신성에 도달하기 위해서 인간 속에 있는 천성과 인간을 에워싸고 있는 자연적인 것을 버려야 한다고 믿지 않고, 최고의 삶의 가치는 정신을 통한 자연의 지배, 영적인 것을 통한 육체적인 것의 극복 속에서 실현될 수 있다고 믿지 않았다. 도리어 그들은 물질적인 것을 신성의 실현으로 인식하고, 모든 사물 속에 신이 있고 유한한 사물 속에 무한한 것이 현존한다고 보기 때문에, 또한 모든 물질적인 것을 창조해 놓고 마음대로 다루고 휘두르는 작용력이 결코 완성된 적이 없는 신의 창조행위나 같은 것으로 보기 때문에, 삶에 대한 적대감이나 세상 도피가 무엇인지 모른다. 같은 이유에서 그들은 삶이 일종의 질병이라는 견해와 자신의 영혼이 오직 감각적-육체적인 것의 죽음의 대가로 구제될 수 있다고 믿고, 신을 단지 물질 위에 군림하는 정신으로만 생각할 수 있는 불쌍한 존재나 가질 법한 죄책감에 대해서도 아는 바가 없다. 그들이 볼 때 신은 시간과 공간 속에 존립하는 모든 것 속에 있는 것이다. 물질적 존재는 신의 개별적인 창조 행위에 의해 이루어진 작품이 아니라, 예전부터 있었고 지금도 있으며, 언제나 신의 실체이고 살아 있는 신성의 옷이다. 이것이 바로 신시대의 철학적 범신론이 주장하는 세계상이다. 범신론의 기초를 세운 사람은 조르다노 브르노이다. 스피노자, 라이프니츠, 섀프츠베리, 스베덴보리 등은 이 범신론을 발전시켰고, 괴테, 헤르더와 그의 동시대인들은 이 범신론을 완성하였다. 범신론은 독일 관념론을 통해 정점에 이르렀다. 이것은 서양의 반 기독교적 종교이다. 이와 같은 세계관은 신앙인 동시에 윤리이기 때문에 종교라고 할 수 있다. 그러나 범신론 속에 기독교적인 요소들이 대거 살아 있는 것은 오직 반 기독교적인 주장을 펼치기 위한 목적에서이다. 심지어 쾌쾌묵은 이원론까지도 이와 같은 본래부터 있어 온 일원론적인 관념론의 각 부분에서 그대로 수용이 가능하다. 예컨데 칸트와 쉴러는 괴테의 세계관처럼 기독교적 세계관에서 멀리 떨어져 있지 않다. 헤르더의 생애는 유일하게 세속적인 범신론과 심령적인 기독교의 화해를 위한 끝없는 싸움이었다. 그러나 괴테만이 홀로 자연과 신, 육체와 영혼, 유한과 무한을 완전한 통일체로 보고 믿고 느끼기에 이른다.

15. 라이프니츠

스피노자를 제외하고 라이프니츠만큼 괴테에게 가까운 철학자도 없을 듯싶다. 라이프니츠의 경우 만해도 이전 사람들의 본을 받아 아직 신과 세상을 본질적으로 구별하는 경향이 살아있긴 했다. 그러나 특히 같은 방향의 다른 철학자들에게도 생소한 것은 아니지만, 가장 위대한 독일 철학에도 큰 의미와 성과를 지니고 있는 견해, 즉 모든 개별 현상들, 일정한 법칙에 따라 분류된 우주의 무수한 특성들은 모두 신성의 직접적인 실현이라고 보는 견해를 괴테가 공유하고 있었다. 다시 말해 괴테는 개성의 근원은 신성의 비밀에 있다고 보았다. 이 견해는 조르다노 브루노에게 이 비밀은 명백했고, 스피노자에게는 별로 의미가 없었다. 이미 조르다노 브루노가 가르친 것처럼 신성의 본질은 지칠 줄 모르는 활기, 창조하며 활동하는 힘이라는 것이다. 이것은 모든 인간적 개성이나 모나드의 작은 세계와 마찬가지로 만유의 커다란 세계에도 해당된다. 인간 속에 분별과 인식에 대한 끝없는 욕구로, 만족할 줄 모르는 동경과 쉼 없는 노력으로 살아 있는 것은 안정에 이르기 위하여 지칠 줄 모르는 형식을 찾아야 하고, 마찬가지로 지칠 줄 모르고 다시 변천해야 하는 신성이다. 존재와 생성은 신성의 현존의 두 가지 속성이다. "모든 육체는 강물처럼 지속적인 흐름 속에서 파악된다. […]. 또한 작용하지 않는 것은 실체라는 이름을 달 수 없다"(라이프니츠). 활동, 힘의 펼침은 모든 모나드들의 타고난 욕구이다. 모든 모나드는 자신의 법칙에 따라, 그의 개별적 규정에 따라 이 욕구를 만족시키지 않으면 안되기 때문에 외부로부터 그들에게 접근할 수 있는 창문이 없다. 모든 것을 자기 자신으로부터 만들어 내야만 한다. 이 같은 끝은 없어도 확고한 방향, 곧 위를 향하여 달리는 것처럼 보이는 운동은 내부로부터 일어나야 한다. 끝없는 상승 속에서 더욱 완벽한 상태로. 그리고 동시에 만유도 이와 같은 자아의 상승과 완성을 지향하며 계속 걸어간다. 왜냐하면 모든 개체는 우주의 법칙이라는 연결고리에 묶여 있기 때문이다.

라이프니츠가 독일의 정신사에서 처음으로 이상적 인간형이 갖추어야 할 덕목으로 드높은 용기, 기꺼운 각오, 확고한 신조를 꼽은 것은 그와 같은 삶의 해석에 연유된다. 스피노자에게서는 이와 같은 행동주의적인 신조를 찾아보기 어렵다. 세상사를 믿는 사람들의 새로운 윤리는 이 같은 직관과 이에 부수되는 느낌에서 생겨난다. 존재의 본질 자체가 행동하는 힘이고, 세상전체에서 개별적 자아의 사명은 오직 법칙을 가진 총체적 형식 속에서 자신의 고유한 형식의 활발한 발전을 통한 완성화에 있다고 한다면, 지칠 줄 모르는 활동, 즉 지속적인 자기완성이야 말로 도덕적 삶이 지닌 최고의 의미가 아닐 수 없다. 라이프니츠는 쾌락은 정신을 무디게 하기 때문에 완벽한 쾌락이 아니라 오직 새로운 기쁨과 보다 높은 완벽성을 향한 꾸준한 전진만이 인간의 행복을 이룩할 수 있다고 말한다. 본질이 힘이요, 전체이자 하나인 신에 대한 믿음에서 비롯된 이 같은 도덕적 기본 견해에 있어서 일찍부터 괴테는 라이프니츠와 일치한다. 다만 그가 보다 현실주의적 자아의 개념을 가지는 것, 즉 창문 없는 모나드 대신에 주변 세계와의 대결과 작용과 반작용을 통해 발전하는 개별성을 거론하는 점이 다르다. 라이프니츠를 통하여 그에게는 마침내 하나의 창조하는 거울로서 개별성의 옛 아이디어가 전수되었다. 바로 이 아이디어를 통해 특별화의 형식은 우주와 불가사의한 관계를 맺고 있는 것이다.

16. 섀프츠베리

젊은 괴테는 체계성이 아니어서 좀 더 접근이 용이한 섀프츠베리의 글들을 통해 라이프니츠의 사상과 가장 밀접한 관계를 맺게 된 것 같다. 헤르더에게서 '사랑하는 유럽의 플라토' 라는 칭호를 얻은 섀프츠베리는 기조에 있어서 플라톤과 동일한 만유통일론과 자아의 철학을 제시했다. 또한 신 플라톤적인 견해들도 그에 의해서 18세기에 새로이 소개되었고, 아마도 젊은 괴테에게도 그를 통해서 알려진 듯 하다. 자비롭고 지혜로운 세계정신이 세계에 내재하고 세계를 조직하는 힘으로 다스리며, 도처에 질서와 조화를 전파한다는 것도 역시 섀프츠베리의 믿음이었다. 그러나 이와 같은 신성의 해석 때문에 그의 글이 누구보다도 시인들에게 지속적으로 큰 영향을 끼치는 쪽으로 발전했다. 즉 그는 우주 안에서 다스리는 정신을 예술적 힘, 형식의 힘으로 파악했다. 만유정신의 실현은 모두 조화로운 연결 속에서 이루어진다. 신은 오직 아름다움으로, 달리 표현하자면, 균형미를 지닌 형태로서만 자신을 알릴 수 있다. 세상을 창조한 예술가인 신은 구체적 현상의 아름다움 속에 상징적으로 나타난다. 아름다움은 실체가 되고자 하는 신의 본질의 감각적 - 구상적 표현이다. 섀프츠베리에게서 내면적 형식의 새로운 미학적 기초 개념이 처음으로 발견된다. 그는 예술가의 형상화 행위도 역시 이와 같은 신적인 형식의 힘을 생명으로 하는 것을 전제로 한다. 이 내면의 형식은 유기적 전체성이고, 여기에서 솟아나온 예술 형상은 하나의 총체성일 뿐, 종래의 예술관이 가르치고 있는 것처럼 개별 특성의 합合이 아닌 것이다.

괴테는 예술가로서의 자아의식 형성에 중요한 역할을 했던 자신의 모든 견해들을 섀프츠베리를 통해 확인받고 더욱 확신을 얻을 수 있었다. 다름이 아니라 섀프츠베리가 서양의 형이상학이 가지고 있는 플라톤의 관념론적 세계관을 미학적으로 해석했기 때문에 괴테에게는 이해하기가 좀 더 용이했던 것이다. 그 당시 괴테가 이미 섀프츠베리의 이론의 가장 유명한 부분, 곧 완벽한 인격의 형식에 관한 이론을 이해했다고 인정해도 될 것이다. 여기에서도 미학적 전체성, 아름다운 총체성의 이념이 토대가 되었다. 개별적인 원칙에 따라 자신의 개별적 행위를 조정하는 사람은 도덕적인 삶을 살고 있는 것이 아니다. 우리는 오로지 종교적 관계의 전체적인 것, 곧 개인의 존재가 만유의 조화로운 전체 삶과의 합일을 인식함으로써만 진실로 '도덕군자'일 수 있다. 오직 그와 같은 통찰과 거기에서 파생되는 전체에 편입된 개인의 절제된 자유의 감정만이 자아의 도덕적 완성을 증명할 수 있다. 개인과 인격의 총체적 도덕성을 평가하는 척도는 도덕적 개념이 아니고 미학적 개념이다. 즉 선善은 조화된 형식이다. (여기서 조화라 함은 이기적인 힘과 이타적인 힘의 상쇄를 의미한다). 그러나 명료하지 않고 통일성이 없는 것은 악惡이다. 격조 높은 인격은 예술적 형상처럼 아름다운 전체이다. 그러나 개인이 세계의 조화를 완성시키는 데 도움이 되는 이와 같은 조화로운 조형은 육체성에 대한 정신의 전횡을 전제로 하지 않는다. 뿐만 아니라 이 조화로운 조형은 개별적인 힘들의 우세의 대가로 얻어지는 것이 아니다. 오직 개인적 힘들의 총화가 완벽하게 이루어지고, 형식을 통해 정리되고 유지될 때에만 자아는 완성미를 가진다.

17. 종교문제

괴테에게 있어 미학적 윤리 모티브들이 의미를 얻게 된 것은 그의 생애의 후반에 이르러서였다. 그러나 일찍부터 그는 도덕적 양자택일Entweder-Oder을 꺼린다는 점에서나, 마찬가지로 인간의 자연적 구조에서 새로운 도덕적 규범을 도출한다는 점에서 이미 섀프츠베리와 의견이 일치했다. 괴테의 인간관계의 규범에 대한 견해와 세상 편제의 보편성과 자아의 관계에 대한 견해는 그가 범신론적인 철학자들과 함께한 믿음, 즉 신의 성품이 자비롭고 지혜롭다는 믿음과 인간도 동일한 성품을 지녔다는 믿음을 바탕으로 하고 있었다. 인간의 원죄, 완전한 타락, 구원의 필요성에 대한 기독교의 도그마는 그가 경건주의의 비밀 회합과 관계를 맺고 있던 시기에 가장 첨예하게 대립된 입장을 보였던 것처럼 처음부터 그의 비위에 거슬렸다. 신이 선포한 보편화된 규범들을 소유하고 있다고 여기는 사람에게는 자명할 수밖에 없는 인간에 대한 이와 같은 이념과 거기에서 파생되는 윤리규범과 심판과 저주의 입장에 대한 반감이 결국 그의 젊은 시절의 글 속에 기독교에 대한 일체의 반감으로 나타나고 있는 것이다. 괴테의 세계상에는 도덕적 평가 대신에 우선 우주의 법칙성의 견해에서 비롯된 평가가 곳곳에 나타난다. 그와 같은 우주의 법칙성에 필요하고 합목적적인 것은 어떠한 도덕적 평가에 구애받지 않는다. 진실한 것das Wirkliche의 구조는 도덕적 평가에 초연하기 때문이다. 셰익스피어에 대한 연설에서 언급하고 있는 것처럼, 악이 단지 선의 다른 면이라면 – 그러니까 그것이 없으면 선이 존재할 수 없고 하나의 전체를 위해서 필요한 것이라면, 악은 전체의 생명의 기능을 위해서 더 이상 부정적인 것이 아니다. 생명의 유지나 생명의 맥박을 위하여 필요한 것은 배제될 수는 없는 불가결한 것이다. 이처럼 부정적인 것은 다른 종류의 긍정적인 것으로 나타난다. 스피노자처럼 괴테는 사물의 자연적인 소질에 속하는 본질성은 본성으로 받아드려야지 평가되어서는 안 된다는 의견이다. 소박한 진실, 사물의 구조, 존재자, 합목적성 또는 삶의 필수적인 것과 같은 개념이 도덕적 규범의 자리에 등장한다. 우리들이 어떤 사물, 존재 또는 행동의 가치를 평가할 때는 존재와 삶 자체에서 출발해야 한다. 이것은 이른바 전통적인 도덕적 윤리학을 대신하는 일종의 역동적 윤리학인 것이다. 신성의 창조력이 지배하는 세계에 대한 견해는 인간 속에 있는 극단적인 악을 배제한다. 인간만이 전적으로 최고의 지혜, 질서, 자비로부터 버림받는다는 것이 어떻게 가능할 수 있단 말인가? 괴테는 인간이 자연의 한 부분이기 때문에, 그리고 거시적 질서의 의미를 믿기 때문에 인간을 믿는다. 그러나 자연적인 삶은 항상 양극성을 가진 힘의 근원에 리듬을 맞추는 것이다. 양자택일Entweder-Oder이 아니라 이위일체Zweieinheit의 상태인 것이다. 이는 인간적 생존과 가치에도 해당된다. "악덕이라, 그 또한 좋은 말입니다. 그대들의 농부들과 머슴들과 하녀들이 아직도 하고 있는 것처럼, 그대들은 중용의 도를 긍정적이고 최상의 길로 인정하는 대신에 미덕과 악덕을 양극으로 상상하고 그 사이에서 갈팡질팡함으로써 그대들에게는 모든 것이 한결같이 반쪽이 되고 만단 말입니다."(JG,III,345)라고 괴테는 그 당시 시민적 – 기독교적 모럴의 대변인 격인 비이란트에게 항변한다. 그리고 그는 라바터의 기독교 전도 시도를 얼마 후 이런 유명한 말로 일축하고 있다: "자네의 모든 이상들이 자연처럼 진실하고, 선량하고, 사악하다고 나를 오도하지 말았으면 좋겠네." 여기서 역점은 자연 속에도 악이 주어져 있다는 점이 아니라, 자연적인 존재의 소질과 실재하는 것의 진실성에 거역하는 도덕적 평가는 존재할 수 없다는 점이다.

18. 생에 대한 믿음

자연에는 선과 악이 없다. 마찬가지로 균형 감각이 있고 '긍정적인 중용의 도'를 지키는 단순한 인간에게도 역시 선과 악이 없다. 합리주의자들은 분별 있는 자기수련을 통해서 운명에 좌우되거나 바람을 타는 일이 없이 행복에 도달할 수 있다고 믿었다. '안녕질서가 바로 잡혀 있는' 그들의 세계에는 마성과 나락奈落이 존재하지 않았다. 새로운 운동에 참여하는 자들이나 젊은 괴테는 이와 같이 승리감에 도취된 낙관주의와 세상에 대한 믿음을 지닌 생활태도를 잃지 않고 한결같이 유지했다. 그러나 이 긍정적인 기본 성향은 이제 비합리적인 세력까지도 포용하거나 대결하면서 성장해야 하기 때문에 더욱 심오해지고 쉽게 이해하기가 어려워졌다. 계몽주의의 가장 대표적인 세계관의 문제인 신의설Theodizee이 젊은 시인을 불안케 하지는 않는 것 같다. 완전하고 자비한 신에 대한 믿음이 불완전하고 모순과 고난에 찬 세상과 사이좋게 살아가고 있지 않은가? 신과 현실이 하나인 이위일체가 세계의 기본 구조이기 때문에, 말한 바와 같이 부정적인 것도 이 같은 포괄적인 연관에 편입되는 것이다. 그러나 괴테의 신은 무엇보다도 힘의 신이요 세속적 거인이다. 그 자체가 무한하며 자아실현에 있어서도 항상 무한한 것을 지향한다. 그 신은 어디에도 안주하지 않고 어떠한 현상에도 집착하지 않으면서 계속 변천할 때는 필연적으로 모든 형식을 파괴한다. 탄생인 동시에 무덤인 것이다. "모든 것이 지나가고, 모든 것이 가속을 받아 빠른 속도로 굴러가는데, 자네는 '그것이 존재한다!' 고 말할 수 있는가? 모든 삶의 전체 힘이 오래 버티는 경우가 드물고, 자칫하면 급류 속으로 빨려들어 물속에 잠기거나 바위에 부딪쳐 산산조각이 나고 마는데?"(JG. Ⅳ. 266). 창조하는 만유의 정령이 지니고 있는 이 같은 다른 측면을 자연의 친구인 베르테르도 알고 있다. 젊은 괴테에게는 바로 신성이 지닌 마성적 폭력에 관한 비전은 중요하다. 그래서 그는 거기에 연관시켜 유별나고 어떤 유사한 생각을 통해서 입증되지 않은 순 평론체 문장을 써서 심지어 예술의 형이상학적 설명을 곁들인 적이 있다: "우리가 자연세계에서 보는 것은 힘일세. 이 힘은 집어 삼키기 때문에, 현존하는 것은 아무 것도 없고 모든 것이 지나가버리지. 매 순간 수천의 싹이 수천 번 솟아나서 위대하게, 뜻 깊게 그리고 다양하게 짓밟혀 무한 속으로 사라져 버리네. 미와 추, 선과 악, 이 모든 것은 동등한 권리를 가지고 병존하지. 그러니 예술은 바로 힘 겨루기일세. 예술은 개인이 전체의 파괴하는 힘에 대항해서 자신을 버티어 내려는 노력의 소산일세."(JG,IV, 223 쪽). 그러므로 예술은 무한한 변화, 인간이 볼 때 이중 의미를 지닌 전체의 힘에 맞서 개별적 – 인간적인 것을 보호하는 행위이다. 물론 괴테에게 세상에서 벌어지는 거대한 장면이 항상 그처럼 어둡게만 나타나는 것은 아니고, 좀 더 냉정한 순간에는 존속인 동시에 변화로, 존재인 동시에 생성으로 나타난다. 이원성이 조화로운 법칙성의 지배를 받는 전체의 조건일 때, 그러니까 도저히 견딜 수 없는 분열이 아니라 단지 기능적인 양극성일 때, 이원성이 세상의 의미를 염세적으로 해석하는 근거가 될 수는 없다. 괴테가 처음부터 우주의 기본 구조로 여기고 있는 모순성은 후에 쇼펜하우어의 경우처럼 고칠 수 없는 세계고에 대한 어두운 탄식의 소리를 발하지는 않는다. 모든 이원성 위에는 완성된 조화와 아름다움의 밝은 멜로디가 울려 퍼진다. 모든 것을 결합시켜 주는 공감Sympathie과 모든 것을 고르게 하는 균정Symmetrie에 대한 확신에 찬 느낌은 괴테에게 언제나 삶에 대한 믿음을 회복시켜 준다. 그는 통일성을 지닌 세상이 해결될 수 없는 모순을 안고 있다는 것을 알고 있지만, 언제나 결연한 '그럼에도 불구하고' 라는 믿음을 다시 획득한다. 이 믿음은 륑케우스Lynkeus의 노래, 100세의 파우스트가 한 마지막 말들, 그 밖에 많은 발언을 통해 괴테의 생애 최후까지도 강조되고 있다.

19. 비극성: '죄없는 죄'

그러나 세계의 통일성은 원래 이원성에 바탕을 두고 있다. 이를 괴테는 아주 어려운 시기에 고통스럽게 경험하며, 아우구스테 스톨베르크 백작 부인에게 고백한다: "나의 불행한 운명은 내게 중용의 도를 지키는 것을 허락지 않습니다. 그래서 나는 어떤 한 점에 옴짝달싹 못하고 묶여있든지, 아니면 사면팔방으로 쏘다니든지 해야만 합니다."(JG,V,291). 여기서 개인적인 고난의 체험은 세계의 속성에 그 원인이 있다. 무한한 것과 유한한 것, 개인과 전체의 긴장관계가 평화로운 발전을 거쳐 해소되는 것이 아니라, 파괴의 과정을 통해서 해결되는 사태가 일어나고, 그 과정에서 유한한 것이 '통째로 삼켜지고' 만다. 이때 보편적 견해에 따라 전체의 삶에 필요하기 때문에 좋은 것으로 평가되는 세계의 분열이 바로 비극의 본래적 현상Urphäno-men이라는 것이다. 인간의 삶의 영역에 나타나는 모든 비극적 현상들은 구조적으로 모순에 가득 찬 세계가 지닌 본원적 비극성에 뿌리를 두고 있다. 헤벨Hebbel은 이와 똑같은 관점에서 진정한 비극적 죄과는 곧 형이상학적 죄과라는 견해를 발전시키고 있지만, 괴테가 젊었을 때는 이 견해가 아직 이론으로 확립되지 못한 상태였다. 그러나 그의 시문학은 이 견해를 담고 있으며, 그의 청년기 작품에 등장하는 비극적인 인물과 상황이 바로 이 같은 견해에서 표출되었다. 〈*괴츠*〉의 인물과 상황이 가장 불투명한 편이긴 하다. 그러나 여기서도 주인공의 운명을 좌우하고 있는 특별한 사정, 즉 진정한 도덕성과 넘치는 힘을 지닌 그의 기질이 그 시대의 생존형식으로 도저히 끝까지 살아남을 수 없게 되는 정황은 이 같은 기본적 모순에 연유한다고도 볼 수 있다. 또한 그의 행적은 시대적 - 인간적인 규범에 비춰볼 때 죄가 되지만, 자연 그대로의 위대하고 선한 인격성이라는 좀 더 고차원적인 법칙 앞에서는 죄가 될 수 없다. 여기에 처음으로 죄 없는 죄의 현상이 새로운 세계상으로 나타난다. 천재적인 인간을 주인공으로 하는 시문학 작품들, 예컨대 〈*프로메테우스*〉, 〈*베르테르*〉, 〈*클라비고*〉, 〈*스텔라*〉, 〈*파우스트*〉에서 비극적인 것에 대한 새로운 견해가 더욱 분명하게 부각되어 있다. 항상 문제가 되는 것은 거인적인 욕구로서 등장하는 신성이 유한한 것, 조건이 있는 것 틈에서는 아무 갈등 없이 구현될 수 없고, 반드시 적응을 하든지 파멸하든지 해야 한다는 것이다. 무한한 존재의 법칙과 개별화의 세계인 유한한 형식 세계의 법칙은 거기에서 부딪친다. 성취감을 한번 맛보는 것, 그것이 아마 개인의 완성이요 구원일지도 모른다. 그러나 그 같은 완성은 오직 이념으로서만 존재한다. 삶의 현실은 자체 내에 있는 비극적인 기본갈등을 밖으로 표출한다. 이 기본갈등은 곧 자신의 마성에 조종을 받는 인간이 객관적인 척도가 아니라 자신의 당위에 따라 행동하고, 그의 생활공간의 조건들은 완전히 그 자신이 되는 것을 결단코 허용하지 않음으로써 빚어진다. 이는 적어도 삶 전체를 통찰하는 시선으로 보면 분명 죄 없는 죄인 것이다. 특히 사랑의 욕망으로 빚어지는 갈등이 괴테에게 이 같은 피할 수 없는 죄의 비극성을 명백하게 해 주었다. 그는 바로 이와 같은 것을 항상 되풀이해서 겪은 듯, 바이마르 행을 계기로 프랑크푸르트에서 쓴 작별 일기에 고통의 언어로 이렇게 적고 있다: "나는 영영 오로지 죄 없는 죄에 휘말리기 위해서 세상에 존재하는 것일까 ---?"

'죄 없는 죄', 이전 사람들도 이를 느끼고 깨달았을까? 표현 자체는 괴테에 의해서 처음으로 부각된 듯싶다. 그가 자신의 작품에 등장하는 주인공들의 운명을 통해 보여 주고 있는 것은 바로 이와 같은 죄 없는 죄이다. 파우스트, 클라비고, 페르디난도, 이들은 괴테가 프리데리케에게 행한 것처럼 자신에게 끌리는 여인들을 파멸시킨다. 그리고 그들은 오로지 마성의 어둡고 뿌리칠 수 없는 욕망만을 따른다. 그들에게 이 마성이 없다면 삶의 풍요와 에너지는 존재하지 않는다. 그러나 후회와 죄책감 속에서 처음엔 열망이었고 그렇기 때문에 '의무'였던 것이 '불투명하고, 열정적인 필연성'으로 나타난다. 그 순간에는 개인이 빠져 있는 한없는 고독감에 대한 공포가 그들을 사로잡는다. 외로운 자아의 깊은 불안, '세상에는 온전하고 순수한 것이 존재하지 않는다'는 부정적인 의식이 그들을 사로잡는다. 그렇지만 괴테의 세계상은 법칙성, 즉 우주를 정연케 하는 질서와 인간에게 완성과 평화와 구원을 차단하는 어둡고 자의적인 반대세력 간에 엄청난 불화가 존재한다는 것을 깨닫는 것으로 만족한다. 그는 나중에 비로소 세계관적으로 해결할 수 없는 모순을 실천적으로 극복함으로써 타협점을 찾는다. 그리고 인간은 체관Entsagung을 통해서 믿음과 활동의 에너지를 얻고, 그렇게 해서 마성적인 운명의 힘을 쫓아버릴 수 있음을 알게 된다.

20. 죽음의 문제

젊은 괴테의 최고의 시간은 존재의 성스러움, 아름다움, 위대함에 대한 믿음의 시간이다. 현실을 '신성의 살아 있는 옷' 으로, 인간을 신이 부각시킨 유일무이한 존재로 보는 사람은 충분히 그 같은 관조적 자세를 한동안 견지하고도 남는다. 그리고 괴테가 후에 와서도 경험할 수 있는 것의 한계를 벗어나는 공론空論에는 끼어들지 않았다는 것을 우리는 알고 있다. 또한 그가 이해 불가능한 것에 대해서는 조용히 숭배하는 자세로 삶에 대한 회의와 염증을 물리쳤다는 사실도 알고 있다. 이것 역시 그의 청년기에 이미 싹을 보였던 것이다. 그의 청년기는 지칠 줄 모르는 현실적인 것의 수용과 항상 더 많은 경험에 대한 동경으로 가득 차 있었다: "시선은 아주 높이 영광스럽게/ 사방을 둘러보며 삶 속으로 파고든다."

후에 와서 괴테는 사람은 누구나 '눈이 여러 개' 있었으면 하고 바라는 때가 있다고 말한 적이 있다. 젊었을 때 그를 압도한 것은 이와 같이 채워질 줄 모르는 경험에 대한 허기虛氣이고, "잡을 수는 없는 것이지만 스칠 수는 있는 것인 우리 아버지의 빛나고 무한히 거룩한 대양을 떠다니며” 맛보는 현존의 행복이다. 한없이 다양한 현상들을 존재의 한계까지 추적하는 것, 그 같은 전진 속에서 우주의 정돈된 질서를 확인하는 것– 이것이 지금 여기에 있는 그의 처지에서 꼭 해결해야 할 과제로 떠오르고 있는 판국에 이 세상살이의 ‘왜?’ 라는 물음에 붙잡혀 걸음을 멈출 수는 없다. 존재 그 자체를 이해하고 느끼고 파악하는 것이 그가 해야 할 일인 것이다. 이원성도 존재의 본원적인 것에 속한다는 것을 그는 깨닫는다. 따라서 거기에서 발생하는 모순과 고뇌도 또한 본원적인 것에 속하기 때문에 현실로서 받아들여야 하는 것이다. 그는 온 힘을 직관에, 그리고 감관에 부딪치는 것을 습득하는 데 기울이고, 전적으로 세상과 삶에 바쳤으며, 프로메테우스가 “나는 존재하기 때문에 영원히 존재한다”고 말하듯 프로메테우스의 삶의 감정에 완전히 젖어 있기 때문에 결과적으로 죽음의 현상들은 그의 관심 밖이었던 듯싶다. 마치 그는 자신이 쓴 희곡 〈*에그몬트 Egmont*〉의 주인공 에그몬트가 의연하게 이 땅의 여러 형상들과 함께 살아가듯, 자신의 우상들과 함께 살아가면서 아직은 죽음을 보고 있지 않는 것 같다. 그에게 죽음은 단지 지속적인 변화의 전체적 큰 과정의 한 순간일 뿐이다. 왜냐하면 현실화된 신의 세계에서 사라짐은 단지 변화일 뿐, 멸절滅絶을 의미할 수는 없기 때문이다. “우리가 엄연히 존재하고 있는데 내가 어떻게 사멸하고, 그대가 어떻게 사멸하겠는가!”라고 죽음에 임한 베르테르가 괴테의 믿음을 대변해 주고 있다. 괴테의 믿음에 따라 인간을 동반해야 할 정신은 희망이지 ‘죽음에 대한 상념

Memento mori'이 아닌 것이다. 베르테르의 자살은 죽음에 이르는 병 때문이다. 그러나 건강한 삶은 사멸하지 않는 지속에 대한 변함없는 신뢰에 바탕을 두고 있는 것이다.

그러나 감각의 세계에서 사멸은 곧 생성의 반대 현상이다. 사멸이란 무엇을 뜻하는가? 현존의 양극적인 리듬은 개별적인 것의 탄생과 무덤, 형성과 소멸 사이를 맥동脈動한다. 젊은 괴테는 *〈프로메테우스〉*-장면의 아름다운 시행에서 단 한번 죽음의 현상을 언급하고 있다. 판도라가 아버지에게 와서 사랑의 포옹 장면을 목격한 적이 있다고 이야기한다. 프로메테우스로 하여금 그 때에 그녀가 느꼈던 미지의 감정이 어떤 종류의 공포인지를 그녀에게 설명해 달라는 것이다. 그것은 죽음의 공포였다고 프로메테우스는 말한다. 죽음은 환희와 비애가 교차되는 삶의 여러 순간 가운데 하나의 순간일 뿐이지만, 그러나 유일무이한 순간이다. 이는 곧 "아, 갈 곳은 없지만, 어디든지 가기를" 갈망하는 마음에게는 성취의 순간이다. 이 순간으로 하여금 모든 것을 충만하게 하는 순간으로 만드는 것이 무엇인지 프로메테우스는 이렇게 대답하고 있다:

> "일찍이 기쁨과 아픔이 네게 쏟아 부은 것을
> 마음속 가장 깊은 바닥으로부터
> 네가 모두 느끼며 더 없이 감격할 때,
> 폭풍 속에서 부풀어 오르는 너의 가슴
> 눈물로 진정시키려 해도
> 가슴의 열화가 더해 갈 때,
> 그리고 모든 것이 네게 들리고 진동하고 떨건만
> 거기에 반응할 힘이 모두 네게서 사라지고

너 또한 사라져가는 것처럼 보일 때,
그리고 너와 주변의 모든 것이
밤으로 가라앉아 버려서,
네가 내면 감정 속에
하나의 세계를 껴안을 때,
그 때 인간은 죽는 것이다." (JG, III, 323)

육체적인 죽음의 체험은 사랑의 죽음에서 미리 느껴진다. 사랑의 지고한 순간이 지니는 풍요는 예전의 신비주의적 견해에 따르면 개별화의 해체로, 전체의 감정 속에서 자아의 침몰로, '죽어서 이루라 Sirb und werde' 는 비밀, '황홀한 동경' 의 해소로 이해된다. "개인이 영원 속에서 자신을 발견하기 위하여 기꺼이 사라지고, […] 자신을 포기하는 것은 즐거움이다"(WA.I.3,81쪽). 이렇듯 죽음은 겉보기에 이승의 삶을 끝내는 것처럼 보인다. 모든 감각이 사멸하고 사람이 자기 자신을 포기하는 듯 할 때 […] 사랑의 이 같은 최고의 즐거움을 아는 자는 죽음을 아는 자이다. 죽음이라는 것은 부각된 자아의 형식이 다시 사멸하고, 제한된 현실의 형식에서 생겨진 에너지가 새로운 형식을 찾기 위하여 경계가 없는 만유 속으로 흘러들어 가는 것을 의미한다. 죽음은 '삶에게 삼킴을 당하는' 것이다. 죽음은 영원한 변화의 사슬 속의 한 순간이므로 종말인 동시에 시작이다. 괴테는 아직 엔텔레케이아Entelechie로서 불후의 삶, 자아 형식의 유지에 대한 개인의 동경에 사로잡히지 않은 것처럼 보인다. 삶의 감정과 마성적 불안감 때문에 삶의 '이유Warum' 와 '목적지Wohin' 에 대한 생각은 미처 떠오르지 않은 것이리라. "괴테는 순전히 에너지, 감정, 상상의 사람인 듯하다. 그를 휩쓸어가는 강물처럼 이유와 목적지를 아랑곳하지 않고 강물을 따라 행동했다"고 라바터는 말하고 있다.

21. 기독교와의 관계

괴테의 최초의 범신론은 기독교의 세계관과도 상치된다. 그에게는 무에서 유를 창조한다는 것은 받아들이기가 어렵다. 신상필벌을 하는 도덕적 세계질서의 최고의 수호자로서 시민의 윤리규범을 보증하는, 이른바 세상 밖에 있는 신의 표상도 받아들이기가 어려운 것은 마찬가지이다. 그의 인간관은 '극단적인 악'이 무엇인지 모른다는 것, 악이란 본래 전혀 다른, 모든 것을 생성하면서 스스로 만족해하는 자연의 관점에서 본 것이라는 것은 이미 설명한바 있다. 그에게 그리스도는 단지 전능자로서 세상 속에 현현顯現된 신의 사랑의 현상과 같은 것을 의미할 뿐이다. 〈*목사의 편지*〉에서 그는 분명히 말하고 있다. "기독교는 어디까지나 나의 심성적인 측면과 관계가 있었을 뿐이다." 그는 이런 측면에서 건강상 위기를 당해 한동안 기독교 신자 모임에 참석한 적이 있다. 그리고 소년시절 성경이 자신의 가장 중요한 교과서였다는 것을 젊은 시절에 관한 글에서 밝히고 있다. 자아를 발견한 시인에게 기성 종교 자체는 어디까지나 그가 더 이상 자신의 것으로 '느낌'이 오지 않는 '이물ein Fremdes'이나 마찬가지이다. 그러나 비록 이물이라 할지라도 누구든 그것에서 힘을 얻을 수 있는 사람은 그것을 높이 평가하는 법이다.

*〈베르테르〉*에서 말하고 있는 것처럼 괴테는 생각하고 있다: "나는 종교를 존중하고, 자네도 그것을 알고 있으며, 종교는 기력이 없는 사람에게는 지팡이가 될 수 있고, 목마름에 시달리는 사람에게는 청량제가 될 수 있는 것을 느끼고 있네. 그러나 – 종교가 누구에게나 그럴 수 있고, 그래야만 되는가? 자네가 넓은 세상을 바라보면, 설교를 들었든 못 들었든 상관없이, 과거에 그렇지 않았고 미래에도 그렇지 않을 사람이 수천 명이나 있는 것을 볼 것이네. 그런데도 내게는 그래야 한단 말인가?"(JG, IV, 296). 그러나 케스트너는 이렇게 보고하고 있다. "그는 기독교에 대하여 깊은 존경심을 가지고 있지만, 우리 신학자들이 소개하고 있는 그런 형태로는 아니다." 그에게 성직자가 없는 교회 제도는 생각할 수 없었다. *〈영원한 유태인〉*에서 그는 이에 대한 자신의 의견을 말한 적이 있다.

바이마르 시절에 와서 비로소 그를 끊임없이 기독교 편으로 끌어들이려는 라바터와 결정적인 논쟁이 벌어진다. 그때 그가 한 말은 이미 젊었을 때 취한 입장을 원숙하게 표현한 것이다. 그가 보기에 성경 전체가 신의 진실을 기록한 책은 아니다. 질서있게 빈틈없이 조직하는 신을 믿는 그에게 초자연적인 사건들은 '신성모독'으로 보일 수밖에 없다. 그리고 그가 보기에, 다른 '구약과 신약에 신의 은총을 입은 사람에 관한' 많은 장章들과 비교할 때 오직 복음서들만 진리인 것이다. 그리스도 안에서 신을 경험할 수는 있으나, 신은 '상징, 사물, 사건'을 통해 현실 속에 어디에나 계시하기 때문에 그리스도 안에서만 경험할 수 있는 것은 아니라고 말한 헤르더와 닮은 점이 있다. '대단히 세속적 인간'인 괴테가 보기에 초자연적인 계시는 불가능하다. "나도 역시 진리를 신봉하고 싶소. 그러나 내가 말하는 진리는 오감五感으로 파악할 수 있는 진리라오. […]"(1779년 10월 28일, 라바터에게 보낸 편지). 이미 젊었을 때부터 이항대립은 그의 세계상에 지속적으로 명백하게 나타난다. 그러나 괴테의 세계상도 관념주의 시대의 모든 다른 '이교도'와 마찬가지로 위대한 문화 창조와 수세기에 걸쳐 서양의 기독교 원천에서 흘러나온 도덕적 형성 에너지의 자양분을 공급받아 형성된 것이었다. 그 점을 그는 만년에 와서 스스로 언급했고(1832년 3월 11일 에커만에게), 그 전에도 독일 관념론이 기독교 영역으로부터 발전해가는 대장정 중에 직접 분명히 인식할 수 있는 부분은 자신의 발전과 관계가 있는 한 그의 생의 이야기 속에 담고 있다. 물론 이와 같은 정신사적인 성장 과정에 있어서 기독교적인 것은 함께 작용하는 여러 다른 요소들 중의 하나일 뿐이다. 괴테는 실러나 헤르더만큼 기독교의 영향을 받지는 않았다.

22. 현생의 의미

젊은 시인의 발전적 세계상에도 많은 것이 기독교로부터 흘러들어오고, 그의 도덕적 삶의 자세도 서양의 기독교 전통 없이는 불가능했다고 하더라도 한 가지 점에서 괴테는 분명 다르다. 기독교에서는 생의 의미를 현생의 이후와 현생을 초월해서 있다고 본다. 우리의 삶은 시간적 공간적인 생존을 넘어서서야 비로소 완성된다. 의미는 현생의 삶의 척도인 내세來世에 의해 결정된다. 그러나 괴테는 이미 현존 자체에서 의미를 발견한다. 그는 젊은 시절에 삶 자체를 생의 의미로 파악하고 있다. 그것은 '지금', '이곳'에 임하는 신의 은총에 대한 믿음에서 비롯된 것으로 이 믿음이 그에게 인내하는 힘뿐만 아니라, 최고도로 신뢰할 수 있는 마음을 준다. 괴테는 처음으로 자신의 작품 속에서 삶에 대한 현대인의 최고의 긍정을 표현하고 있다. 이 긍정은 곧 삶 속에, 이 고통스러운 현존 속에서도 모든 동경과 욕망이 충족될 수 있다는 확신의 표현이다. 물론 여기에도 이해할 수 없는 불안감과 불만감이 잔재로 남는데, 그 감정은 유한의 세계 속에 살고 있는 무한한 것에게는 지극히 자연스러운 것이다. 그러나 중요한 것은 괴테가 이 같은 감정에 자신을 내맡기지 않는다는 것이다. 그는 이 같은 감정에게 현존의 의미에 대한 결정을 맡기지 않을 뿐 아니라, 지금 이 곳의 문제를 유능하게 해결하고 매일 매일 새로워지려는 결연한 신조가 흔들리는 것을 용납하지 않는다. *〈베르테르〉*와 *〈파우스트〉*를 쓰던 시절에 죽음의 위협이 있긴 했어도 그의 젊은 시절에는 분명 그러했다. 그리고 영웅적으로 살겠다는 신조를 그의 최후까지 지키는데 성공한다. *〈파우스트〉* 2부의 결론은 위로부터 노력하는 인간에게 만나게 해 준다고 믿어온 완성된 사랑의 은총은 항상 움직이는 자, 자기완성을 이룩한 자의 몫이라고 했다. 인간의 사유로는 최후의 수수께끼, 왜 살아야 하는지의 큰 문제를 절대로 풀지 못한다. 그 문제로부터 자유롭게 될 수 있는 길은 오직 의지, 마치 우리 전체의 본질이 이미 현세에서 다 발휘될 수 있는 것처럼 살려는 결단뿐이다. 그러나 그 경우에도 분명 내세를 신봉하는 감정은 필요하다. 내세의 신비한 세력들은 엄청나게 풍부한 현존과 현세에서 풀 수 없는 문제를 구원해 주는 완성작용, 즉 최후의 의미를 부여해 주기 때문이다. 그러나 그것은 노년의 지혜이다. 괴테의 젊음은 아직 이와 같은 최후의 해석을 알지 못한다. 그러나 그의 영혼은 출발의 순간부터 그 해석을 시도하고 있다.

Fabelliedchen.

Es sah' ein Knab' ein Rößlein stehn
Ein Rößlein auf der Heiden.
Er sah, es war so frisch und schön
Und blieb stehn, es anzusehen
Und stand in süssen Freuden.

Ich supplire diese Reihe nur aus dem Gedächtniß, und nun folgt das kindische Ritornell bey jeder Strophe:

Rößlein, Rößlein, Rößlein roth,
Rößlein auf der Heiden!
Der Knabe sprach: ich breche dich!
Rößlein ꝛc.
Das Rößlein sprach: ich steche dich,
Daß du ewig denkst an mich
Daß ichs nicht will leiden! Rößlein ꝛc.
Jedoch der wilde Knabe brach,
Das Rößlein ꝛc.
Das Rößlein wehrte sich und stach,
Aber er vergaß darnach
Beym Genuß das Leiden! Rößlein ꝛc

Ist das nicht Kinderton? Und noch muß ich Ihnen Eine Aenderung des lebendigen Gesanges melden. Der Vorschlag thut bey den Liedern des Volks eine so grosse und gute Würkung, daß ich aus Deutschen und Englischen alten Stücken sehe, wie viel die Minstrels darauf gehalten: und der ist nun noch im Deutschen wie im Englischen in den Volksliedern meistens der dunkle Laut von the in beydem Geschlecht (de Knabe) 's statt das ('s Röß-

 lein)

괴테의 시 〈들장미〉의 초판쇄刷

제 5 장

시詩

1. 노래와 송가

독일의 새로운 서정시는 두 개의 상이한 길을 가고 있었다. 이 길들은 한결같이 예술성이 높은 문학 영역에 속했지만, 한 길은 드높긴 하지만 고독한 영역으로 이어져 있는 반면에, 다른 한 길은 모든 사회 계층과 만나고 섞이는 넓고 다양하며, 보편적인 삶의 영역으로 뻗어 있었다. 클롭슈토크의 시는 고상하고 엄격한 문체의 극치를 이루었다. 지극히 높은 곳에서 한 시인이 자신은 고상한 생각과 느낌의 전달자라고 자부하며, 예술성이 풍부한 수준 높은 언어와 시련詩聯을 구사해서 엘리트 집단을 상대로 발언하는 것이다. 원래 송가와 찬가는 고상하고 엄숙한 문학 형식이다. 그와 어깨를 나란히 하여 중도中道를 걸으며, 누구나 함께 부를 수 있는 노래형식을 선호하면서도 아직 아나크레온적인 교양시 형태를 못 벗어난 단순한 서정시가 있었다. 젊은 괴테의 서정시는 이 두 가지 길, 즉 고답적인 문학과 대중적인 문학의 길을 따라 전진하고 있었다. 그가 쓴 찬가에서 클롭슈토크의 엄격한 예술이 지닌 경직된 숭고미는 격정을 통해 경감되고 있다. 그러나 이 걱정은 개별적이지만 또한 시대 공통적이기도 해서 궁극적으로는 시의 영역을 초월해서 이해되기에 충분할 만큼 인간적인 것이었다. 괴테의 찬가의 대화 상대는 전 인문학적인 교양계층이었다. 그러나 효과 면에서는 이와 같은 찬가보다 그의 단시短詩들이 주는 효과가 더 컸다. 단시는 애당초 예술성이 있으면서 함께 부를 수 있는 독일 노래를 만들어 보려고 한 하게도른의 뜻을 끝내 괴테가 이어받아 실현시킨 시 형식이었다. 문학적인 전통과 민요에서 흘러들어오는 집단적인 '자연'이 괴테가 창작한 노래의 예술적인 직접성과 결합되어 지극히 완전한 개성의 표현이면서도 동시에 보편적인 '영원한 감정'을 토로함으로써 모든 사람의 마음을 움직이는 노래가 되었다. 이 노래들은 새로운 독일 노래 문학의 완성된 모형과 모처럼 생명력을 지닌 내용을 함께 전달한다. 거기에는 교양이라는 겉치장도 없고 고대 신화와의 부자연스러운 놀음도 없으며, 현학적이고 아나크레온적인 쾌락 숭배의 유치한 몸짓 같은 것도 없다. 힘차게 움직이는 자아의 삶의 순간들이 직접 언어로 그려져 있는 것이다. 그러나 이 시구詩句들은 일회적인 표현일 뿐이므로 종전의 사교문학의 특색 없는 형식들보다 인간성을 더욱 효과적으로 나타내 보여준다. 이것들은 구체적 현실의 진실을 담고 있다. 그리고 이 시구들은 어떤 보편적인 사유를 통해서나 문학적 전통의 동기에서 태어난 것이 아니라, 구체적으로 살았던 일회적인 삶에서 생겨난 것이어서 자연스럽다.

2. 릴리 시詩

서양 문학에서는 일찍이 괴테의 마지막 프랑크푸르트 시절에 쓴 시들처럼 직접성과 완전한 일회성을 지닌 시들이 존재하지 않았다. “사람의 마음에 대해서 할 수 있는 말은 순간의 불꽃 튀는 눈빛 이외에 없다”. 그처럼 “불꽃 튀는 눈빛”을 통해 가장 아름다운 시들이 탄생된다. 새로 시작한 릴리와의 사랑은 괴테로 하여금 인생을 더욱 깊이 있게 체험토록 했고 그의 젊은 시절에서 가장 위험하고 힘들었던 시련기를 겪게끔 했다. 그는 이 기간을 통해 고통에 대한 새로운 인식을 얻게 되고 그의 문학예술에는 최초로 성숙미와 남성미가 충일하게 되었다. 릴리와 함께 겪었던 시절은 이 거인적 천재가 시민사회와 마찰을 빚지 않을 수 없는 최악의 시기였다. 그녀와의 사랑이 이루어지지 않은 것은 사회적 인습과 마음의 권리 사이에 일종의 악마적 적대감이 나타났기 때문인 것처럼 보였다. 이때에 젊은 시인은 시민 사회의 규칙과 형식이 가장 뜨겁고 절대적인 정열의 적敵일 뿐만 아니라, 거인적 열망과 심미적 내용이 담긴 삶의 적이라는 것을 경험했다. 1775년 2월 13일에 스톨베르크 백작 부인에게 보낸 편지에 자신의 이중적인 삶의 모습을 이렇게 묘사하고 있다: “친애하는 그대가 만일 온갖 장식물이 달린 저고리를 입고 온갖 친절을 다 베풀며, 아무런 의미도 없는 벽 램프와 샹들리에의 화려한 불빛을 받으며, 잡다한 사람들 틈에 끼어 있으면서 놀음판에 앉아 있는 한두 여인의 아름다운 눈길에 잡히기나 하고, 기분전환을 위해 연주회다 무도회다 온갖 사교모임으로 몰려다니고, 경박한 남자나 가질 법한 관심은 모두 가지며, 천박한 금발의 미녀에게 아양이나 떠는 괴테를 상상할 수 있으시다면, 바로 그것이 그대의 눈앞에 있는 사육제의 괴테의 모습입니다"(JG, V, 9-10). 이는 *〈벨린덴에게 바치는 노래 An Belinden〉*에 표현된 상황과 유사한 점을 많이 가지고 있다. 고통을 주고 결국 결별로 이어지는 상반된 삶의 두 영역이 표현되어 있다. 그러나 릴리가 그에게는 아직도 전부였고 모든 가치의 총화였다. 괴테가 사랑했던 여인들 중 그와 대등한 인품을 지닌 여인이 없었다고 하고 그 점에서 릴리도 예외는 아니라고들 하지만, 깊이 생각해 보면 괴테의 여인 관계에 있어서 릴리와의 관계처럼 그렇게 깊고 진지한 적도 없었다. 괴테가 이번 한 번만은 약혼자로서 신뢰하는 가운데 마음을 "한 생명과의 공감" 속으로 흘려보내도 되겠다고 믿는다. 이 사랑은 목숨을 건 정열적인 사랑이었기 때문에 아픔이 클 수밖에 없었고, 끝맺음 또한 서서히 고통스럽게 이루어졌다. 괴테의 눈에 릴리는 아름답고 사랑스러우면서도 강했으며, 천사나 다름없었다. 아직은 열일곱 살의 어린처녀였지만, 프랑크푸르트 사교계의 숙녀로 매력적이고 이국적이며, 단지 인형과 같은 역할을 할 뿐이라고 하기에는 너무나 인간적인 무게를 지니고 있었다. 그러나 그녀가 괴테의 정열적인 구애를 받아드려 자신이 몸담고 있는 사교계로부터 그의 자유스럽고 거인적인 생활 감정의 영역으로 넘어올 수 없었고, 또한 그의 마음을 채웠던 끊임없는 열망은 식어가고, 그가 희망하는 사항들은 살아 있는 현실로 바뀌어질 기미가 없기 때문에 괴테를 불행하게 만들었다. "나의 마음이 마침내 감격적이고 진실한 즐거움과 고난 속에서 인간들에게 허락된 행복을 느끼게 되고 다시는 상상력과 과도한 욕망의 파도를 타고 천국과 지옥을 왕래하지 않게 될 때는 언제일까?”(JG, V, 303). 아직까지 한 번도 그는 그와 같이 교차하는 감정의 불안 속에서 살아본 적이 없는 것 같았다. 그 몇 개월간에 쓴 많은 편지에 연속적으로 그는 혼란에 빠져 무절제한 즐거움과 고통 속에서 살고 있으며 다시 먼 바다로 던졌다고 쓰고 있다. 이와 같은 희망과 절망, 사랑과 불행의 감정의 기복을 더 이상 견딜 수 없게 되자 그는 친구들과 함께 스위스로 떠나버렸다. 그러나 헤어져 있는 동안에 그녀에 대한 감정은 더욱 정열적으로 되살아나고, 돌아 온 후에도 그는 이중으로 혼란스러움을 느껴야 했다. “나는 되는 대로 내버려 둔다. 다만 좌초하지 않도록 조타기操舵機만 잡고 있을 뿐이다.”(JG, V,303) 그는 자신에게서 구출되고 싶은 마음이 간절했다. 베르테르의 최후가 다시 그를 유혹했다. 그는 온갖 고통과 함께 모든 희망도 사라질지 모르는 순간이 오지 않을까 두려워하게 되었다. 그를 그나마 지탱하게 한 것은 이와 같은 경험을 통해 좀 더 강해지고 성장하여 그의 감정이 “마침내 실로 뽑아 낸 금처럼 정화되리라”는 의식이었다. 그의 생애에 “정신이 가장 산만하고, 혼란스럽고, 온전하고, 충만하고, 공허하고, 강력하고, 멍청한 9개월”을 보낸 후에 그는 마침내 자신을 구하기 위해서는 모든 것을 강력하게 뿌리치고 떠날 필요를 느꼈다. 이 생사가 걸린 사랑에 종말을 가져다준 것은 바이마르로의 이주移住였다.

이 시절에 쓴 시들은 아주 진실하고 살아있는 현실의 분명한 순간들에서 솟아난 표현이기 때문에 우리들은 괴테의 자서전에 실려 있는 사건 보고를 읽지 않더라도 릴리에 대한 사랑의 불안정한 기복과 운명을 그 시들 속에서 체험할 수가 있다. 〈*새로운 사랑, 새로운 인생 Neue Liebe, neues Leben*〉에는 사랑이 곧 완전한 힘을 가지고 그에게 엄습하고, 처음부터 그가 자기 자신과 자신의 법칙으로부터 어떤 참을 수 없는 삶의 영역으로 떠나간다는 느낌이 뒤섞여 있다. 〈*벨린덴에게 바치는 노래*〉에는 릴리의 세계와 그의 풍성한 꿈과 염원 사이에 있는 이질감이 표현되어 있고, 또 그 이질감 자체가 분명한 성취로 규정되어 있다. 〈*아름다운 장미여, 그대들도 한물갔네 Ihr verblühet, süße Rosen*〉는 그가 겪는 아픔을 감상적으로 표현한 엘레지로 '불행이 지닌 매력' 에 대하여 더욱 많은 이해를 보인다. 〈*릴리의 공원 Lilis Park*〉에는 질투가 무기력한 분노로 표출되어 있지만, 반어적인 위트를 통해 거리감과 해방감이 분명하게 표현되어 있다. 드디어 임박한 자신의 재발견의 뚜렷한 징조를 예술적으로 표현한 〈*호수 위에서 Auf dem See*〉에서는 자연의 힘과 의연함으로 쾌유되고 있는 영혼의 깊은 숨결을 느낄 수 있다. 이 같은 사랑에 대한 마지막 시구들은 초기 바이마르 시절에 쓴 시들에 속한다. 〈*황금같은 마음에 바쳐 An ein goldnes Herz*〉는 애수를 띄고는 있지만 냉정하게 릴리와 헤어지기로 최종결론을 내리는 것을 내용으로 담고 있고, 〈*사냥꾼의 저녁노래 Jägers Abendlied*〉는 신중하면서도 고통스러운 여운을 느끼게 한다. 괴테의 젊은 시절의 시 중에서 예술적으로 가장 완숙미를 가진 시 〈*추정 Herbstgefühl*〉도 이 같은 시련의 시기에 쓴 시에 해당된다.

3. 직접 표현의 서정시

살아 있는 순간을 직접적으로 표현하고, 감각적으로 이해한 것을 구체적으로 형상화시키는 서정시는 종래의 형식을 파괴하고 새로운 양식, 새로운 언어 형식을 개발할 필요가 있었다. 헤르더의 견해들을 접하고 민요, 호머, 핀다로스와 만나게 된 것이 어떤 일회적인 감동과 시선의 문학에 대한 괴테의 내면적 열망에 영향을 미친 외적인 요소들로 볼 수 있다. 그렇다고 그가 비형식이나 규칙부재를 고집하는 것은 아니다. 괴테는 이제 다른 젊은 세대의 시인들이 보여주는 무절제를 벗어난다. 막상 괴테에게 있어서 하나의 개별적인 요소에서도 감정의 열망을 절제시키는 정신력이 얼마나 큰가를 볼 수 있는데, 예컨대 그의 시들의 리듬의 요소가 그렇다. 그의 자유 운율의 시구와 시련들은 클롭슈토크의 경우처럼 짜임새 없이 장황하고 열정적이거나 불안하지가 않다. 그리고 괴테의 노래 소절들은 오피츠가 독일에 정착시킨 로만어語의 시구들의 음절을 헤아리는 규칙성에서 벗어나서 리듬형성의 기이한 일회성을 지향하고 있지 않다. 도리어 역시 운문이긴 하지만 고정된 박자수와 자유로운 억양을 지닌 독일 민요의 시구와 같은 좀 더 다양한 형태를 지향하고 있다. 이것은 스트라스부르 시절 이후의 새로운 시가 지닌 특성이기도 하다. 즉 여기서 전래된 형식 세계에서 벗어나 좀 더 자유롭고 개별적인 세계 속으로 들어가 새로운 절제와 새로운 형식이 발견되는 것이다. 그러나 새로운 형식이란 인위적으로 만들어진 것이 아니라 모든 것을 조직하는 '내면적 형식'에서 저절로 자라난 형식을 말한다.

〈*사랑에 빠진 젊은이의 고뇌 Ein zärtlich jugendlicher Kummer*〉 같은 시는 기계적인 형식이 아닌, 새로이 유기적으로 자생한 형식을 분명하게 보여준다. 겉보기에 형식이 없는 시이고, 직관된 현실의 면목으로 꽉 차있다. 풍경 속에 초봄의 기운이 감도는 분위기, 풍성하게 봄의 감정이 치솟는 모티브들, 작업하고 있는 정원사의 모습 등이 시인의 눈앞에 펼쳐진다. 그 나름대로 완성미를 지닌 3폭의 그림인 것이다. 그러나 그 그림들은 상징이나 비교의 대상이 아니고 제각각 독립된 존재들이지만 존재 그 자체만을 위하여 존재하는 것은 아니고 분명 의미를 지니고 있다. 이 의미가 밝혀지는 것은 이 존재가 직관적으로 이해하는 시인에게 작용하여 나타난 효과를 통해서이다. 이 존재가 효과를 발휘함으로써 시인의 긴장된 감정이 풀리고 직관적 이해를 통해 유기체의 질서 속에서 진행되는 정신적 사건이 발생한다. 이 사건의 내용과 의미가 무엇인지는 오직 이 같은 구조를 통해서만 표현되어 있다. 시인의 기분을 직접적으로 표현하고 있는 것은 제1부뿐이다. 시인은 불행하고 슬프며, 자기 구원의 확신이나 힘도 없다. 이런 상황에서 그는 세 번씩이나 삶을 통해서 그에게 유입되는 힘의 작용을 경험하고, 세 번씩이나 친절하고 치유의 능력을 가진 희망과 만난다. 이 희망은 한 번은 자율적 자연의 봄에 대한 기대에서, 그 다음은 젊은 사람들의 부풀어 오르는 감정, 즉 사랑에 대한 기대에서, 그리고 마지막으로는 우주의 우호적인 세력들을 믿고 의지하여 씨를 뿌릴 때 이미 추수를 생각하는 창조하는 사람의 활동력에서 솟아난다. 시인이나 시인의 슬픔에 대해서는 더 이상 한 마디 언급도 없다. 그러나 단 한 번의 직접적인 거명도 없이 이와 같은 세 가지 희망의 상태가 단계적으로 고조되어 가는 가운데 내면적으로, 영적으로 일어나는 변화가 형상화되었다. 곧 선행과 현존의 의미에 대한 솔직한 믿음이 생기고, 감정과 의욕이 있는 자아의 갱신하는 힘이 생기는 것이 바로 그것이다. 이와 같은 개별적 상태 속에서 일어나는 내면적 사건이 이 시의 형식을 만든다. 그 형식은 어디까지나 이 같은 체험 과정에만 어울리는 일회적 성격을 지니고 있다. 그러므로 형식은 분명 자생적인 성격을 지닐 뿐, 일부러 고안해 낸 것이 아니다. 체험 경위와 그 내용에 대한 표현은 거기에 상응하는 형식도 함께 만들어 내는 것이다.

이와 똑같이 자생된 형식을 가장 아름답게 보여 주는 자유로운 성격의 다른 시들이 있다. 이 시들은 어떠한 확고한 절節의 공식에도 구애받지 않는다. 특히 *〈호수위에서〉*와 *〈추정〉*이 그렇다. 여기에서도 공생하는 감정은 일회적인 현실을 직관적으로 이해한 결과로 발전된다. 그리고 여기에 완성된 '그림들'이나 일어난 일이 있다면 이는 시를 하나의 전체로 만들고 시의 각 부분에 예술 형태의 질서를 부여하는 내면생활의 유기적 질서이다. 이 시들과 괴테의 후기 시에서 보여 주는 소위 고전적 형식의 차이는 후자의 경우 이 같은 유기적 원칙에 따라 작용하는 힘이 좀 더 강하고 좀 더 의식화되었다는 것뿐이다. 괴테 자신의 표현을 빌리면 형상화하는데 가장 강력하게 작용하는 의지는 "순수한 사고를 가지는 것", 감정을 순수하게 표현하는 것이다. 그 의지가 실현될 수 있는 것은 형식뿐만 아니라 그 형식의 모태가 되는 발상과 느낌이 개별적일 때만 가능하다. 분명 형식은 대상의 정리정돈이요 형상화인 것이다.

4. 새로운 언어

"형식이란 모두, 심지어 가장 진실하게 느낀 형식일지라도 진실하지 않은 면을 가지고 있다[…]". 왜냐하면 느낀 것이나 생각한 것을 완전히 담을 수 있는 단어나 표현은 없기 때문이다. 언어란 모두 하나의 암시, 느낀 것과 인식된 것에 대한 지시일 뿐이다. 창조적 이해 행위는 이런 암시된 기호에서 표현하려고 애쓴 내면적 존재의 전체를 파악해야만 한다. 체험의 전체는 더욱 적을수록 더욱 내면적이고, 충만할수록 언어로 표현해낼 수 없기 때문이다. 젊은 괴테는 이와 같은 표현과 표현의 대상 사이의 긴장, 내재적 형식과 외형적 형식 사이의 긴장을 강력하게 경험한다. 그 까닭은 그가 위대한 시인으로서 다른 사람들보다 심도 있게 체험하고, 그것을 자신의 본성에 따라 형상화해야 하기 때문이다. 이와 같이 긴장하고 곤궁한 상황에서 그의 예술의 새로운 언어가 생겨나고, 반항은 새로운 표현 수단을 떠오르게 한다. 그러므로 괴테는 스톨베르크 백작에게 보내는 편지에 이렇게 쓰고 있다: "베르테르건, 다른 무엇이건 모두 나의 영혼의 내면에서 하고 싶은 말에 비하면 갓난아이의 옹알이나 딸랑이 소리와 다를 것이 무엇이겠는가!"(JG,V,309). "무한한 것의 표상이 우리 속에서 휘젓고 다닐 때" 낱말은 모두 불완전한 것을 긁어모은 것에 지나지 않을 뿐이다. 감정이 고조되고 흥분했을 경우에는 말로 할 수 없는 것, 일일이 표현할 수 없는 것을 상징적으로 지시하는 길밖에 다른 길이 없다. 그렇기 때문에 단순히 감탄만이 있을 뿐이다. 그리고 우리들, 더군다나 시인은 항상 표현의 천재로서 되풀이해서 느낀 것, 생각한 것, 본 것을 적절한 언어로 표현하고 싶은 열망에 복종해야 한다. "모든 훌륭한 창조적 발상이 떠오르기에 앞서 창조하는 힘 역시 영혼 속에서 활기를 띤다. 창조력은 더듬거리며 시로 바뀌고, 창조주에 대한 숭배, 영원한 삶, 과거에도 있었고 현재에도 있으며, 미래에도 있을 포괄적이며 소멸되지 않는 감정을 종이 위에 끄적거려 놓는다."(JG, V, 262). 괴테는 헤르더의 가르침을 통해 표현은 열망에 의해 이루어진다는 것을 이해했다. 표현과 지시의 대상이 새롭고 아직 한 번도 발설된 적이 없으면, 새로운 단어, 새로운 언어, 새로운 문체가 탄생하게 되는 것이다. 당시 독일 문학은 최초로 개인의 비합리성 속에 본질과 가치를 가지고 있는 인간존재를 표현했다. 자아는 하나의 소우주로서 자신의 비밀을 발설하게 되고 이때에 언어는 '영혼의 그림' 이 되는 것이다.

괴테가 베츨라르 체류 당시에 지은 아래의 짧은 시는 〈언어 *Sprache*〉라는 제목을 가지고 있다:

> "무엇이 부유하고 가난한가! 강하고 약한 것은 무엇인가!
> 파묻은 시체의 복부가 부유한가?
> 병기 창고에 들어 있는 검이 강한가?
> 넉넉하게 양손 가득 움켜쥐어라, 그러면 행복이,
> 신성이 그대에게서 살갑게 흘러나온다!

승리를 위해서 권력과 검을 잡아라,
그리고 이웃 간에 명성을!"(JG, III, 87).

모호한 문체로 담화하는 이 시구들은 새로운 언어로 된 독일 문학의 재탄생에 대한 하만과 헤르더의 이론을 지지하는 일종의 고백이나 다름없음을 우리는 알 수 있다. "그러나 언어는 이제 도구 이상의 것이다. 언어는 곧 문학의 그릇인 동시에 내용이다[…]"(HW, 1. 71쪽). 헤르더는 기존의 언어를 그들의 사유와 느낌을 이미지와 개념으로 기록해 둔 지나간 세대의 총체적 작품이라고 풀이한다. "나라마다 그와 같이 자체의 기호화된 사상의 저장고를 가지고 있다. 이것은 그 나라의 국어이다. 그들이 수세기를 날라다 주었고, 달빛처럼 차고 기우는 것을 견디었으며, 차이가 나는 후계자들 가운데 있는 왕의 보물보다도 더 많은 혁명과 변혁을 체험한 저장물. 물론 종종 약탈과 희생을 통해 이웃나라를 부강하게 만들었으나, 속성상 본래 그를 가지고 있는 나라에 소속되며, 모든 사람을 유익하게 할 수 있는 - 하나의 전체 민족의 사상적 보물이나 마찬가지인 저장물인 것이다. 그 나라의 작가들이여! 그대들은 어떻게 그 저장물을 이용할 수 있을까?"(HW, I., 76) 여기에서 언어는 그 나라가 가지고 있는 창작 정신의 공동 작품으로, 시인은 그 언어의 명인이요 영웅으로 나타난다. 언어 자체는 본래 그렇지 않지만 비로소 사용을 통해 부유하게도 되고 가난하게도 된다. 마치 보물들이 단지에 숨겨져 있는 한 아무 것도 아닌 것처럼, 그리고 검이 병기고에서 썩고 있는 한 아무것도 할 수 없는 것처럼. 활용되지 않는 유산은 없는 것이나 마찬가지인 법이다. 전해 내려오는 것을 사용할 줄 아는 자만이 진정한 전통의 소유자인 것이다. 시인은 이와 같은 보물을 아끼지 않고 사용해야 되고, 그렇게 함으로써 창조적 삶을 보관하고 있는 언어가 다시 생명력이 있고 효력이 있게 되어야 한다. 시인은 새롭게 힘이 넘치는 표현 의지를 가지고 지나간 것을 현재의 것으로, 생생한 현존으로 되돌려야 한다. 이것만이 신성처럼 작용하는 것을 뜻하고, 그렇게 됨으로써 독일 문학은 다른 문화권 내에서 인정을 받게 될 것이다. 물론, 전해오는 것이 모두 순금이나 명검은 아니다. 오직 한때에 진실한 자연이었던 것, 한때에 순수한 삶의 근원적인 표현이었던 것만이 지속적으로 생명을 이어갈 수 있는 것이다.

그와 같은 견해와 정신에 비추어볼 때 젊은 괴테는 언어의 창조자이다. 그의 새로운 언어는 기존의 것의 갱신과 자유로운 창조, 이 두 가지 성격을 지니고 있다. 그리고 이 두 가지는 그를 지배하고 있는 의지에서 생겨난다. 곧 영혼의 삶의 유일한 언어, 살아 있는 감정과 감각적인 힘을 가진 언어를 말하고자 하는 의지, 또한 사유 과정의 재현이나 사안의 보고 대신 이제는 영혼의 움직임을 표현하려는 의지, 개념 대신에 표상에 대한 의지 등이 바로 그것이다. 이는 실제 인간관계의 일반적 필수품으로 이용되는 언어와는 무관하고, 비독립적인 동전과 같은 의사소통의 수단이 아니라 "개별적인 발아의 힘"에서, 내면적 표현 열망에서 솟아오른 언어이다. 괴테의 문학은 하만과 헤르더가 이미 선포한 것처럼 합리주의적 문화의 시대에 밀려났던 본원적 언어 이상을 되찾아 최초로 실현한 문학이다.

그러므로 괴테의 언어 창조적 의지는 두 가지 주된 경향을 가지고 있다. 즉 새로운 언어는 지식을 전달하거나 경험한 것을 형식을 갖추어 '미라mirra'로 만드는 것이어서는 안 되고, 모름지기 살아 있는 것을 느낄 수 있게 하고, 눈으로 볼 수 있게 해야만 하는 것이다. 이 언어는 구상적이고 특수한 것을 추상적인 것의 진부한 보편성으로 변화시켜서는 안 되고, 그 특수한 것의 고유한 생존을 포착해야 한다. 자아의 측면에서 볼 때 이 주장이 의미하는 것은 이렇다: 이 언어는 개념적이지 않고, 감각적이며, 정신이 아니라 "자연"이며, 명명이 아니라 표현이다. 그리고 세계의 측면에서 볼 때 이 언어가 추구하는 것은 보편적인 것이 아니라 일회적인 삶과 사물의 개별적인 것이다. 그러나 이와 같은 주요 경향을 지닌 괴테의 언어가 스위스 사람들로부터 시작되어 클롭슈토크의 문학을 거쳐 질풍노도의 시인들의 세대 속으로 흐르는 시대적 흐름의 완성이라고 볼 때, 괴테의 언어는 직관과 사유를 구별하지 않고, 그 두 가지가 공존하고 융합되어 있는 것으로 보는 괴테의 독특한 경험 방식을 통해 특별한 성격을 얻고 있다. 다만 그의 젊은 시절에는 감정이 사유보다 더욱 강하게 경험을 통해서 도발되고, 그래서 이때의 그의 문학은 묘사이기보다는 표현에 가까울 뿐이다. 그러나 그의 마지막 자연 시에 있어서는 두 가지가 지양된 하나의 예술로의 변천이 예고되고 있다. 그리고 괴테에게 있어서 모든 감정은 처음부터 오직 감정이 발생되는 삶의 순간인 '기회'와 함께 주어지고, 모든 것은 그의 삶 속에 묘사되어 있다.

언어 창조자로서의 시인이란 시인이 자기 자신의 개인적인 언어를 만든다는 것을 뜻하는 것이 아니다. 언어는 공동 소유이다. 그러나 언어는 개별적인 언어를 창조하는 개인, 즉 시인을 통해서 가장 많은 어휘가 증가되고 변천된다. 질풍노도의 시인들은 모두 새로운 방식으로 담화를 하고, 새로운 문학 언어의 창조는 그들 모두가 참여해서 이루어 낸 업적이다. 하만과 헤르더가 프로그램을 만들고, 괴테, 렌츠, 클링이, 하인제, 화가 뮐러 그리고 하인분트Hainbund의 시인들이 이를 실현했다. 그러나 우리는 본래 새로운 언어의 이상을 실현시킨 사람은 바로 괴테라고 불러도 될 것이다. 괴테는 시대적으로 보아도 새로운 언어의 창시자이다. 하만과 누구보다도 헤르더가 그로 하여금 최초로 그의 내부에 있는 표현 의지를 어느 쪽으로 몰고 갈 것인가를 의식하게 만들어 주었고, 그에게 자연주의적 진실의 언어를 구사하도록 용기를 북돋아 주었다. 이 새로운 언어의 가장 중요한 문법적 현상들만 여기서 언급한다면 다음과 같다.

우선적으로 그 때까지 문학적 표준어에서 허용되지 않던 생략을 들 수 있다. 즉 악센트가 없는 'e'는 단어 안에서 그대로 두되, 무엇보다도 어미에 있을 때는 삭제한다(Bube 대신 Bub). 형용사들은 어미가 없는 형태로 쓴다(mein geliebtes Geschwister 대신에 mein geliebt Geschwister). 이는 방언들이 가지고 있는 특성들이고, 또한 살아 있는 일상어의 특성들이기도 하다. 또는 명사의 성을 나타내는 관사를 생략한다(wo das Finsternis··· 대신에 wo Finsternis···). 이것은 괴테가 아이들이 쓰는 말이나 민속 동화의 문체에서 보고 배웠을 수도 있고, 아마도 그 이전의 시인들처럼, 헤르더의 번역을 통해서 주로 독일에 널리 알려진 영국의 민중 발라드에서 보고 배웠을 수도 있다. 또는 동사 다음에 주어인 대명사가 빠져 있다(Mußt mir meine Erde…에서 Mußt 다음에 주어인 ihr가 생략된다). 이를 괴테는 민중적이라고 여겼을 법하다. 이와 같이 대수롭지 않은 생략을 통해 문학의 언어는 논리적인 독일 문어의 규칙을 갖춘 정확성과 사회적 취향의 세련된 언어로부터 멀어진다. 그럼으로써 언어는 더욱 생동하는 힘과 표현력을 지니게 되어야 하는 것이다. 가능하면 살아있는 대화체에 가깝고 본원적이며, 즉흥적인 효과를 낼 수 있어야 하는 것이다. 그 밖에 구문론 상의 도치도 이와 같은 근원적인 표현 열망에 기여한다. 또한 그와 같은 배어법 상의 자유를 통해서도 문학 언어는 학술적이며 공식적인 전통언어가 지닌 논리적 공식을 벗어나고, 그의 리듬 있는 배열을 바탕으로 살아 있는 담화에 가까이 다가가는 것이다. 이로서 옛날 독일어 구문의 가능성이 다시 이용된 것이다. 단어와 문장 상호간의 관계는 이제 더 이상 합리적인 요소가 아니라, 내면적인 감정의 움직임의 진행과 뉘앙스에 의해 정해진다. 종속 대신에 대등, 사상적 배열 대신에 리듬적 배열, 다시 말해 삶의 순간의 유기적 혼융과 병존竝存이 문법적 대등으로 나타난다. 왜냐하면 삶의 순간은 논리적으로 단계 지울 수 없기 때문이다. "그리고 기쁨과 환희 / 모든 가슴에서 흘러나오는. / 오 땅이여 오 태양이여 / 오 행복이여 오 즐거움이여!" 살아있는 감정은 분별하는 오성과는 다른 질서를 원한다. 헤르더는 말하기를 도치법은 본래 시의 구문이라고 한다. 느낌의 진행 과정은, 그것이 감각적 인상들을 통해 형성되는 것처럼 부문장의 순서를 정한다.

> "흙더미위로
> 솟아오르려는
> 한 쌍의 원주圓柱여!
> 그리고 저쪽에 서 있는
> 외로운 누이여!
> 그대들은
> 성스러운 머리 위에 음습한 이끼를 이고
> 제왕처럼 슬퍼하며
> 발아래 부서져 있는
> 그대들의 자매를
> 굽어보고 있구나"(JG, II, 133)

이와 같이 강한 어조의 구문은 단절된 더듬거림으로까지 간다. 새로운 시문학의 언어가 '감각적' 이기를 주장한다면 이 감각성은 전혀 의식되지 않은 삶을 뜻한다.

충만한 직관성과 빛나는 힘에 대한 열망, 자아의 직접적인 생동감으로 가득 찬 표현에 대한 열망, 독자의 내면적 공관共觀과 공감共感을 똑같이 정열적으로 도발하려는 의지 – 이것은 클롭슈토크가 최초로 시도했던 언어의 수단을 괴테로 하여금 강구해 내도록 유도한다. 이는 주로 새로운 합성어들이다. 전치사와 부사와 자동사의 결합, 주로 4격 목적어와 결합된다(Morgenwind umflügelt / Die beschattene Bucht 그늘진 포구 주위를 / 아침바람이 날고 있다). 또는 합성어 대신에 단순한 낱말을 씀으로써 새로운 동사들이 만들어지기도 한다. 그러면 원래의 의미는 좀 더 일목요연하게 드러나고, 그 단어는 좀 더 '감각적'이 되고 새로워진다. 동사는 행동을 지칭한다. 괴테의 열정적인 열망을 표현하기에 가지고 있는 행동의 표현으로는 충분치가 않았다. 그런 까닭에 그의 시구들은 동사와 현재분사를 그처럼 풍부하게 가지고 있고, 그런 까닭에 바로 이와 같은 종류의 단어에 그처럼 많은 새로운 조어가 나타난다. "Diese Steine hast du nicht gefügt 이 돌들을 짜 맞춘 것은 그대가 아니다" – 이 문장은 마치 거기에 "zusamengefügt 함께 짜 맞추다"라는 단어를 사용한 것보다도 더 감각적이다. 어디까지나 동사와 명사가 지배적인 위치를 차지하고 있고 약간의 형용사가 있을 뿐 모든 불필요한 허사와 형식어 따위는 생략되어 있다. 그러나 이 젊은 시인은 독일어의 특별한 가능성을 이용하면서 이미 알려진 단어들을 합성함으로써 새롭고, 한 번도 사용하지 않은 시문학의 언어들을 만들어 낼 때에 가장 독창적이다. 'Feuerflügel 불꽃같은 날개', 'Blumenfüße 꽃을 밟고 걸어가는 두 발', 'Jugendfreude 젊음의 기쁨', 'Blütenträume 활짝 핀 꽃과 같은 꿈', 'Muttergegewart 어머니의 함께 계심' – 이 단어들은 괴테가 만들어 낸 합성어들로 아주 복합적인 감정이 단 한 단어에 함축되어 있다. 그리고 개별적인 단어는 문장 전체가 가질 수 있는 것보다 더 많은 표현력을 얻는다. 여기에서는 많은 느낌들과 견해들이 마치 한 초점에 모아진 것 같다. 그들의 논리적 관계는 언급되지 않고 그들은 느껴지기만을 원한다. 무엇보다도 찬가에 있어서 이와 같은 힘 있고 아름다운 합성어들이 큰 역할을 하는 데 괴테는 호머, 핀다로스, 클롭슈토크의 예를 따라서 그 역할을 부각시키고 있다. 스위스 사람들 이후로 사람들은 '말의 위력', '위력 있는 말'에 대하여 자주 논하게 되었는데, 이는 주로 감각적인 생생함과 살아 있는 느낌을 주는 근원적인 힘을 지니고 있는 말을 염두에 둔 것이었다. 이와 같은 합성어는 고도로 예술적인 시의 문체에 해당한다. 영혼의 움직임을 새롭게 표현하기 위해서 괴테는 신비주의 서적들과 경건주의 문학에서 구사되는 언어를 사용했다. 민중들의 방언과 민중 언어와의 간극이 그리 크지 않았던 고대의 문어, 루터의 성경, 한스 작스의 작품, 민중본, 민요와 그 밖의 자연의 '핵심 언어'를 사용한 문서들에서 그는 실종된 말을 많이 수용했다. 비교적 단순한 조어나 많은 구문론상의 개선도 당시 사회의 교양어보다 자연스러워 보였던 민중 언어에 의존하려고 했다. 젊은 세대의 시인들 모두가 그렇게 생각했다. "모든 거친 언어는 머리에서 나오는 것이 아니고, 가슴에서 나오기 때문에 교양어보다 풍성하다"고 렌츠는 말하고 있다. 창작문학의 언어는 여기서 집단의 언어를 통해 풍요로워짐으로써 새로워진다. 개별적인 갱신은 그것을 이루어낸 감정 상태에 따라 다시 소멸되는 법이지만 언어의 표현에 살아 있는 직접성은 독일 문학의 소유로 남아 있는 것이다. 이는 괴테의 초기 문학에서 가장 잘 발전되었다. 그의 시구들은 독일 문학사에서 처음 보는 '느낌 있는 자연 언어'를 구사한 것들이었다.

동생들에게 빵을 나누어 주고 있는 로테와 마주하고 있는 베르테르

제 6 장

젊은 베르테르의 슬픔

"〈*젊은 베르테르의 슬픔*〉이라는 타이틀을 가진 한 편의 이야기. 나는 이 이야기 속에 감정이 풍부하고 순수한 젊은이를 그리고 있습니다. 이 젊은이는 예리한 통찰력을 타고 났고, 몽상에 잠기기를 좋아하며, 엉뚱한 생각으로 마음을 상하다가 급기야는 불행한 정열, 무엇보다도 무모한 사랑 때문에 정신이 이상해져 머리에 총을 쏩니다"(JG, IV,26). 괴테가 쓴 한 통의 편지에 들어 있는 이 구절은 우리에게 〈*젊은 베르테르의 슬픔 Die Leiden des jungen Werther*〉의 심리학적 기본 테마를 알려 준다. 이 소설은 본래 애정소설은 아니지만, 사실은 또 하나의 애정소설이나 마찬가지이다. 한 젊은이의 몰락, 한 영혼의 몰락. 여기에 불행한 사랑까지 겹쳐서 파멸은 완벽해진다. 이때까지 독일 문학사상 한 영혼의 운명을 다룬 소설은 존재한 적이 없다. 물론 궁정의 신분윤리를 묘사한 바로크 소설이 있고, 그림멜스하우젠의 〈*심플리치시스무스 Simplizissismus*〉에서부터 독일의 로빈슨 크루소풍風의 소설에 이르기까지 모험 이야기나 독일 계몽주의 시대에 한창 많이 읽혔던 리처드슨을 본받은 주로 서민을 위한 이야기책들이 있기는 했다. 그리고 통속적인 인생철학의 수업을 받으면서 자아가 발전하는 과정을 묘사한 첫 번째 소설, 비이란트의 〈*아가톤Agathon*〉이 있었다. 그러나 골드스미스, 헨리 필딩, 로렌스 스턴의 소설처럼 서민적 자연의 진실을 사실적으로 묘사한 서사문학 작품이나, 루소의 〈*신 엘로이제 Neue Heloise*〉같은 책은 없었다. 뜨거운 사랑의 이야기, 그 사랑의 기쁨과 온갖 고통의 느낌이 다름 아닌 개인의 감정과 사회적 인습의 충돌로 빚어진다는 이야기, 이것은 독일 젊은 세대가 품고 있는 문학적 열망에 가장 근접한 것이었다. 독일 젊은이의 정신상태, 그들 고유의 풍요로움과 심각한 고민의 모습을 고스란히 드러내 보여준 것은 베르테르가 처음이었다. 〈*베르테르*〉는 괴테의 자기 묘사인 동시에 그 시대 유럽의 모든 젊은이, 아니 세상 모든 젊은이들의 특정한 삶의 상황을 묘사한 것이다. 또한 이 소설은 괴테의 세대가 공통적으로 겪는 운명의 이야기이자 당시 청년들의 영혼의 영상映像이며, 그들이 앓고 있는 질병에 대한 이야기인 동시에 살아 있는 청년이면 누구나 겪게 마련인 전형적 위기를 지극히 감동적으로 형상화한 불멸의 작품이다. 이 소설에는 개별적인 사건 속에 보편적인 인간사가 부각되어 있으며, 일회적 사건이 상징으로 승화되어 있다.

새로운 사랑의 감정이 23세의 시인을 엄습한다. 그리고 이 사랑으로 인해 그는 또다시 불행하게 된다. 그러나 이번에는 그에게 아무런 잘못도 없다. 그의 마음을 사로잡았던 여인에게는 이미 약혼자가 있고, 그 약혼자는 다른 사람 아닌 바로 자신의 친구인 것이다. 이 베츨라르 모험은 괴테가 마지막 순간에 떨치고 달아남으로써 끝이 난다. 이 도피 작전으로 그는 당장엔 구출 되지만, 나중에 가서는 거의 생명을 잃을 뻔 한다. "로테를 떠나다니, 어떻게 그런 일이 있을 수 있었는지 나는 아직도 이해하지 못하고 있네. 보다시피 자네들은 한낱 막대기가 아니지 않는가. 지금이나 이전에, 아니면 나중에라도 내가 로테를 떠났다는 소리를 들으면 막상 자네들은 무엇이라 하겠는가? 묻고 말고 할 것도 없는 일일세. – 지금 나도 막대기가 아닐세. 그런데 나는 떠났네. 그리고 그것을 두고 영웅적 행동 운운한다네. 나는 나 자신에 만족하면서도 다른 한편으로는 불만스러워하고 있네. 별로 힘은 들지 않네만, 그런 일이 어떻게 가능했는지 이해가 되질 않는군."(JG. III, 37). 실제로 그는 많이 힘들었고, 그 모든 고난에 찬 체험은 극복되지 않은 채 그의 영혼에 앙금으로 남아 있어 위험을 안고 있었다. 그가 떠난 지 겨우 한 달쯤 되었을 때 베츨라르에서 알고 지내던 예루살렘이라는 젊은이가 권총으로 자살했다는 소식을 듣는다. 이 젊은이도 역시 남편이 있는 한 여인을 사랑했다. "고독이 그의 마음을 좀먹은 것이다"(JG. III,8). 그러나 괴테가 보기에 예루살렘의 불행에 책임이 있는 것은 그것 말고도 또 있다. "속에 든 것이라고는 쓰레기나 다름없는 허영밖에 없고, 마음속으로 거짓신의 욕망을 품고 우상숭배를 설교하는 한심한 사람들로, 착한 품성을 억압하고 과장하고 에너지를 낭비하는 사람들"(JG. III,8)이 바로 그들이다. 〈*베르테르*〉의 테마를 언급한 괴테의 앞의 편지에서는 이 첫 인상에서 얻은 견해가 다시 언급되고 있다. 1년 반이 지난 후 막시밀리아네와의 관계가 거의 비슷한 위기에 빠졌을 때, 그는 집필하기 시작한다. 이제는 글로 묘사할 수 있을 만큼 자신의 경험과 타인의 운명이 그의 내부에서 완전히 정리된 상태였다. 베르테르는 바로 괴테 자신이고, 예루살렘이며, 그의 시대의 젊은이이고, 누구에게나 예외 없이 다가오게 마련인 일생일대의 최대 위기에 처한 세상의 모든 젊은이인 것이다.

*〈스텔라〉*가 그렇듯, *〈베르테르〉*는 그 시대의 병든 젊은이를 위한 것이다. "나는 그들을 묘사하려고 합니다. […] 내가 깨달은 것처럼, 가능하면 그들도 스스로 깨달아야 합니다." (JG. V,19). 이 고백서에서 괴테는 당시 이미 통용되고 있던 소설기법을 사용하여 타인의 문서를 발행하는 형식을 취함으로써 실존 인물인 저자 자신은 그의 작품 뒤로 물러설 수가 있다. 이 경우 명목상 타인의 것으로 되어있는 문서들은 대개 친구에게 보내는 편지들이다. 서간체 형식은 그 당시 유럽에서 흔히 유행되는 소설형식이었다. 효시는 사무엘 리처드슨이고 독일의 계몽주의 시대 작가들이 보편적으로 이를 모방했으며, 루소의 소설도 이 형식을 취하고 있다. 편지는 발신인의 마음속에 있는 깊은 사연을 기탄없이 전달할 수 있는 통신방법이다. 편지는 곧 신비주의와 경건주의의 유산인 자기 고백과 영혼 표현의 열망에 처음으로 탐닉했던 이 시대의 가장 내밀한 의사 전달의 형식이다. 일기보다도 더 사私적인 성격을 지니고 있는 것이 바로 편지인 것이다. 왜냐하면 편지는 전달이자 고백이고, 공감하는 상대를 전제로 하며, 이 같은 전달을 통해 개별적인 체험에 인간의 보편적 가치를 부여할 수 있기 때문이다. 이 점은 삶의 직접성을 극대화하기 위하여 서간체 소설이 이용할 수 있는 최소한의 가능

성이다. 우리는 이 같은 고전적 서간체 소설의 후속적인 출현을 통해서 개인의 영혼 속에서 일어나는 것을 점점 강도를 높여 표현하는 주관주의의 발전을 읽을 수 있다. 리처드슨만 해도 여러 편지들을 삽입시킴으로써 하나의 순환 형태로 완결된 서신 왕래를 보여 준다. 그럼으로써 그는 부수적으로 교육목적도 달성하고 교훈적 모범을 보이려한 것이다. 루소에게는 좀 더 많은 수의 발신인이 등장하고, 그들의 전달은 두 주요인물의 대화를 수반한다. 개인 내면의 서술이요, 그야말로 아웃풋Output인 이와 같은 서술 형식의 가능성이 괴테에 이르러 비로소 제대로 발전하게 된다. *〈베르테르〉*는 공감하는 한 친구를 향해 심경을 토로하는 고백의 성격을 띤 독백이 가장 비중이 큰 부분을 이루고 있다. 그러나 그 친구로부터 회답은 없다. 왜냐하면 그 친구는 곧 관객이요 방청객일 뿐, 공연자共演者가 아니기 때문이다. 사정이 이렇다 보니 편지들은 일기가 되고, 모든 독자들은 이 같은 삶과 운명을 공감하고 이해할 수 있는 친구가 된다. '발행인' 은 독자에게 "이 소책자를 친구로 삼으라"고 권한다. 독자가 바로 이 고백을 들어주는 친구가 되라는 뜻도 될 수 있을 것이다. 그러므로 이 소설은 하나의 서정시다운 책이면서도 분명 하나의 서사시다운 책이다. 왜냐하면 이와 같은 편지에다 심중을 토로하는 것은 하나의 발전, 하나의 연관성 있는 과정을 경험하는 내면적 삶의 각 순간들을 표현하는 것이나 다름없기 때문이다. 한 영혼의 발전 과정이 사건의 사슬을 통해 영혼 속에 환기되는 효과로 서술되고 있는 것이다. 그러나 사건들은 베르테르에게 주는 의미를 통해서만 현실성을 가지기 때문에, 그 자체로서는 별의미가 없고 그들이 거울 속에 비치는 효과를 통해서만 의미를 얻는다. 이 이야기의 구조는 비극이다. 끊임없이 강도를 높여가는 질곡 속에서 어쩔 수 없이 자아가 파괴되어 가는 역동적인 과정으로 모든 것은 엄격히 요약되고, 이 질곡의 형식은 끝내 폭발되고 만다. 소설 서두에 긴장감이 감돌긴 하지만 외견상 평온한 상태를 보이다가, 경쟁자가 등장하자 그 긴장이 고조되어 두 주요 부분 사이에 획을 긋는 클라이맥스를 이룬다. 새로운 시작도 역시 외형상 평온한 상태로 시작된다. 그러나 그 평온이 불안한 성격을 지니고 있음은 처음부터 분명하다. 자신을 구하려는 주인공의 시도들은 이 같은 역동적 과정을 한동안 멈추게 하는 것처럼 보이다가 이전의 에너지가 더욱 세차게 분출하자 행동은 비약적으로 발전하여 급기야 파탄에 이르고 만다. 이때 비로소 다시 등장하는 발행인의 목소리는 이 최후 단계의 돌입에 각별한 성격을 부여한다. 일종의 천재적 문학 표현기법이 아닐 수 없다. 주인공 자신이 더 이상 전달할 수 없는 사건들을 제3자가 보고할 필요성이 생긴 것이다. 그러나 이런 기법의 합목적성은 이 부분에서 예술적으로 암시만 되어 있고 독자의 눈에는 보이지 않는다. 베르테르의 충격적인 죽음의 외침을 바탕으로 격렬한 어조로 쓰여 진 마지막 편지에 이어, 이제 비로소 어조는 순수한 서술, 신문보도와 같은 객관적 서술로 바뀌어 감정이 실리지 않은 평온을 되찾는다. 이와 같은 대조적인 어조는 더 이상 능가할 수 없는 비극적 감동을 한 단계 높여 준다. 화해도 없고, 애를 태우는 비탄도 없다. 마치 문이 그냥 닫힌 것과 같다.

외관상 완전히 즉흥적으로 분출되는 열정의 순간들에게 이리저리 끌려 다니는 것처럼 보이는 이 소설은 실상 예술적으로 깊이 계산된 형식을 지닌 하나의 조형물이다. 모든 것은 정확히 사건의 중심인 주인공의 영혼을 향하고 있다. 베르테르가 움직이고 있는 주변세계는 그의 내면과 부딪치고, 그의 자아가 반응을 보이는 범위 안에서 그 모습을 드러낸다. 뿐만 아니라 이 주변세계는 주인공이 경험하는 순서에 따라 지체없이 우리 앞에 나타난다. 거기에는 독자적인 현실의 틀이 없고, 주인공이 등장하게 될 '무대장치' 도 없다. 주인공과 관련된 현실 영역은 주인공으로부터 시작해서 주인공으로 끝나도록 짜여 있다. 일화들도 독립된 삽입부가 아니라 베르테르의 영혼 상태를 서술하는 데 기여하고 있다. 그리고 계절의 변화처럼 자아를 통한 의미부여의 필요성이나 논란의 여지가 일체 없는 사실부분까지도 모든 것을 지배하는 하나의 중심에 맞추어져 있다. 베르테르가 사랑하기 시작할 때 여름이 시작되고, 변화해 가는 자연의 모습이 그의 정열을 고조시킨다. 그가 로테를 떠날 때 그해가 저물고, 그가 다시 돌아올 때는 다시금 여름이다. 그러나 우울하고 모든 것이 마비된 11월은 최후의 위기의 배경이 되고 있다. 베르테르는 한겨울에 죽는다. 자체 법칙을 좇는 한 해의 진행까지도 동정적인 분위기와 힘을 발휘하여 주인공의 영혼의 상태를 동반한다. 모든 것은 이 소설을 지배하는 테마와 관계가 있다. 분명 그것은 형식이 없는 것이 아니라, 다양하고 고도의 예술성을 지닌 유기체인 것이다.

영혼은 이 희곡의 무대이고, 현실은 오로지 베르테르의

고독한 자아의 내면적 삶의 현실만이 있을 뿐이다. 생의 전 에너지는 한 점에 집중된다. 그리고 이 작은 세계는 자신이 지닌 풍요로움 때문에 숨이 막히고, 그처럼 고조된 소우주의 삶에 필요한 공간이 확장되기는커녕 더욱 더 협소해지기 때문에 멸망하는 것이 바로 이 소설의 테마인 것이다. “절박한 상황에 처한 인간을 자세히 관찰해 보게나. 어떻게 그가 받은 인상들이 그에게 작용하고 이념들이 그의 마음에 고정되며, 급기야 고조된 열정이 그에게서 모든 안정된 지각능력을 빼앗아 가고 그를 멸망시키는지를!”(JG. IV. 261). 그리고 “인간은 어디까지나 인간이고, 그리고 한 인간이 가질 수 있는 약간의 오성은 정열이 분노할 때와 인간 존재의 한계가 밀어닥칠 때에는 별로 힘을 발휘하지 않거나 못하는 법일세.”(JG. IV 263). 이 인용문은 베르테르의 영혼을 위해 싸우는 두 가지 힘을 거명하고 있다. 곧 무한으로 확대되어 온 우주의 충만을 경험하려는 열망과, 이 열망이 자기 자신을 소진시키는 정열로 자라나는 것을 방해하는 자아의 한계가 그것이다.

감정을 중요시하는 거인이 제한이 많은 현실과 충돌을 빚어 멸망하고, 내면성의 천재가 세상에서 자아실현을 시도하다가 좌절하고, 축복 받은 자가 자신의 넘치는 복으로 인해 질식하고 만다. 끝없는 사랑의 열망, 그것은 그가 받은 복 중에 하나이다. 그의 사랑은 만유를 포용하려 하고, 만질 수 있는 만유의 대리점으로 신성의 섭리를 받는 자연을 포용하려 한다. 그러나 자연은 사랑을 오직 받기만 하지 않고, 돕는 사랑을 주어야만 하는 순간에 느낌이 없이 공허하고 위협적인 것으로 나타난다. 그래서 베르테르는 자기 자신에게로 후퇴하고 만다. 그의 사랑은 다른 사람을 향한 것이다. 그러나 그의 감정이 쏠리는 상대방은 그의 소유가 될 수 없다. 여기에서도 그는 자기 자신에게로 후퇴한다. 그가 인간에게 필요한 것은 사랑밖에 없다고 믿음으로써 사태는 더욱 악화된다. 이런 점에서 볼 때 *〈베르테르〉*는 루소의 *〈신 엘로이즈〉* 에 나타난 공식이 여전히 약하게 작용하는 애정소설, 감정소설, 정열의 소설이다. 그러나 남자라면 그 밖에도 마음껏 펼칠 수 있고 그의 삶에 가치와 의미를 제공할 수 있는 다른 것을 가지고 있다. 곧 행동하는 삶과 활동이 바로 그것이다. 베르테르는 활동하는 쪽으로도 마음을 돌려보지만 여기서도 거절당하고 만다. 이야기가 진행되면서 이 경험은 베르테르의 죽음의 또 다른 원인으로 나타난다. 이러한 다른 재앙은 처음엔 직업과 사회적 인정의 영역에서 자신감에 상처를 줌으로써 유발된다. 함께 일하는 상관의 현학적 태도가 그를 괴롭히고 그로 하여금 자신이 하고 있는 일을 혐오하게 만든다. 귀족이 아니라는 이유로 그는 어떤 모임에서 배척당하는 수모를 겪는다. "내면적으로 불타는 자연의 성스러운 생명이 모두" 그를 향해 문을 열고 있는 판에 그는 사회적 특권을 통해서만 구별되는 인간들 사이에서는 아무런 인정도 받지를 못하는 것이다. 그것이 바로 그를 죽음의 위기로 몰고간 또 하나의 경험이다. 이 소설의 결정적인 부분에서 괴테는 바로 이 모티브를 특별히 부각시키고 있다: "그는 그 모임에서 가졌던 불쾌감을 잊을 수가 없었다. 그 일을 언급하는 경우는 드물었지만, 만약 그 일에 대하여 누가 약간만 언급할지라도 그는 명예심에 돌이킬 수 없는 상처를 입은 것으로 여겼고, 이 사건으로 인해 모든 업무와 공적 활동에 대한 혐오감을 가지게 되었다는 것을 누구나 느낄 수 있었다. 그러므로 그의 편지를 통하여 알 수 있는 것처럼 그는 전적으로 그 놀라운 감지 및 사유 방식에 헌신했고, 그로 인해 끝내 그에게 있는 모든 활동력을 소진해야만 할 일종의 끝없는 정열에 자신을 내맡겼다."(JG. IV,306).

나폴레옹이 괴테와 가졌던 대담에서 지적한 부분은 이 손상된 명예심 모티브와 관련된 것이다. 즉 자살의 이유를 이중적으로 제시하는 것은 자연스럽지 못하고, 독자가 그의 최후를 이해하는 데 필요한 사랑의 의미를 희석시킨다는 것이다. 괴테는 이 비판을 옳다고 여겼다. 그는 오래 전에 개작한 원고에서는 이미 그렇게 처리를 했다. 즉 거기서는 명예훼손 부분이 빠짐으로써 이 제2의 모티브는 비중을 잃게 되었다. 그러나 그렇게 함으로써 원래 이 소설의 전체에 속해 있던 것, 이 소설의 의미와 가장 밀접한 관계가 있는 젊은 괴테 시대의 정신 상태를 밝혀주는 가장 강력한 문학적 증거가 근본적으로 인멸된 것이다. 괴테가 두 번째 원고를 이 같이 개작함으로써 이미 취향이 바뀐 독자와 그 후대에 더욱 확고하게 인정받는 시인이 되었는지도 모른다. 왜냐하면 이제 이 소설은 명실상부하게 비극적 사랑만을 다룬 소설이 되었기 때문이다. 개작하지 않은 첫 원고는 그렇질 않았다. 그러나 그는 그의 가장 위험한 병의 진단을 하나의 이야기 형식으로 제시함으로써 그 시대의 심장에 정곡을 찌른 것이었다. "나의 의도는 그들을 묘사하는 것이고, 그들은 스스로 깨달아야 하는 것이다[…]." 그 시대의 병든 영혼은 병세의 심각성을 깨달아 마땅히 치료를 받아야 했다. 이 병명은 감상주의이다. 감상주의는 경건주의의 세속의 딸로서 본성이 같고 감정 에너지와 영성이 지나치게 넘쳐나서 적극적으로 내면을 잠식한다. 감상주의를 신봉하는 인간은 내면적 존재 속에서만 경험을 하고 그의 전 주의력도 내면적 존재에 집중되어 있다. 그에게는 자신의 내면 현실 외에는 달리 현실이 없다. 그는 자신의 내부에서 하나의 세계를 발견하고, 가진 것이라고는 이와 같은 자아의 끝없는 지각 능력밖엔 없다. 그것이 그 시대의 병이요, 또한 베르테르가 앓고 있는 병이기도 하다. "나는 나의 작은 마음을 마치 아픈 어린아이 다루듯, 하고 싶은 대로 하게 내버려두고 있네"(JG. IV, 223). "인간의 활동력과 탐구력을 제한하고 구속하는 것을 보면, […], 나는 나의 내면으로 되돌아가 하나의 세계를 발견한다네! 다시금 묘사나 생동하는 에너지보다는 예감과 어두운 욕망 속에서 더 많이 발견하네. 그곳에서는 모든 것이 나의 감각 앞에서 헤엄을 치고 있네. 그러면 나는 꿈을 꾸며 그 세계 속으로 계속 미소를 보낸다네" (JG. IV,226). 그런 인간들이 더불어 사는 것은 오로지 자기 자신뿐 외부로부터 공급되는 것이 없어서, 만일 자신 속에 결핍이 생기면 모든 것이 결핍되고 만다. 왜냐하면 베르테르가 말한 것처럼 오로지 마음만이 "모든 것, 모든 에너지, 모든 행복과 불행의 원천"(JG.IV, 287)이기 때문이다. 베르테르가 자신 속에 세계를 창조하는 데 이용했던 '성스럽고, 활기를 일깨워 주는 힘' 은 또한 그의 생명이 죽어가는 데에도 이용된다. 인간을 강하고 유능하게 만들고, 외부로, 현실로 내모는 모든 힘들, 그 힘들이 거기에서는 이 같이 스스로 맴돌면서 거리낌 없이 얽히고설키는 감정으로 인해 넘쳐난다. 창조적 힘들은 현실과 동떨어진 삶을 살고, 그들의 작용은 오로지 자아를 자신 속으로 좀 더 깊숙이 몰고 가고 더욱더 결연하게 자기 자신을 향유하는 데 기여할 뿐이다. 감상적인 인간은 현실을 불충분한 것으로 거부함으로써 현실이 제시하는 모든 요구들, 현실에서 출발하는 모든 강요, 한없는 자아감정이 부닥치는 장애들을 제거한다. 그는 장 파울처럼 "그것은 나의 꿈에 맞지 않아"라는 말로 현실을 모면한다. 내면생활을 풍요롭게 하는 힘에서 자족하는 이상적 판타지의 세계가 발전한다. 감상적인 사람은 그 판타지의 세계 속으로 도피한다. 그렇게 함으로 의지는 약해지고, 행동하는 힘은 없어진다. 경건주의가 주장하는 경건성에서 비롯된 신에게 순종하는 피동성이 그런 결과를 낳게 한 것이다. 모든 것을 신의 의지에 내맡기면서 사람들은 더욱더 자신의 의지를 잃게 된 것이다. 그러나 자기 의지의 결핍이 일종의 미덕이 되기도 하는데, 그것은 곧 전례 없는 관념의 지위 상승을 의미한다. "인간 속에 있는 관념적인 것에서 객관성이 빠지거나 위축되면, 이 관념적인 것은 자신 속으로 침잠하여 순화되고 고조되어 마침내 승리감에 도취 된다" (1808년 8월 리머에게 보낸 편지). 그렇지 않으면, "복잡하게 문명화한 세계 속에서 사랑하고 갈구하는 감정을 갈라놓는 이른바 정욕과 도덕의 분리는 누구에게도 이로울 것이 없는 과격한 행동을 불러오게 마련이다"(WA. I. 28, 211). 베르테르의 최후는 삶의 역겨움에서 비롯된 자살이다. 그럴만한 성향을 그는 자신 속에 지니고 있었다. 그는 일찍이 젊었을 때 이미 "치명적인 독충에 쏘였던"(HA.9, 59)것이다. 그러나 그런 성향은 '정욕과 도덕의 분리', 감정과 영혼의 힘을 행동의 의지력과 분리시킴으로써 비로소 발전하게 된다. "그러나 여기서는 활동을 통해 의미 있는 삶을 꾸려가고, 어떤 위대한 국가나 자유에 관한 일을 위해 시간을 바치는 사람들을 말하는 것이 아니다. 또한 그들이 내면에 가득한 이념을 이 세상에서 안 되면 기어이 저 세상에까지 가서 추구하고 말겠다고 생각하더라도 누가 못마땅하게 여길 그러한 사람들을 여기서 말하는 것이 아니다. 여기서 우리가 상대해야 할 사람들은 본래 행동력이 부족하고, 세상의 가장 평화로운 상태에서 자신에 대한 과장된 요구 때문에 삶을 망치는 사람들이다"(WA. I. 28, 218). 감상적으로 자살을 택하는 비극의 주인공들이 그렇고, 베르테르가 그렇다. 즉 그는 행동하는 삶을 통해 실현시킬 수 없는 과장된 이상 때문에 누릴 수도 없고 극복할 수도 없는 현존으로부터의 도피로 삶을 마감하는 것이다.

살아 있는 인간이면 누구나 이와 같은 위기를 겪게 마련이지만, 가장 이상주의에 빠지기 쉬운 시기, 즉 청년 시절에 가장 절박하게 경험한다. 괴테는 이 영원한 베르테르-신드롬을 이렇게 기술하고 있다: "행복이 저지당하고, 사회적 활동의 길이 막히며, 바라던 일이 이루어지지 않는 것은 어떤 특정한 시대의 결함이 아니라 모든 개인이 지니고 있는 결함 때문이다. 만일 모든 사람이 살아가면서 베르테르가 마치 바로 자신을 위해 씌어 진 것처럼 생각되는 순간을 한 번도 경험하지 않는다고 해서 반드시 좋은 일은 아닐 것이다"(에커만 Eckermann에게, 1824년 1월 2일). 그러나 비록 현실이 청년시절의 감정의 절대성을 굴욕적으로 제한하는 일은 어느 시대에나 있게 마련이라 해도 시대에 따라 그 정도는 다를 수 있다. 훌륭하게 성장하는 서민계급에게 제도적으로 국가의 공직생활이나 정치 활동의 길이 막히고, 생산계층에게 언로가 봉쇄되었다는 것은 당시 독일의 서민 출신 젊은이들이 필연적으로 불온하고 위험한 정신자세를 가지지 않을 수 없었음을 단적으로 말해 준다. 이는 유럽에서 봉건 귀족에 대항하는 혁명적 투쟁이 발발하기 직전의 순간이었다. 독일에서는 사람들이 감히 극단적 비판은 엄두도 내지 못했다. 청년들은 시민계급 지식인의 자유가 더욱 강도 높게 제한받고 있음을 느끼지만, 이미 경건주의자들이 그랬던 것처럼 그들도 압박이 더욱 심해지자 남이 간섭할 수 없는 자신의 내면으로 깊숙이 도망쳐서 아무 상관없는 관념적 세계에서 유유자적하며 자신의 행동력을 자제시킨다. 무소불위의 권력을 자랑하는 사회의 정치 세력은 그들에 의해 평가 절하되고 상대화된다. 불가능하기 때문에 누구도 개선할 마음을 먹지 못하는 것이다. 이와 같은 사안이 안고 있는 문제점은 무엇인가? 누구나 이 사안을 자신이 살고 있는 관념주의의 공원으로부터 멀리할 수 있다면 만족스러워 했다. 독일 관념주의의 비정치적, 개인주의적 성향이 *〈베르테르〉*에서는 이렇게 표현되고 있다: "나를 가장 조롱하는 것은 일개 서민이 숙명적으로 처해 있는 상황일세. 나도 다른 사람처럼 신분의 구별이 필요하고 그와 같은 구별이 나 자신에게도 얼마나 많은 이로움을 주고 있는가를 잘 알고 있지만, 단지 이 구별로 인해서 내가 아직도 이 세상에서 약간의 기쁨과 한 가닥의 행복을 누리는데 방해는 받지 말아야 할 것일세"(JG. IV, 277). 바로 이런 상황이 당대의 젊은이들을 고난으로 몰고 간 것이다. 모든 젊은이들이 자연법칙에 따라 겪게 마련인 위기가 여기에서는 불리한 상황 때문에 극도로 악화되었다. 구원의 탈출구는 어디에서도 찾을 수 없고, 파국만이 유일한 해결 방법인 것처럼 보였다. 괴테는 이 시대적 위기를 위태롭게 통과한 후 이 같은 고난과 충격이 그 당시 젊은이들이 깊이 앓고 있는 마음의 병이라는 것을 깨달음으로써 자신을 구해냈다. 〈*베르테르*〉는 당대인들로 하여금 이 질병을 스스로 인식하도록 하기 위한 하나의 본보기를 형상화하고자 한 것이었고 그렇게 함으로써 괴테 자신은 자신 속에 감염되어 있던 질병을 극복한 것이었다.

그러나 이 책의 시대적 소명의식은 계몽주의 소설의 특성으로 꼽히는 부질없는 교훈적 의도성으로는 충족될 수가 없었다. "참다운 묘사는 목적이 없는 법이다. 동의하거나 질책하지 않고 생각과 행동을 순서대로 전개시키면 된다. 그러면 깨우치기도 하고 가르치기도 하는 것이다"(WA. I 28, 228). 라바터는 당시 〈*베르테르*〉를 화제로 괴테와 나눈 대화 중에 그의 시대를 향한 우리 시인의 의도가 분명히 나타나 있는 문장들을 우리에게 알려주고 있다: "이렇다 할 도덕적 교훈이 없는 질병 이야기가 어떤 훌륭한 도덕적 교훈보다도 훨씬 유익하고 재미있게 문학적으로 형상화되었다. '보라, 이 질병의 종착역은 죽음이다! 그와 같은 열광의 목표는 자살이다.' 이 이야기에서 배우지 못하는 사람은 틀림없이 교훈을 통해서도 배우지 못한다"(괴테협회 연보 1919, 283). 이것은 베르테르가 자살에 대한 열띤 대화에서 자살을 옹호한 것과 맥락을 같이 한다(베르테르의 8월12일자 편지 참조, JG. IV, 258-263). 그는 정열과 절망, 그 밖에 다른 내적 당위성 때문에 행해진 행동에는 도덕적 판단을 적용시키고 싶어 하지 않는다. "그러므로 여기서는 어떤 사람이 약하고 강하냐의 문제가 아니라, 그가 도덕적이든 육체적이든 고난의 한도를 끝까지 버티어 낼 수 있느냐 하는 문제이다"(JG. IV, 261). 사람들은 여기에서 사물을 단지 이해만 할 수 있을 뿐 판단은 할 수 없다. 베르테르의 이야기는 이것이 죄냐 아니냐를 떠나서 하나의 '병례病例' 이고 그 시대의 특별한 사정에 따른 하나의 자연현상이라는 것을 이해시키려 한다. 치유에 필요한 것은 이와 같은 통찰과 이해뿐인 것처럼 보인다. 사정이 심각하다는 것을 의식하는 것만이 치유력을 유발할 수 있고, 이 이야기의 주인공을 뒤따르지 않겠다는 의지를 일깨울 수 있는 것이다.

베르테르가 죽은 것은 그가 '죽을 병' 에 걸렸기 때문이다. 이 소설은 위기와 그와 같은 종말의 자연적 필연성을 보여준다. 그의 병의 근원은 세상이 그처럼 많은 내면성과 풍부한 이상성을 수용할 수 없고 소화할 수 없다는 데 있다. 왜냐하면 시대가 어디에서나 그 같은 내면성과 이상성을 제한하거나 일축해버리기 때문이다. 뿐만 아니라 그 병 자체는 현실로 부터의 분리요, 모든 활동 에너지의 파괴인 것이다. 베르테르는 로테와의 만남을 통해 불가피하게 그가 결정적 시험에 당면했을 때 이미 그 병으로 인해 너무 많이 망가져 있었다. 그는 이제 자신을 구할 수 있는 유일한 길, 즉 활동적인 삶의 길을 찾을 형편이 못되었다. 그는 그 길을 찾고 싶기도 하고 그만두고 싶기도 한 어정쩡한 상태에 있었다. 현실에 대한 순수하고 확고한 표상을 더 이상 가지고 있지 않은데 어떻게 행동하란 말인가? 감정이 충일할 때는 그나마 그는 행복했다. 그러나 그는 자신의 곤궁한 처지를 이렇게 전하고 있다: "나의 상상력은 너무나 약해서 윤곽조차 잡을 수 없도록 모든 것이 나의 영혼 앞에서 유영하고 흔들리고 있네"(JG. IV,254). "불행한 일일세. 나의 모든 활동 에너지는 불안정하고 태만으로 변해 버리고 말았네. 나는 한가히 지낼 수만 없지만, 그렇다고 딱히 무엇을 할 수 있는 것도 아닐세."(JG. IV, 266-267). "그리고 나는 스스로 해결해야 할 일이 많고 마음과 의식이 아주 불안한 터라, 아아, 다른 사람들이 나로 하여금 내 길을 가게만 내버려 둔다면 나도 기꺼이 그들로 하여금 그들의 길을 가게 하련만!"(JG. IV, 277). 그 정도로 그에게는 자신만의 문제가 있었고, 그의 내면의 불안은 그의 전부를 요구하기 때문에 활동을 통해서 불행한 정열의 악순환으로부터 자신을 구하려는 시도는 실패하고 만다. 체계가 잡히고 목적의식이 뚜렷한 시민사회가 이처럼 고조된 자아의 요구를 어떻게 충족시킬 수 있겠는가? 그에게 현실은 단지 '충만한 마음'의 순간들일 뿐이다. 그러나 사물과 타인의 모든 영역은 전적으로 비현실적이고 틀에 박힌 놀음으로 보이는 것이다. "나는 요지경 상자 앞에 서서, 작은 형상과 말들이 내 앞에서 돌아가는 것을 보면서 그것이 착시錯視 현상이 아닐까 종종 묻곤 한다네. 나도 함께 놀지만, 오히려 내가 꼭두각시처럼 놀림을 당하는 것일세. 그리고 때때로 옆 사람의 무뚝뚝한 손을 잡고 섬뜩 놀라고 마네"(JG. IV, 279). 무위無爲에서 오는 불안, 의욕 부재의 두려움, 힘없이 떠 밀려감, 완전한 고독에서 오는 깊고 암울한 슬픔, 이런 것들이 베르테르의 영혼을 좀먹고 있는 병이다. 모두가 그에게 활동하기를 부추겨대지만, 그가 간절히 바라는 것은 휴식뿐이다. 결국 그는 자신을 도울 수 있는 단 하나의 휴식 속으로 도피할 수밖에 없지 않겠는가? 영원한 휴식인 죽음으로? 그와 같은 삶에 있어서 자살은 자연스러운 종말이나 마찬가지이다. 당시 베르테르의 죽음은 어쩔 수 없는 죽음이요, 감상주의적 세대가 겪고 있는 위기 상황의 절망적 해결이다. 실제로 당시의 젊은이들은 삶의 권태를 그렇게 끝막음했다. 그러나 그 시대를 크게 동요시켰던 이 같은 파국을 야기시킨 것은 *〈베르테르〉*가 아니다. 이 소설은 단지 후에 괴테가 말한 것처럼 "젊은이들의 마음속에 감염되어 있는 병을 발견해 낸 것"일 뿐이다. 괴테 자신은 이 같은 위기에서 단지 이 병을 인식함으로써 벗어나고, 하나의 본보기다운 사건으로 분명히 형상화하는 데 누구보다도 적격이었다.

"고독이 그의 마음을 서서히 좀먹었다." 베르테르는 천애고아처럼 모든 것을 홀로 고민하며 완전한 고독 속에서 몰락의 길을 가지 않을 수 없었다. 그를 구할 수 있는 것은 아무것도 없고, 하다못해 그의 고통을 완화시켜 줄 만한 것조차 하나도 없다. 늘어나는 불안은 마음을 나눌 상대를 찾도록 계속 그를 부추겼다. 최소한 그의 고민을 털어 놓을 친구조차 없었다면 그는 진작 패배했을 것이다. 로테에 대한 그의 사랑은 단지 이 모든 것을 결단하는 계기가 되었을 뿐이다.

그녀는 그가 살기 위해서 필요한 것, 곧 함께하는 마음을 줄 수도 있었다. 그의 열띤 맥박은 오직 공유하는 마음을 지닌 타인의 맥박 속에서만 진정될 수가 있었다. 그러나 과연 이 천진난만한 여인 로테는 베르테르 자신과 같은 '낭만적' 유형의 인간이었을까? 베르테르가 그녀와 합일의 환상을 경험한 것은 단 두 차례뿐이다. 그리고 행복감을 실제적이 아니라 환상적으로 향유함으로써 그의 병은 더욱 더 깊어진다. 그 행복감은 그에게 운명처럼 작용하는 관습의 의지에 따라 그의 것이 될 수 없는 것이다. 그러나 사랑, 그의 사랑의 권리에 따르면 그녀는 그에게 속하는 것이 아닐까? 다른 권리가 있기는 한 것일까? "내가 그녀를 그처럼 완전히 혼자서, 그처럼 깊이, 그처럼 마음을 다 바쳐서 사랑하고 있고, 다른 것은 면식도 없고 아는 것도 없으며 그녀 이외에는 아무것도 가지고 있지 않은데, 그녀가 어떻게 다른 사람을 사랑할 수 있고 사랑해도 되는지 나는 이해하지 못할 때가 가끔 있네" (JG. IV,290). 그는 그처럼 정열에 완전히 사로잡혀 있기 때문에, 그에게는 사랑의 필연성 이외에 더 이상의 다른 필연성이 존재하지 않는다. 감정의 편집증은 무감정의 편집증과 마찬가지로 그처럼 '비도덕적'이고, 타인을 용납하지 않는다. 그는 범죄의 성격이 있는 계획들과 잔인한 욕구들의 심연으로 몰린다. 그리고 만약 베르테르가 외부지향적인 모든 행동에 약간만 덜 무능했더라면, 그는 그의 욕구가 죄인지를 묻지 않고 정열의 새로운 법칙을 실천하며 살았을 것이다. 그러나 그럴 만한 능력이 바로 이 감상적인 인간에게는 결여되어 있는 것이다.

베르테르에게는 휴식을 취할 수 있고 외관상으로 행복해질 수 있는 유일한 순간이 있다. 곧 그가 홀로 자연과 함께 있을 때이다. 이 소설의 첫 부분은 외관상 목가적인 풍경 속에 있는 그를 보여 준다. 자연은 그가 더불어 살 수 있는 유일한 상대이다. 왜냐하면 자연은 그에게 요구하는 것이 없으며, 그에게 감정의 에너지만을 원할 뿐 행동의 에너지는 원하지 않기 때문이다. 그리고 자연만이 끝없이 발전하는 그의 열망에 충분한 공간을 제공한다. 자연 속에서 그는 신성을 경험하고, 그 신성을 형태 없는 보편적인 것으로, 다정한 만물의 신령으로 경험한다. 그리고 그가 그처럼 영원한 환희 속에서 우리를 등에 업고 어르면서 키우는 "만물을 사랑하는 신령의 섭리"를 느낄 때, 자신은 "무한한 하나님의 거울"로서 복 받은 사람으로 느끼는 것이다. 그 같은 창조하는 신성神性과의 합일의 순간을 체험할 때 그의 속박 받는 삶의 문제점은 사라지는 것처럼 보인다. 뿐만 아니라 믿을 수 없는 희망이 그를 행복하게 만드는, 이른바 흥분의 순간에는 그가 마치 인간 공동체의 현존하는 그리고 그에게는 실현될 수 없는 모든 현실적 과제들을 훌훌 털어버리고 날아갈 수 있을 것처럼 보인다. 삶이 압박을 가하고, 그의 앞에 현실이 위협하면서, 그의 파괴된 의지로는 정복할 수 없도록 점점 크게 나타날 때, 그는 더욱 깊이 추락한다. (행복감과 절망감, 확신과 불안, 자신감과 회한과 같이 상반되는 기분 사이에서 우왕좌왕하는 것은 분명 경건주의적 영적 삶의 특징이라 할 수 있다). 그때 환상의 베일은 벗겨진다. 자연은 느낌이 없다. 자연은 에너지가 넘치는 자에게만 에너지를 흘려 넣고, 그와 자연의 2위1체를 인식하고, 참고, '사멸과 생성', 탄생과 무덤의 리듬 속에서 행동하며 함께 어울릴 수 있을 만큼 충분히 강한 자에게만 만나주는 친절을 베푼다. 그러나 우리의 감상적 목가 시인인 베르테르는 단지 구경꾼에 지나지 않는다. 그는 풀밭에 누워 단지 찬탄하며 화창和唱하는 감정으로 장엄하게 돌아가는 세상살이를 연극으로 즐기려고 한다. 파우스트가 지령의 모습을 견디지 못하는 것처럼, 자연이 치료를 요하는 자신의 마음에 마성적으로 대할 때, 베르테르는 세속적 불안에 사로잡혀 몸을 떨면서 이렇게 말한다: "나의 마음을 망가뜨리는 것은 우주 속에 숨어서 한 일이라고는 자신의 이웃이나 자기 자신을 파괴한 것밖에 없는 자연의 소모 에너지일세. 그래서 나는 불안에 떨며 비틀댄다네! 하늘과 땅 그리고 섭리하는 에너지들이 모두 내 주위로 모여든다네! 내게는 영원히 집어삼키고 영원히 되새김질하는 어떤 괴물밖에는 아무것도 보이는 것이 없네"(JG.IV,266). 신령도 이제는 침묵한다. 이전에 도피처였던 곳이 이제는 하나의 심연이 되어 입을 벌리고 있다. 사람들과 함께 살 수 없는 자, 그리고 자신의 열망에 찬 영혼이 헌신하려고 하는 무한한 것에게도 외면을 당하는 자가 느끼는 고독은 끝이 없다. 신성의 거울 속에서 이성을 잃은 마성의 찡그린 얼굴이 그를 응시한다. 그가 패배하기 시작한 것은 바로 이 순간부터이다.

새로운 삶과 새로운 세계관이 갖추어야 할 위대하고 중요한 요소들이 모두 이 소설에 들어 있다. 이 소설은 젊은 괴테가 경험하고 참여했던 시대의 바이블이나 마찬가지였다.

그러나 모든 것은 베르테르의 병든 자아 속에 있는 거울을 통해 이해되고 왜곡되었다. 그에게는 현실적인 것의 특정한 양상들이 하나의 불분명한 보편적인 것이 된다. 그리고 그에게 실현될 수 있는 삶의 형식으로 맡겨져 있는 것이라면 그는 그것을 자기만족의 성격을 지닌 감정이입의 환상 속에서 즐겨도 되는 것으로 믿는다. 이 소설 속에서는 서민적인 삶의 단순한 성격이 그의 삶의 현재로 나타난다. 오직 이 곳, 단순한 인간들, 마을 사람들, 어린이들에게서 그는 마치 자연의 품속에 있는 것처럼 행복하고 평화로운 시간을 갖는다. 동구 밖 샘물 곁에서 그는 아가씨들이 물을 길러 오는 것을 바라본다. 그는 호머의 글에 나오는 한 장면을 보고 있다고 믿는다. "내가 그곳에 앉아 있으면 내 주변에는 가부장적인 시대의 이념이 생생하게 살아있네[…]"(JG. IV. 223). 그러나 그것은 어디까지나 하나의 이념, 단지 '따뜻한 천국의 판타지'를 통해서 의미가 채워지는 표상일 뿐이다. 그리고 그는 이와 같은 경험에서 나올 수밖에 없는 필연성을 또다시 간과하고 있다. 실제로 그가 자기 자신 속에 안주하는 자연에 이르는 길을 발견할 수 있다면 그야말로 그는 건강해질 것이다. 그러나 그는 그처럼 단지 한 순간 동안만 "아무런 애착이 없이" 그 같은 자연성을 그의 삶 속에 엮어 넣을 수 있다는 망상에 빠져있는 것이다. "만약 나의 감각이 더 이상 버티어 낼 것 같지 않을 때, 행복하게 태연함을 잃지 않고 자신의 궁색한 살림을 지탱해오면서 잎이 떨어지는 것을 보고 겨울이 오고 있다는 것 이외에 아무런 생각을 하지 않는 그런 사람을 바라보면 나의 혼란스러운 마음이 가라앉는다네"

(JG. IV,230). 그러나 의식 있는 문화인이요, 과열된 주관주의자인 그가 자연의 공동체 – 리듬 속에서 아무런 의식 없이 공감할 수 있단 말인가? 역시 이곳에서도 그는 보편적 연관을 단지 감정으로 파악하고, 감행하면 실현될 수 있는 삶의 의미로 파악하지 않는 버림받은 방관자요, 구원받을 수 없고 치료될 수 없는 고삐 풀린 외톨이일 뿐이다.

"아, 내가 보태어 주지도 않았는데 다른 사람이라고 내게 사랑과 기쁨과 온정과 환희를 베풀어 주지는 않을 것이다." 그와 관계가 있는 모든 주변 세계는 항시 그의 내면적인 상태만 반영한다. 그에게는 모든 것이 그의 민감한 창조적 이상성이 타인에게 주는 의미를 통해서만 비로소 존재한다. 그리고 모든 것은 그의 감정과 기분을 그에게 확인해 주는데 이바지해야 한다. 그가 삶의 단순한 감정을 통해 만족하고 있는 것처럼 보일 때 호머는 그의 섬광처럼 움직이는 마음에 '자장가' 구실을 한다. 그에게 이 자장가는 시골 자연의 "친숙하고 은밀한 장소에서" 즐기는 목가적 분위기를 시적으로 드높여 놓은 것을 의미한다. 그러나 그의 영혼이 절망에 빠질 때 오시안이 호머를 밀어낸다. 북방의 광시곡에서 흘러나오는 어두운 비탄이 이제 그의 가슴에 정열적인 슬픔을 키워준다. 그는 이처럼 죽어가는 주인공들의 운명의 거울 속에 그 자신의 운명이 변용되어 있음을 본다. 그처럼 그와 삶을 함께하는 문학이 그의 감정을 살찌게 하고 고양시키는 것은 틀림이 없다. 그러나 문학도 미로迷路에서 길을 잃고 헤매는 그를 자아의 마법의 원圓에서 이끌어 내지는 못한다. 베르테르는 사랑에서까지도 감상적이고, 현실을 떠나 이상적인 상상 속에 살며, 과도하고 "낭만적"이다. 사랑에 있어서도 그는 이상주의적 변용과 충동을 미화함에 있어서 탁월하긴 하지만, 동시에 병적이라고 하지 않을 수 없다. 왜냐하면 항상 거침없이 키워진 환상들이 구원의 길로 인도하는 체념의 힘을 마비시키기 때문이다.

감상주의는 경건주의와 같은 성격인 신비주의의 세속적 딸이었고, 감상적 사랑은 종교적 내면성의 언어로 담화한다. 베르테르는 자신의 사랑을 신성한 우상인 것처럼 숭배하고 있다. 젊음의 정열로 표출되는 언어는 모두 과장이라는 것은 어김없는 사실이다. 그러나 여기서처럼 항상 드높은 종교적 언어를 구사하지는 않는다. 베르테르는 로테를 성스러운 여자, 천국의 천사라고 부른다. 그녀에게 올리는 기도 이외에 다른 기도가 그에겐 없고, 그의 영혼 앞엔 언제나 그녀가 있다. 그리고 신비주의자가 불가사의한 합일을 신성의 충만으로 경험하는 것처럼 사랑은 우리 주인공의 전 영혼을 채우고 있다. 여기서도 그는 역시 온통 그의 자율적 감정의 '천상적 판타지' 속에 살고 있다. 왜냐하면 로테는 실제로 그와 같은 영기靈氣에 중독된 초감각적인 아름다운 영혼들 중 하나가 아니고, 새로운 자연의 이상에 부합하는 독일 처녀이기 때문이다. 그녀는 단순하면서도 분별이 있으며, 품성이 곱고 강하다. 안정된 영혼과 활발한 감성의 소유자이며, 감성적이면서 활동적인 존재이다. 그녀가 애독하는 골드스미스의 소설에 등장하는 여자 주인공을 모델로 삼아 창조된 인물이다. 그녀가 베르테르의 열화와 같은 기질 때문에 혼란에 빠진 것은 단지 한동안일 뿐이다. 그녀는 그 기질에 마취되긴 하지만 그것을 이해하지는 못한다. 그렇다면 베르테르는 어떤가? 그는 병이 깊어짐에 따라 그녀의 처지를 더욱더 이해하지 못한다. 그가 그녀 자신의 존재 속에 있는 외부세계의 현상을 파악하고 존중할 수 없듯이, 끝에 가서 그 것을 위해 자기 자신을 바치게 되리라고 믿는 그녀의 내면적 본질조차 파악하고 존중할 능력이 그에게는 없다. 그녀가 반항을 하지 않았다면 그는 실제로 모든 것을 집어 삼키는 그의 자아의 신에게 그녀를 제물로 바쳤을 것이다. 그리고 그녀에게 바치고자 하는 죽음도 사실은 그 자신을 위한 죽음일 뿐이다. 곧 자기 파괴를 통한 자기 구원인 것이다. 이것은 그의 생애에 있어서 최초의 위대한 행위이며, 완전한 절망이 그에게 강요한 행위이다. 본래 그것은 전혀 행위라고 할 수 없는, 이른바 그의 "고난이 극도에 도달했을 때" 나타나는 일종의 붕괴요, 도피인 것이다. "자연이 착종되고 상반되는 힘들의 미로에서 탈출구를 찾지 못하니, 인간은 죽을 수밖에 없는 것이다." 이와 같은 고난의 죽음이 어떻게 남을 위한 희생의 죽음이 될 수 있단 말인가? 그 죽음은 곧 그 자신을 위한 죽음이다.

아직까지 독일 문학에서는 그와 같은 인생역정을 형상화한 적이 없다. 정열의 언어가 그처럼 강력하고 진솔하게 표현된 적이 아직 한 번도 없었다. 이것은 그 시대의 과도한 이상과 감정의 견딜 수 없는 긴장으로 고통당하는 젊은이의 삶의 형식을 대표적으로 표상하는 것이었다. 고독하게 병들어 죽어가는 자가 토로하는 말들은 전 세대의 내면적 상황에 걸맞은 언어로 표현하는 말들이었다. 그리고 이 표현이 있는 그대로의 진실을 사실적으로 나타내 주기를 마다하지 않음으로써 얼마나 해방감을 주었던가! "때때로 나를 사로잡는 감정은 두려움이나 탐욕이 아닐세! 이것은 나의 가슴을 찢으려 들고, 나의 목을 조르는 알려지지 않은 내면적 발광일세! 슬플세, 슬퍼!"(JG. V, 303). 극기하는 정신의 힘, 절제의 이상은 그와 같은 영혼의 고통 앞에서 무너진다. 고통당하는 생명체는 소리를 지르게 마련이다. 소리를 지르고, 불평하면서 그와 같은 고난 위에 말없이 있는 하늘을 두드리는 것은 지극히 자연스러운 것이다. "거기에 그가 낭비해 버리는 힘의 내면적 깊이에서 완전히 자신 속으로 잦아들고, 자기 자신의 무능을 탄식하며 쉼 없이 추락하는 존재가 안간힘을 써서 '하나님!, 하나님! 왜 나를 버리셨나이까?"하고 부르짖는 소리가 없겠는가! 그런데 나보고 이러한 표현을 하는 것을 부끄러워하고, 하늘을 휘장처럼 둘둘 말았던 분께서도 피할 수 없었던 이러한 순간을 나보고 두려워하란 말인가"(JG. IV,297). 그러나 *〈베르테르〉*는 단지 감상적인 열망의 감정표현으로만 제 역할을 다한 것은 아니다. 이 작품은 또한 감상적인 삶을 표상하는 몸짓과 상황을 제공하고 있다. 그렇다. 그 시대는 거기에서 새로운 삶의 형식을 발전시켰고 문학적 모델을 따라 살려고 시도하였다. 이 소설의 상황들은 그 당시 젊은이들의 삶을 드높여 형상화시킨 것이었다. '클롭슈토크' 라는 암호를 가진 소나기 장면이 그렇다. 제1부의 마지막이 또한 그렇다: "그들은 거리를 벗어났고, 나는 서서 달빛에 비친 그들을 바라보며 땅에 쓰러져서 실컷 울었네. 그리고 벌떡 일어나 테라스로 올라가 저 아래 커다란 보리수나무 그늘에서 정원 문을 향해 걸어가는 그녀의 하얀 옷이 희미하게 비치는 것을 바라보며 팔을 뻗었지만 그녀의 옷은 사라졌네"(JG. IV, 273). 그 같은 상황 속에, 그 같은 몸짓 속에 감상적인 시대의 젊은이들 전체의 느낌의 방식, 가장 내면적 마음가짐이 살아온 현실로서 포함되어 있다. 그리고 그보다도 현대의 젊은이들의 정열 자체가 포함되어 있다. 그것들은 아직 독일 서사문학에서 형상화된 적이 없는 감정 상태를 대표하는 순간들이다. 고독한 자아, 주관적 내면성의 소설은 〈베르테르〉와 함께 시작된다.

*〈파우스트 단편〉*출판을 계기로 괴테의 주문을 받아 요한 하인니히 립스Johann Heinrich Lips 가 렘브란트의 동판화 *〈학자〉*를 뒤집어 모각模刻한 서재에 있는 파우스트

제 7 장

파우스트

젊은 세대는 세상의 구조를 결정하고, 그 안에 살고 있는 인간의 지위를 설명해 주는 궁극적인 대척점對蹠點들, 즉 보편적인 것과 개별적인 것, 전체와 개인, 절대적인 것과 조건에 구애받는 현상들, 현실과 내재적 초현실성, 물질적 존재로서의 시간과 하나님의 성품으로서의 영원, 사물의 제한된 생활공간과 무한한 전체성 등을 또다시 수수께끼로 느끼고 보게 되었다. 그러나 이 세대는 아직 세상의 밑바닥에 자리잡고 있는 흑암의 세계를 무턱대고 받아들이기만 할 만큼 마음이 안정되어 있지 못했다. 가능하다고 믿고 시작한 탐구가 한계에 부닥쳤을 때 아직은 스스로 발걸음을 멈추고 체념하면서 제한적 탐구에 만족할 줄 몰랐다. 오히려 장벽을 향해 과감히 돌진하려는 의지를 가지고 있었고, 초월적인 것의 비밀을 기어코 캐내고 말겠다는 엉뚱한 희망에 부풀어 있었다. 그와 같은 거인주의에 대한 의지는 관념성의 증가와 함께 전 세기에 걸쳐 비등했다. 처음에는 인식하고 창조하는 정신의 거인주의였지만, 이제는 체험하고 즐기기도 하는 자연 에너지의 거인주의로 성격이 바뀌었다. 이와 같은 욕구가 끊임없이 상승함으로써 서양인은 지금까지 늘 추구는 했지만, 한 번도 달성해보지 못한 목표를 마침내 달성하는 인간존재가 되기 위해 자신을 계발하려고 노력했다. 이전 시대에 마법사라는 존재를 두고 생각했던, 이른바 피조물 특유의 생존 형식을 극복하고, 인간의 궁극적인 문제를 해결하며, 세상과 인생의 비밀을 직접 바라보고 신에 대한 경외감 없이 타고난 에너지를 총체적으로 동원하는 인간존재를 이제는 숭고한 사람der Erhabene이라는 새로운 개념으로 부르게 되었다. 자연으로의 방향전환이 자연을 초월하려는 욕구로 변한 것이다. 그와 같은 승격을 통해서 비로소 누구나 삶에 높은 자부심을 만족시킬만한 의미를 부여할 수 있다고 믿었다. 인간의 역설적인 승격을 통해 세태의 역설을 해소하려 드는 것이나 마찬가지였다. 개인이 전체로 확대되면 여기에서도 성취된 삶의 순간 속에서 절대적인 것을 경험할 수 있게 된다. 우리 존재의 밑바닥에서 솟아나는 모든 것이 우리에게 그와 같은 자기 신격화를 요구하고 있지 않은가? 이 젊은 세대는 그렇게 생각하기를 원했고, 실제로 그렇게 생각했다. 이 세대는 이성적 시대의 감금 상태로부터 자신을 해방시킨 이 같은 충동과 힘들에 열중했다. 괴테는 그 힘들을 체험하는 대표적 인물로 파우스트를 부각시키고 있다. 그는 그 힘들이 느끼는 것을 모두 느끼지만, 또한 이와 같은 욕구가 지니고 있는 위험한 마성을 인식할 만큼 충분한 의식과 깊은 사려도 지니고 있었다. 그의 희곡 *〈파우스트〉*와 거인주의의 관계는 그의 소설 *〈베르테르〉*와 감상주의의 관계와 같다. 거인주의는 한 시대 감각의 표현으로서 시인 괴테와도 관련은 있지만, 그는 이 사상이 지닌 편협성을 간파하고, 충분히 거리감을 유지하며 받아드렸다.

주인공 파우스트 박사는 사회가 심하게 요동치던 종교개혁 시대에 살았던 반半전설적 인물로서 모든 백성들에게 잘 알려진 마법사 중 한 사람이다. 이들 선택 받은 마법사들은 원래 은밀한 작용을 통해 삼라만상을 지배하는 자연력에 통달해 있었다. 그들은 남들보다 우주의 비밀에 한발 더 다가서 있었고, 초자연적인 지식과 마법을 가지고 숨어 있는 힘의 지배자로 군림했다. 자연 속에는 신성의 비밀이 숨어 있고, 이 숨은 비밀은 주술을 통해 밝혀질 수 있다는 해묵은 상상은 피조물 특유의 인간관을 가지고 있는 기독교에 의해서도 근본적으로 고쳐지지 않은 채 그대로 남아 있었다. 그러나 그와 같은 행위는 이제 신성을 모독하는 마법으로 죄악시되었을 뿐이다. 인간에게 퇴치당한 정결치 못한 자연 마성을 다시 불러일으킬 수 있는 존재는 오로지 마귀뿐이라고 단정했다. 마법사들은 주제넘게도 규정된 삶의 공간을 확장하는 대가로 그들의 안위를 상실했다. 그들의 종말은 끔찍스러운 재판이었고, 그들이 살아 있는 동안에는 어떠한 요술을 부려도 유일한 행복, 곧 마음의 평정과 공평한 신의 자비에 겸손히 헌신함으로써 얻게 되는 자신과의 합일을 체득할 수가 없었다. 결국 마법사는 사기당한 사기꾼, 보물을 발굴하려다 실패한 사람, 권좌에서 물러난 황제로 전락하고 말았다. 기독교 입장에서 보면 마법사라는 존재는 오로지 심판의 대상일 뿐이었다. 그러나 이처럼 부정적 이미지만 지녔던 마법사의 존재는 새로운 세속 문화를 꽃피워내는 학문 정신이 발휘되기 시작할 때인 트리테미우스, 아그리파 폰 네테스하임, 파라켈수스의 시대에는 다른 모습으로 나타났다. 현자의 돌을 찾는 것이 왜 죄란 말인가? 이제 새로운 시선에 자신을 열어 보이는 자연에게 그 비밀을 알아내려고 집요하게 캐어 묻는다고 불경스러운 것은 아니지 않는가? 이들 최초의 자연과학자들은 자연 속에는 신성이 지배하고 있고, 이 신성은 순수한 인식 욕구 앞에서는 자신의 모습을 감추지 않는다는 믿음을 가지고 자연 연구에 몰두했다. 레싱이 "신성은 인간을 영원히 불행하게 만들기 위해서 그에게 가장 고상한 욕구를 부여한 것이 아니다"라는 주장을 내세우며 그의 희곡 〈*파우스트-단편*〉의 주인공에게 면죄부를 준 것은 근본적으로 그 당시 이미 르네상스 - 마법사들이 주장한 권리를 좀 더 당당하게 표현한 것일 뿐이다. 르네상스 - 마법사들도 그들의 학문을 은밀하게 다루었다. 그러나 그처럼 은밀하게 다룬 것은 그 학문 자체가 부도덕해서가 아니라, 자연의 근원이 되는 신의 종교적 신비에 관한 것이기 때문이었다.

괴테는 스트라스부르에서 이들 자연과학자, 신지학자, 그 밖의 다른 "학식깨나 있다는 속물이 이해할 수 없기 때문에 한편 감탄하고 한편 비웃기도 한" 비학秘學 연구자들의 저서에 몰두한 적이 있다. 당시 그는 이런 책에서 접했던 마법사들이 지닌 이른바 특별한 인식태도와 고상한 욕구를 보여주는 희곡을 한 편 써 볼 생각을 가지고 있었다. 문학적으로 독일의 마법을 대표하는 인물로는 단연 파우스트가 꼽혔다. 당시에는 파우스트의 모험적 생애를 경탄과 익살을 반반씩 섞어 서술한 민중본이 이미 있었다. 이 책들은 기독교인 독자들에게 오락물의 구실도 하지만 경계심을 불러일으키게

하려는 목적에서 읽혔다. 심지어 18세기에 와서도 '어떤 기독교인'의 주선으로 〈*파우스트*〉 요약본이 출간되어서 괴테는 어린 시절 이 책을 읽은 적이 있다. 비단 책뿐만이 아니라 괴테 시대에 종종 상연된 민중극과 인형극이 있었는데, 여기에는 셰익스피어 시대의 영국인 크리스토퍼 마알로우가 독일 우화를 드라마로 각색한 〈*파우스트 박사의 비극적 이야기*〉의 잔향殘響이 담겨 있었다. 그런 연유로 파우스트라는 인물은 괴테가 살았던 18세기에는 일반적으로 잘 알려진 전설적 인물이었다. 학식깨나 있는 사람들은 그를 악의적인 사기꾼으로 배척했지만, 백성들은 여전히 그의 마법을 신봉했다. 그보다 10년 전에 레싱은 "독일은 파우스트 박사에게 반한 것 같았고, 일부에서는 아직도 여전하다"고 지적한 바 있고, 심지어 셰익스피어의 희곡 형태를 따른 파우스트 연극을 몸소 시도한 적도 있다. 괴테가 이제 와서 이 〈*파우스트-소재*〉에 관심을 가진 것은 이미 〈*괴츠*〉에서 그랬던 것처럼, 독일국민의 전설적 영웅에게 시선을 돌려서 독일의 희곡을 개선해보려는 의도 때문이었다. 힘의 천재인 괴테는 힘에 넘치는 고딕 시대의 '악한惡漢'에게 내면적으로 친밀감을 느낀 것이다. 그는 그 당시 자연철학자들이 추구했던 것, 금기시된 그들의 학문 속에 계몽주의의 비판적 학문보다 더 심오한 지혜와 진솔한 인식의 거인주의가 살아 있음을 발견했다. 또한 그들의 존재 속에는 그와 헤르더 그리고 그의 동갑내기들의 마음을 사로잡고 있는 초연한 인간존재에 대한 동경이 함께 살아 있음을 발견했다. 새로운 민중의 시대에 신화적 영웅이 등장하는 자연스럽고 서민적인 셰익스피어 방식의 희곡, 그와 동시에 시인이란 다름 아닌 옛 마법사가 근대적 거인으로 탈바꿈한 것이라는 시인의 자화상 - 이것이 괴테의 머리에 떠오른 것이었다. 그는 이미 스트라스부르에서부터 이런 발상을 가지고 일부 집필한 원고를 바이마르로 갈 때 가지고 갔으나 아직도 정신적으로 완전히 해결하지 못한 사안이 많이 남아 있었다. 이 〈*거인-콘셉트*〉를 작품으로 완성하기까지 그는 일생을 바쳐야 했다. 애당초 이 드라마는 천재의 성격 드라마로 시작되었으나 끝은 행동하는 서양인의 신격화로 맺음 됨으로써 드라마의 성격도 변했다.

파우스트에 관한 민중본과 민속극은 괴테에게 다양한 소재뿐만 아니라 전형적 상황과 모티브들을 제공했고, 이미 윤곽을 소묘할 당시 주인공의 인물로 땅과 하늘을 소유하려 하고 감각과 정신의 궁극적인 것을 얻어 내려는 거인, 이성적 학문의 무익성을 경험하고 마법에 빠진 인간, 악마에게 정신이 팔려 그 유혹에 빠지는 인간을 선보였다. 헬레나와의 위대한 사랑의 일화, 그 밖에 특정한 민중본에만 전해지는 바그너 조교 이야기, 대학생 장면, 마알로우에게서 유래된 서막 독백 등은 이미 이전부터 있어온 것 들이다. 이 서막의 독백에서 파우스트는 옛날 희곡의 관행대로 자신을 소개하고 주문呪文으로 악마를 불러낸다. 만족할 줄 모르는 탐닉자의 거인적 반역, 신으로부터 이반, 향락에 빠진 삶, 중범죄와 같은 비교적 깊이 있는 줄거리의 기본도식을 괴테는 소재와 함께 받아들였다. 그 자신의 생활감정과 젊음에서 생기는 긴장들이 이 도식의 빈 곳을 채우고 또한 변형시켰다. 그리하여 마침내 근대 독일인이 신화적 형상을 쓰고 등장하는 하나의 시문학 작품이 탄생하게 된 것이다. 여기에는 서양 문화와 독일 문화의 온갖 힘의 요소들이 투입되어 있고, 이 힘들은 모두 이 거인의 격동적인 삶을 통해 새롭게 활성화되고 평가되었다. 이 거인은 영원성에 중독된 자아의 한계와 신성의 절대성 사이에 고조된 기본 갈등의 위험을 극복하려고 하고, 또 자신을 신격화하려고 한다. 부분은 전체를 잡으려 하고, 유한은 무한으로 확대되려고 하는데, 이는 본래 근대 서양인이 부리는 호기豪氣인 것이다. 정신적으로 최고의 것을 인식하려 하고, 가장 깊은 것을 느낌으로 밝혀내려고 한다. 이것은 인간을 인간으로 만드는 자연적이고 도덕적인 형식을 파괴하지 않으면서 인간이 얼마나 높이 올라갈 수 있는지를 가늠하는 큰 시험이다. 괴테 문학의 초기에 탄생한 *〈파우스트〉* 문학은 이 같은 하늘로 솟구치려는 시도의 시작이자 첫 번째 정류장이다. 결국엔 심각한 범죄를 저지르고 최초로 좌절을 맛보게 되는데, 거인이 지닌 삶의 욕구가 도덕적 경계선에서 벽에 부딪치고 만 것이다.

젊은 괴테가 쓴 *〈파우스트〉* 문학 작품 중에서 지금까지 유일하게 보존되어 있는 미완성본 *〈원原파우스트 Urfaust〉*는 그 유명한 파우스트의 연구실 독백 장면으로 시작된다. 일생일대의 심각한 위기에 처해서 자신을 파탄에 이르게 한 과거를 청산하고, 새로운 것에 대한 불안하고 불확실한 갈망에 쫓겨 변화의 순간을 맞고 정신적으로 혼란에 빠진 인간에게 이제 마지막으로 전 분야의 학문을 통해서도 얻지 못한 것을 제공해 줄 수 있는 것은 오로지 마법뿐이다. 아직도 그가 중요하다고 믿는 것은 지식, 곧 인식이다. 그는 비밀들, 궁극적인 비밀들, 곧 '모든 작용력과 씨앗', 신성을 지닌 세상 에너지, 파라켈수스가 한 말처럼 '만물의 씨앗semina rerum'을 규명하려고 한다. 분명하게 나타난 결과를 가지고 숨겨진 원인을 파악해야만 한다. 이 시간의 체험 수위는 오르락 내리락한다. 파우스트는 세상의 비밀은 밝혀낼 수 있는 것으로 보고 인식행위를 통해 밝히고 싶은 욕구와 순수한 느낌 속에서 직접 삶을 경험하고픈 열망 사이에서 갈팡질팡한다. 그는 자신을 만족시킬 수 있는 것이 무엇인지 아직도 정확히 알지 못하고 있다. 그의 방에 있는 잡다한 실험도구가 그에게 고통스럽게 상징하는 지적이고 정신적인 영역에 대한 극도의 반감, 그리고 자유로운 자연의 세계로 달려가고 싶은 열망, 이것이 "도망가라! 일어나서 넓은 땅으로 나아가라!"(JG. VI, 363)는 감정의 분출로까지 고조된다. 그러나 그에겐 단순한 동물적 삶의 감정으로 도피할 생각은 아직 없다. 자연의 내부로 침투하는 것, 그것은 건강을 위해 밤이슬 속에서 목욕하는 것과는 다른 것이다. 그는 어디까지나 별들과의 대화, 자연 속에 깃들어 있는 신성과의 정신적 교제를 탐했다. 위대한 마법사의 책은 모성을 지닌 토양으로 인도하는 안내서이다. 이 책은 "전 자연에 영향력을 미치고, 감정을 이입하려는 정신적인 노력"(WA.I.14,287)의 결정이 아닐 수 없다. 파우스트는 이 비밀의 책 속에 자연 전체가 대우주의 신비로운 공식으로 상징적으로 형상화되어 있는 것을 본다. 그는 이 상형문자에서 작용하는 자연, 우주의 단계적 영역을 조화시키는 법칙성, 천사들이 오르락내리락 하는 태초의 천국의 사다리의 그림을 연상케 하는 '아름다운 연결'을 본다. 독백은 모두 신비주의-자연 철학적 전통을 가진 표현들과 모티브로 채워져 있는데, 이는 괴테가 경건주의와 스트라스부르 시절 그의 학업을 통해 알게 된 것들이다. 이와 같은 무한한 전체성, 조화로운 우주의 직관적 인식은 또한 이 젊은 시인이 애호하는 모티브이기도 하다. 베르테르는 친구에게 보낸 편지에 "그리고 나는 이 모든 힘들이 땅속 깊은 곳에서 서로 작용하고 창조하는 것을 보았지만, 그것이 무엇인지는 설명할 수가 없네"(JG. IV,265)라고 고백하고 있을 뿐 아니라 사티로스도 "만유는 막상 하나의 전체였고 / 이 전체가 한 목소리로 노래를 불러 생기를 불러일으켰다"(JG. III,297)며 꿈같은 상상을 하고 있다. 렘브란트는 이런 상황을 본보기로 마법사의 부식 동판화를 제작했고, 후에 괴테는 이 동판화를 뒤집어 축소시킨 사본을 직접 그의 문학작품의 서두에 실었다. 파우스트는 신의 자연을 바라보면서 자신이 신인 것처럼 느낀다. 그러나 이것도 실제로 실현된 것은 아니고 아무리 아름답고 훌륭할지라도 어디까지나 연극일 뿐이다. 상형문자에서 무한한 것을 바라본다고 해서 곧 그것을 파악하고 이해하며, 실제로 자신과 연결하는 것을 의미하지는 않는다. 인간은 이런 고상한 현상을 마주하고 창조적으로 행동해야 하고, 그와 같은 현상 앞에서 자아 감정을 잃지 않고 자신을 관철하려면 단지 정관적으로 즐기기만 해서는 안 된다. 보고 들은 것을 능력 있게 행동으로 이루어 내는 것만이 유일하게 만족과 성취감을 느끼게 하는 삶이라는 괴테의 인생 교훈이 분명 여기에서도 전달되고 있는 것이다.

우주와 온 세상의 구조가 법칙성을 지니고 있다는 꿈같은 상상도 파우스트의 동경을 달래지는 못한다. "우리가 […] 편협한 정신으로는 수용할 수 없는 하나의 완전한 존재가 있다고 생각할 수 있으면 우리는 이미 무한한 것에 관해 이해할 수 있는 능력을 가지고 있는 것이다"(WA.II.11, 315). 파우스트는 그와 같은 이해의 능력만으로는 그의 욕구가 충족될 수 없다는 것을 이제 이 같은 최대의 정신-체험을 통해서 깨닫게 된다. 그러나 땅과 좀 더 가까운 정령은 틀림없이 이 욕구를 충족시켜 줄 수 있다고 확신한다. 지령의 부호符號를 대하자 즉시 파우스트의 내면에 있는 행동정신이 자극되고 거인다운 삶을 꾸려보겠다는 용기가 솟는다. 괴테는 후에 이 지령을 '세상 및 행동의 정령'이라고 불렀다. 그 자신이 행동의 정령이면서, 이 행동의 정령을 불러낸다는 것이 물론 중요하다. 괴테가 분명하게 밝히지 않은 행동의 정령과 그 보다 높은 만유의 정령과의 관계를 우리가 어떻게 상상하려고 하든, 그가 바라는 것은 정적인 완성이 아니고 이 세상의 창조적 영역에서 활동하는 삶이다. 여기서도 괴테는 옛날의 신비주의의 상상을 되살리고 있는데, 곧 그는 이와 같은 창조적으로 활동하는 삶을 통해서 거인으로 승격할 수 있다는 것이다. 파우스트는 황홀경에 빠지고, 이 황홀경 속에 어쩔 수 없이 정령이 모습을 드러낸다. 정령은 천사와 제신들이 간절히 원하는 인간에게 나타날 때와 마찬가지로 원초적이고 고상한 형상으로 등장하는 것이 관례이다. 그러나 터무니없게도 이 거인이 정령의 영역에 달라붙어 기도와 주문으로 "빨아들일" 수 있었던 정령의 환영은 흉측해서 참아 눈뜨고 볼 수가 없는 몰골을 하고 있었다. 더욱이 그가 이와 같은 절망감에 빠져 있는 상황에서 그를 가리켜 "겁을 먹고 꿈틀대며 도망가는 벌레"라는 정령의 목소리를 듣는 것은 엄청난 아이러니가 아닐 수 없다. 그러나 극도로 자신을 비하하는 이 소리가 오히려 그에게 자신감을 다시 일깨운다. 그 정령이 막상 지고한 신성을 섬길 자신의 활동의 밑그림을 그리자 동일한 창조력으로 충만한 인간은 다시금 그 정령과 아주 가까운 것으로 느낀다. 그렇지만 그 인간이 정령을 이해하려면 어떻게 해야하는가? 세상을 배회하고 목적없이 분주하게 움직이는 힘으로서 자신에게 만족하는 가운데 이해하게 된다. 보편적 질서유지에 이바지하는 데 크게 의미와 목적을 두려는 자세로는 정령을 이해하지 못한다. 파우스트의 실수는 상승을 헌신과 봉사로 알지 못하고, 단지 자아의 발광으로 아는 자신 속에 갇힌 주관주의자가 저지르는 실수이다. 확장을 통한 상승에 역逆으로 작용하는 맥박을 그는 아직 알지 못하고 있다. 불충분한 이해가 그 정령의 접근을 방해했고, 정령이 사라지자 파우스트는 절망하여 쓰러진다. 마법적-거인적 접근을 억지로 할 수도 없으니 모성의 땅에 이르는 길이 어디에 있겠는가? 이와 같은 서두는 그 당시 이미 눈앞에 아른거리는 대 희곡의 전주곡으로서만 이해될 수 있다. 이 입구에서 파우스트는 다양한 통로를 거쳐 각기 다른 완성에 도달하도록 되어 있다. 그러나 그는 이 첫 번째 구간을 아직 통과하지 못했고, 미처 방향조차 올바르게 파악하지 못했다. 그는 그럴 만큼 성숙하기 전에 지식인이 저지르는 학문적 시행착오를 더욱 많이 겪을 필요가 있는 것이다.

바그너 장면은 그와 같은 시행착오의 경험을 묘사하고 있다. 여기서 바그너는 민중본에 나오는 불손한 비술의 대가나 인형극에 나오는 익살스러운 머슴이 아니라 "융통성 없는 열광자"로 등장한다. 파우스트의 상대로서 그와는 대조적 성격을 지니고 있다. 거의 학업을 마치지 못한 사람, 우직하고 유능한 "학문에 정진하는 명석하고 냉철한 남자", 계시와 내면의 감정 없이도 체계적으로 근면하기만 하면 보람 있는 것을 인식할 수 있다는 고루한 망상에 사로잡힌 남자. 파우스트는 이 고루한 삶의 영역에 속하는 꼭두각시나 다름없는 인물과의 대결을 통해 중요한 통찰을 얻게 되는데, 즉 체감된 지식, 곧 인식은 생명력이 넘치는 내면으로 부터 접근할 때만 얻을 수 있다는 통찰이 그것이다. 그의 지식 지상주의는 경험적 실용학문에 반기를 든다. 역사적 환상은 깨어지고, 계몽주의 학문은 심판을 받는다. 사물과 도덕적 현상을 개념적으로 정리하는 계몽주의 학문의 방법에 대항해서 현실 속에 존재하는 원초적 에너지와 결과를 통해 원인을 파악하려는 새로운 직관적 인식 방법을 내세운다. 파우스트는 이 모든 것을 기필코 언어로 표현해야 한다는 점에서 자신이 남과 다르다는 것을 결정적으로 의식하게 된다. 그는 이제 학문 영역에서 궁극적으로 해방되었다. 이렇게 옛것은 끝났지만, 새것은 이제 겨우 계획과 예감의 단계에 있을 뿐이다. 앞으로 그가 가야 할 길은 이 방향이 아니다. 정신의 영역에서 근원적인 삶의 영역으로의 결연한 방향전환만이 이 난관을 극복하는 데 도움을 줄 수 있다. 그의 거인주의는 이제 삶에 대한 열망으로 발전하기에 이른다.

〈*원파우스트*〉에는 그 이상의 중요한 연구실 장면은 들어 있지 않다. 부활절 산책, 메피스토의 등장, 파우스트와 메피스토의 계약도 들어 있지 않다. 파우스트의 수행원인 악마 메피스토가 학생과 함께 처음으로 무대에 나타난다. 관객을 위한 익살스러운 장난이요, 민중극에서나 볼 수 있는 희극적인 막간극의 대용이다. 이 장면은 전체의 리듬 속에서 긴장 해소를 위한 짧은 휴식을 목적으로 계획된 것이다. 물론 앞서 이미 줄거리 구성상 빼놓을 수 없는 감명깊은 등장이 있었음을 전제로 한다. 동시에 이 장면은 파우스트와 바그너의 대화와 대비되는 장면으로 풍자적 성격을 띠고 있다. 파우스트와 바그너 장면에서 전문적인 학문의 정신이 비판받은 것 같이 여기서는 그들이 소속된 대학의 학생생활과 수업방법이 조롱의 대상이 된다. 대학생들의 생활양식, "무절제한 기분풀이", 강사들의 수업방식, 공허한 개념들의 공식화, 생명이 없는 문자학 등등. *〈원파우스트〉*의 시구에는 괴테의 라이프치히 대학에서 얻은 경험들이 사실적인 거친 말씨로 재현된 것을 볼 수 있다. 거기에 메피스토는 절망 속에서도 아직은 삶을 크게 낙관하고 있는 주인공의 상대역으로서 허무주의적이고 냉정하며 행동이 기민하고 냉소적인 존재로 나타난다. 관객에게는 강력한 힘의 도구인 메피스토가 주인공에게 위험한 존재가 될 수 있겠다는 느낌이 들 수도 있다. 그러나 파우스트는 어디까지나 자신의 깊은 신념에 도전하는 반대 극極으로서 작용하게 될 메피스토의 부정否定의 원칙을 결코 받아들이지 않을 것이다. 그렇지만 *〈원파우스트〉*에서는 아직 결정적 부분이 결여되어 있기 때문에 이 모든 것을 느낌과 예감으로 알 뿐이다. 그 다음 장면 역시 아무런 사전 설명 없이 어느새 "작은 세계"를 통과하고 있는, "외부로부터 오는 향락적인 삶"의 영역에 빠져 있는 파우스트를 보여 준다. 초 감성적인 거인이 처음으로 격렬한 성적 욕망에 빠져 있는 상태, 이것도 역시 민속 이야기책의 모티브를 본 딴 희극적이고 익살스러운 막간극이다. 이와 같이 생경하게 색정적 삶의 영역을 묘사하려는 첫 시도는 이 드라마의 나중 부분에 나타나는 전체 형상의 비극적 진지함에는 별로 어울리지 않아 보이고, 오히려 젊은 괴테의 익살극 문학에 더 가깝다. 어떻든 간에 그것은 파우스트가 살던 고古프랑켄 시대에나 가능했던 '향락에 탐닉된 삶'이다.

*〈원파우스트〉*에는 그레트헨 플롯이 이미 완결된 형태로 들어 있다(단지 발렌틴-장면만은 아직 미완성이다). 파우스트의 애인인 그레트헨은 전설적 인물 헬레네와는 달리 괴테가 창안한 가공의 인물이다. 이 서민 출신 아가씨는 당시 젊은 세대의 문학이 즐겨 그리는 일종의 식물적인 인간이다. 프리데리케나 로테와 같은 부류이지만, 순수한 원형에 속하는 존재이며 전적으로 소박하고 내면적 성격을 지닌 독일적 여인의 이상형이다. *〈베르테르〉*의 8월 12일자 편지에도 *〈파우스트〉*에서 연출된 것과 같은 삶의 모습이 간단히 묘사된 부분이 있다. 역시 거기에서도 삶에 대한 주인공의 열망이 막상 아가씨의 평범한 세계로 흘러 들어갈 때 이미 비극적 사건의 시작을 알리는 신호음이 울린다. 각오하고 처음 느끼는 감정에 헌신하는 것, 그녀로서는 감당할 수 없이 밀어닥치는 운명에 순순히 따르는 것 말고 파우스트에게 내 놓을 수 있는 것이 무

엇이 있겠는가? 그녀는 줄 수 있는 것을 모두 바친다. 그리고 순진한 나머지 자신이 하는 일의 옳고 그름을 가늠하지 못한 채, 이것이 그녀의 전부를 요구하는 시간임을 느낄 뿐이다. 그녀의 본원적 순수성과 옹색한 삶 속에서도 잃지 않는 내면적 여유 – 이는 파우스트의 삶 속에 나타나는 불안과 이기적 욕망과는 얼마나 대조적인가! 그녀와 몇 가지 캐릭터상의 공통점을 가지고 있는 셰익스피어의 비극 *〈햄릿 Hamlet〉*의 여주인공 오필리아Ophilia처럼 그녀도 미처 자초지종을 파악할 새도 없이 폭풍처럼 덮쳐 와서 그녀에게 피해를 입힌 한 사건의 죄 없는 희생물이 되고 만다. 운명을 이겨낼 수 없는 자연인의 비극을 묘사한 것은 괴테가 처음은 아니다. 이 인물은 호의적인 동정이나 도덕적 심판의 대상이 아니다. 괴테 자신이 체험하고, *〈괴츠〉*와 *〈클라비고〉*, *〈스텔라〉*에서 형상화했던 것처럼, 여기에서도 역시 사랑의 어두운 마력, 즉 오직 사랑에 의리를 지키는 순결한 여인의 희생과 불안정한 마성에 쫓기는 남자의 죄 없는 죄가 다시금 묘사되어 있다. 괴테의 다른 문학작품 어디에서도 이 같은 비극이 그토록 심도 있고 감동적으로 묘사된 예는 발견할 수가 없다.

이 길은 바로 파우스트가 느끼는 가운데 근원적인 삶을 파악할 수 있기를 기대하면서 접어든 올바른 길이다. 그는 이 인물을 통하여 자연자체를 껴안을 수 있다고 믿는다. 그것은 결국 아직까지 한 번도 느껴본 적이 없는 황홀감으로서 이 느낌은 성취에 대한 그의 상상에 부응하는 것이기도 하다. 심지어 그 황홀감 속에는 성취감을 느낄 수 있는 순간이 들어있다. 그러나 그것이 단 한순간에 지나지 않는다는 것이 사실이라면 파우스트의 열망은 어떻게 실현될 수 있겠는가? 순간이 전체의 열망을 수용하고, 그 순간이 지속적이고 영원할 때 비로소 그 열망은 완전히 실현되었다고 할 수 있을 것이다. 파우스트가 원하는 것은 인간의 한계를 극복하는 것이요, 소멸과 생성의 교차를 지양하고 영원화함으로써 자신을 신격화하는 것이다. 파우스트는 거인을 피조물 중의 피조물로 격하시키는 '전능한 시간'의 리듬에서 벗어나고자 한다. 그는 '끝없는' 체험을 원한다. 인생 전체가 최상의 순간의 압축으로 체험되어야 한다. 후에 메피스토와의 계약을 성문화하는데 문제가 되는 것은 바로 그 점이다. 이 순간 이후의 시간은 그에게는 지나간 것일 수 있다. 왜냐하면 그때 시간은 그에게는 극복된 것이고, 실체가 없는 것이 되기 때문이고, 그는 유일하게 생의 최상의 의미를 부여할 수 있는 것을 체험하는 가운데 파악했기 때문이다. 그것은 곧 완전성을 갖춘 신성이다. 그것은 대우주를 직관하면서 단지 숭배하는 것이 아니라, 그 대우주를 느끼면서 소유하는 것을 의미할 수도 있다. 괴테는 파우스트문학의 발생 초기부터 틀림없이 이와 같은 핵심 이념을 가지고 있었다. 후에 노년의 지혜에 힘입어 이 이념의 전환이 이루어지지만 이때만 해도 괴테는 이를 미처 예감하지 못했다. 〈*원파우스트*〉의 유명한 사랑의 대화의 바탕에는 이미 이 이념이 깔려 있다.

젊은 괴테와 그의 세대가 겪은 새롭고 중요한 경험, 즉 지상에서 벌어지는 내면생활의 축제에서도 분명 영원한 것이 포착될 수 있다는 이른바 종교적 신비사상에 친숙한 경험이 여기에 묘사되어 있다. 파우스트가 경험하는 지고의 순간은 근본적으로 신비주의자가 내세우는 내면 합일의 순간과 같은 것이다. 파우스트는 사유하면서 현실을 해결하고 결과를 통해 원인을, 현상 속에서 본질을 직관하는, 그러니까 인식하는 정신의 행위 대신에 이제 직접적으로 느끼는 감각적인 이해를 통해서, 의향意向이 없는 행위를 통해서 접근점을 찾고 있다. 그것은 그가 신봉하는 새로운 길이다. 그는 자신으로부터 분출되는 끝없는 감정의 물살을 타고 생의 한가운데로, 세상의 심장 속으로 돌진하려고 한다. 그는 애인에게 유일하게 진실한 종교적 경험으로서 신의 감정을 이야기하고, 존재하고 작용하는 신성을 감지할 수 있는 방안, 즉 감정의 상태로서 경건함을 이야기 한다. 그에게 믿음은 신에 대한 개념적 진술에 대한 이성의 동의가 아니라, 내면생활의 상태이다. 그의 사랑도 마찬가지이다. 사랑도 역시 상태요, 마음의 순환운동이며, 무엇에 대한 느낌이 아니라 너Du를 향함이다. 그처럼 내면으로 집중을 통해서만 사랑은 승화되어 최고의 성취의 경지에 이를 수 있다. 연인은 이 같이 성취되기를 원하는 정열을 유발하는 요인이요, 단지 현실일 뿐인데, 이 현실에서 초현실적인 완벽한 자유에 도달코자 하는 열망이 타오른다. 이 열망은 무한한 속성을 지녔다. 그렇기 때문에 파우스트는 집 없는 떠돌이요, 목표와 안정이 없는 무뢰한이다. 그를 만족시킬 개체가 없고, 그를 달랠 수 있는 것이 세상에는 아무것도 없다. 그렇지만 그 순간만은 그를 구원할 수도 있다. 그 순간이란 물론 영원일 수 있고, 그를 온통 "위대하고 찬란한 환희의 감정으로 채워서 모든 것을 자신 속에서 창조하고 자신을 통해서 창조하는"(JG. IV, 265) 존재의 행복을 지금의 자아 속에서 느끼게 될 순간을 말한다. 이 신비적인 역설은 파우스트의 인생 역정에 나타는 엄청난 긴장을 지적하고 있다. 파우스트의 인생 역정은 세상에는 그를 진정시킬 만한 것이 없는데다 신성은 아무리 붙잡으려고 애를 써도 붙잡혀지지 않고 빠져나감으로써 어쩔 수없이 탐욕에서 향유로, 향유에서 탐욕으로 다람쥐 쳇바퀴 돌 듯 돌아가는 과정의 연속일 뿐이다. 그러나 파우스트가 위대한 것은 그가 비록 불행하기는 하지만, 패배하지는 않는다는 것, 절망을 하지만 지치지 않고 항상 새로운 출발을 한다는 점이다.

파우스트가 자신의 거인적 갈망을 육체적 생명감으로 체험하는데 이용당하는 '자연아Naturkind'는 파우스트의 그 같은 광기어린 삶에 보조를 맞출 수가 없다. 그레트헨은 그녀의 좁고 제한된 삶의 테두리 속에 갇혀 있고 그녀가 속한 공동체의 삶의 형식에 묶여 있다. 이와 같은 운명이 그녀를 파멸시키고 만다. 비정상적인 정신의 영역으로부터 모성적 삶의 영역으로 침투해서 이 영역을 느끼며 정복하려는 파우스트의 첫 번째 시도는 이처럼 하나의 참사로 끝나고 만다. 생의 열망, 애정의 갈망으로 나타나는 그의 거인주의가 그로 하여금 큰 죄를 짓게 했기 때문에 그는 실패한 것이다. 이 체험은 모름지기 그의 삶을 온전한 근원적 자연이 되도록 해야 했다. 그러나 우주 속에서 도덕을 초월하는 신성한 힘의 지배를 받은 그의 거인적 열망은 인간의 도덕적인 영역을 범하고 만다. 인간은 자연 이상의 존재이기 때문에 완전히 자연일 수는 없다. 개인의 고립된 삶은 존재할 수 없고 개인의 영역은 도덕적 현상을 통해서 사회적으로 제재를 받게 마련이다. 파우스트는 그레트헨-체험에서 사랑은 하나의 포괄적 연관 속에 자아를 적응시키는 것이라는 것을 경험한다. 사랑은 자아에게 승화된 영광을 가져다주는 것이 아니라, 절제와 자기희생을 요구한다는 것을 경험한다. 파우스트가 자신만을 위한 개별 도덕 규칙을 주장하고 그의 거인주의가 저지를 범죄혐의를 무사히 벗을 수 있다면 그것은 그야말로 거인적이요, 그러므로 도덕적 제약의 극복일 것이다. 그것은 그가 가진 거인적 삶의 권리가 치르게 될 중요한 시험일 것이다. 그러나 그는 스텔라의 줏대 없는 애인처럼 속수무책으로 방관만 하고 있다: "마음! 우리의 마음! 그처럼 느끼고 그처럼 행동하는 것이 너의 본성이라면, 왜 일어난 것을 용서할 수 있는 힘이 네게 없는 것이냐?"(JG. V,102) 여기서 그가 취한 태도는 지령을 바라볼 때와 마찬가지이다. 즉 그는 자신이 데리고 온 괴물의 모습을 보는 것이 견딜 수 없는 것이다. 산문체로 쓰여진 메피스토와 함께 망연자실해 하는 장면은 그의 파탄을 보여준다. 그는 욕구를 충족시키지 못한 채 죄인이 된 것이다. 그리고 그에게는 모든 인간을 제약하는 것, 즉 인간적 유대관계를 뛰어 넘어 선과 악의 피안에 있는 거인의 고독 속으로 밀고 들어 갈 능력이 없다. 마성의 공동체와 보조를 맞추며 살기에는 그가 너무 나약하다. 다른 때 같으면 인간적 고귀함에 대한 비마성적이고 고루한 유물론자나 허무주의자의 몰이해로 들릴 메피스토의 끔직한 아이러니가 여기서는 정당성을 얻고 있다: "자네가 우리와의 일을 끝낼 수 없다면 무엇 때문에 자네는 우리와 어울리는가? 자네는 날려고 하지만, 머리가 어지러워 날지를 못하는 것일세"(JG. V, 437). 마지막 장면에서는 *〈원파우스트〉*의 사실주의적 훌륭한 산문이 더욱 감동적인데, 이 장면은 파우스트로 하여금 자신의 잘못을 고통스러운 현실로 경험하도록 한다. 이 광경은 그를 출발상태로 되돌린다. 거인적 예외 인간은 다시금 자신이 어쩔 수 없는 인간에 지나지 않음을 상기하게 된다. 그가 오랫동안 느끼지 않았던 것, 오래 전에 뒤로 한 것, 힘없는 피조물의 소름끼치는 감정, 피조물이 품게 되는 불안감이 전례 없이 그를 사로잡는다. 멸망한 자, 파탄에 이른 자인 그는 자신에게 희생당한 여인을 극한의 상황으로부터 구할 수도 없다. 그레트헨은 고통스럽게 버림당한 굴욕으로부터 보호받기 위하여 파우스트의 품속으로 뛰어들지 않고, 파우스트와는 오래 전에 끝났지만 그녀가 어린아이처럼 신뢰하고 있는 신의 품으로 도망친다. 파우스트의 자신감은 그의 고상한 이상상과 함께 무너진다. 심판을 받은 사람은 그레트헨이 아니라 파우스트인 것만 같다.

*〈원파우스트〉*는 어떤 분명한 말로 그 이상의 것을 지시하지 않고, 주인공의 운명조차도 후에 쓴 *〈타소〉*와 마찬가지로 '절반의 결말'로 모호하게 남겨 둔다. *〈원파우스트〉*는 젊은 시인의 인생 해석, 인간에 대한 당시의 지식, 우리의 천성이 지닌 어두운 모순과 우리의 생존 조건에 관한 지식을 제공한다. 이 드라마의 결말은 불가사의한 세상의 칠흑같이 어두운 밤으로 내달리는 것 같다. 하지만 괴테의 청년시절의 가장 훌륭한 문학적 성공작의 활시위는 화살이 그렇게 쉽게 땅에 떨어질 만큼 가까운 곳을 겨냥하여 당겨진 것은 아니다. 파우스트 플롯은 그 밖에도 마법사가 겪는 온갖 체험들을 이야

기한다. 또한 우리는 괴테가 당시에 이미 주인공 파우스트와 헬레나의 만남을 계획하고 있었음을 알고 있다. 그러나 설혹 우리가 그것에 대하여 아무것도 모른다고 해도 이 드라마가 파우스트의 첫 번째 좌절로 끝날 수는 없다. 그의 "이상적인 노력", 무한한 것의 이해를 통해 승화하려는 열망은 분명 무산되지 않은 것이다. 그것을 위해 그가 신명을 바치는 모습은 너무나 숭고하기만 하다. 비록 유한한 것과 무한한 것의 긴장이 그가 원하는 형태로 극복될 수 없다 하더라도 한 번의 실패로 넘어질 파우스트가 아니다. 괴테는 틀림없이 처음부터 하나의 해결책을 알고 있었을 듯한데, 그것이 무엇인지는 오직 추측만이 가능할 뿐이다. 만일 파우스트가 이와 같은 범죄로 처형을 당했다면, 그가 '지옥으로 가야만' 했다면, 여기 초기 작품에서 그랬을 것이다. 자신의 주제를 파악 못하고 날 뛰는 '절반의 천재' 클라비고가 몰락하는 것은 당연하다. 그러나 파우스트는 그를 능가하는 인물로 클라비고를 파멸시킨 비극적이고 죄 없는 죄로 파멸 당하지는 않는다. 그는 보다 강한 재료를 써서 제조되었을 뿐 아니라 보다 강한 불에 정련되었으며, 일련의 오랜 경험을 통하여 그는 변화될 것이다.

〈*파우스트*〉는 도가 지나쳐 삶의 근원적 에너지가 지적으로 마비됨으로써 야기된 정신의 위기와 함께 시작된다. 삶의 에너지와 대체된 정신에는 활력이 결여되어 있다. 정신은 무기력하고 공허하며, 자기만족 속에 병든 채 생존하면서 주제넘게 삶과 우주를 상대로 부당한 요구를 한다. 그에게는 본원적 자연과의 관계가 결여되어 있기 때문에 그의 삶의 공간은 '세상'이 아니다. 거기에는 자연 그대로의 삶이 없고, 인간다운 삶이 없다. 파우스트는 이와 같은 비정상적인 영역으로부터 근원적인 삶의 세계, 곧 세상으로 뛰쳐나온다. 그에게는 괴테와 같은 세대의 젊은이에게 있는 삶에 대한 열망이 신화처럼 나타난다. 그리고 타락을 극복하고, 고도로 발달된 정신의 쇠사슬로 평범한 생존형식이 지닌 제반 한계를 무너뜨릴 의지를 가진 새로운 인간존재를 구현하고 싶은 불안한 욕구가 나타난다. 첫 번째 시도는 그를 아주 밑바닥에 있는 원초적 자연 상태, 불투명한 감정과 몽롱한 욕망 속으로 몰고 간다. 원초적 성性이 직접적인 자연에 대한 그의 갈증을 해소해 주리라 기대한다. 그러나 파우스트는 극복할 수 없는 새로운 한계에 부닥친다. 그에게는 승화된 정신을 벗어나 실컷 놀아나고 자신을 사랑으로 승화시킬 능력이 없기 때문이다. 재앙을 초래하는 일종의 미로와 같다. 파우스트가 근원적 삶의 에너지에 자신을 열고 모성의 땅에 자아의 뿌리를 내리는 것은 필요하고도 적절한 것이었다. 그러나 그처럼 자연적 토대를 다시 얻게 됨과 동시에 그는 인간의 고유한 성품에서 벗어나서 이 방향으로 향한다. 그는 이 에너지를 정신의 영역으로 유입시키지 않고 그 영역을 피해 가게 한다. 몽롱한 욕망이나 다름없는 갈망은 정신으로 승화되지 못하고 통제받지 않은 채 광란한다. 파우스트는 높아지고, 인간의 생존방식의 벽을 허물려고 함으로써 오히려 더욱 부자유스러워만 진다. 〈*베르테르*〉와 마찬가지로 이 작품도 당시의 젊은이들의 내면상태를 묘사하는 가운데 자각하게끔 하는 동시에 새로운 삶의 형식을 심판하고 있다. 감상주의와 마찬가지로 거인주의도 괴테 세대가 공통적으로 지닌 특징에 속한다. 동시에 거인주의는 인간이 늘 되풀이해서 우주 속에서 자신의 지위를 새롭게 규정하고 체험하고자 하는 노력이다. 그렇지 않다면 이 모든 것은 한낱 민족 계몽을 목적으로 하는 경향문학에 지나지 않을 것이다. 그 당시 특별한 정신사적 상황이 빚어낸 고유한 갈등은 인간, 적어도 서양인이 가지는 영원한 갈등 중에 하나이다. 그리고 가장 '형이상학적'이고 가장 개방적인, 그러면서도 항상 되풀이해서 위협을 당하는 서양인인 독일인에게는 특히 절박한 갈등이라고 감히 말할 수 있을 것이다. 여기에서는 거인주의의 위대성이 안고 있는 끝없는 문제점과 또한 그것이 당면하고 있는 위험이 묘사되어 있다. 시인의 시선에는 현재의 혁명적 갈망 속에 다가오는 결단의 실마리가 담겨 있음이 보인다. 그 결단의 실현 여부에 따라 이 새로운 삶이 파멸의 길로 갈 것인지 아니면 좀 더 높고 충만한 인간존재의 기초가 될 것인지가 결정된다. 바로 이 점에서 괴테의 천재성이 증명되는 것이다. 괴테나 헤르더, 그밖에 그의 동시대인들은 필연적으로 모성적 생명의 바탕과 근원적 에너지의 원천에 관심을 가지게 되어 있다. 그런 점에서 그들 모두는 파우스트의 천성을 지니고 있다고 할 수도 있다. 개중에는 파우스트 속에서 바로 헤르더의 초상을 보았다고 주장하는 사람도 있다. 그러나 새롭게 뻗치는 힘들이 젊은 세대 중 다수에게는 파괴적 마성이 되지만, 괴테는 〈*파우스트*〉에서 거인적인 삶의 우상화에 대한 심판을 단행함으로써 이 위험에서 구제된다. 마치 그가 〈*베르테르*〉를 통해 마음이 약해질 위험에서 벗어나는 것처럼. 물론 파우스트는 심판을 받는다. 좀 더 승화되고 자유로운 인간이고자 하는 그의 열망이 거인의 오만불손에서 비롯된 것이라는 점에서 심판을 받아야 한다. 아직 발설되거나 형상화되지는 않았지만 배경에는 좀 더 높은 삶의 형식이 분명 존재한다. 그곳에서는 더 이상 자유의 내용이 정신으로 승화되지 않은 채 삶의 에너지에 몰입하는 것이 아니라, '상하上下' 의 평준화라는 새로운 방식을 통해 자유를 얻을 수 있을지도 모른다. 이 모든 것은 예감의 형태로만 존재하는 것이고, 실현은 고사하고 아직은 분명하게 인식조차 되지 않은 것이다. 그러나 이런 결과는 첫 번째 해결, 즉 파우스트 테마를 최초로 형상화한 〈원파우스트〉 속에 이른바 배아의 형태로 들어 있다. 파우스트는 '확신Klarheit' 을 얻기 전에 많은 경험을 필요로 한다. 이것이 처음부터 대작으로 계획한 드라마의 첫 부분인 것을 제대로 이해하게 되면 분명 파우스트를 그와 같은 길로 인도하려는 것이 젊은 괴테의 의도였음이 확실해 보인다. 여기에서 표명된 새로운 에너지로부터 추후로 발전된 새로운 이상적 성향으로 보아 주인공이 그처럼 빨리 심판받는 것이 쉽게 납득이 되지 않는다. 초기 파우스트 문학은 처음부터 단지 노년의 괴테의 지혜가 담긴 종합명제Synthese에 이르는 일련의 명제These의 변증법적 발전과정에서 거쳐야 할 고전적 반명제Antithese로 생각된 것일 것이다.

이 중요한 시기에 습득된 풍부한 문학적 형상화 역량과 표현 능력, 그리고 젊은 괴테의 예술적 완성도는 모두 이 첫 번째 파우스트 드라마 속에 나타나 있다. *〈원파우스트〉*는 마치 괴테와 그가 살던 시대의 문체 형식들이 모두 모여 화음을 내는 일종의 교향곡이나 다름없다. 여기에는 고전주의 이전 시기의 서정시의 어조들과 희곡의 형상화 가능성이 모두 동원되었다. 〈*원파우스트*〉는 미학적 현상으로서도 괴테의 젊은 시절의 총결산이나 다름없다. 대전환의 틈새에서 천재성의 자각과 성숙한 삶과 문학의 형식으로서 과도기 사이에 괴테의 최상의 청년기 작품이 탄생한 것이다. 진기하게도 이 작품은 이미 초기에 탄생해서 생애의 마지막까지 계속 성장한다. 즉 이 작품은 늘 간헐적으로 불쑥불쑥 나타나는 성장과정 속에서 생성되었다. 형식언어는 각각 괴테가 인간으로서 또 시인으로서 처해 있는 그때그때의 위치에 걸맞게 구사되었다. 그러나 그렇게 되면 새로운 언어만 사용된 것처럼 들릴지 모르나 그렇지는 않다. 이전에 이미 습득된 표현 및 묘사 가능성과 새로이 등장하는 가능성이 계속 병행해서 활용되었다. 〈*원파우스트*〉에서의 문체 형식들은 후속적으로 습득된 것이긴 하지만 시간적으로 하나씩 차례차례 사용되지 않고 동시적으로 사용된다. 이 미완성작은 전체로서 하나의 단면을 제공할 뿐, 젊은 시인이 대시인으로 대성해 가는 과정을 순서에 따라 보여 주지는 않는다. 형식과 문체들이 바뀌는 것이 젊음의 성장단위의 묘사요 표현이라는 사실이 이 같은 다양성에 통일성을 부여해 준다. 모든 것이 젊은 시인의 표현이지만, 이 시인은 여러 가지 언어를 구사하고 있다.

산문, 시가의 연, 자유리듬 시행, 크니텔 시행 등이 이 작품에 사용된 문체 리듬 형식의 단계들이다. 장면의 내용과 함께 문체도 질풍노도 시대 특유의 문학이상에 맞게 바뀌고 있다. 〈*파우스트*〉의 등장인물들은 독일어의 힘찬 크니텔 시행으로 대화하고, 그레트헨 줄거리가 묘사되는 서민적 장면은 같은 언어지만 말씨가 좀 더 거칠다. 그녀의 극심한 감정의 충격을 표현하는 독백 장면은 자유형식을 띤 시행으로 구성되어 있으나 그녀가 셰익스피어의 여인들처럼 순수한 느낌을 표현하는 순간에는 민요조로 노래를 부른다. 천박한 내용이나 극도의 흥분을 단도직입적으로 표현해야 할 곳에서는 대화 형식이 괴테가 〈*괴츠*〉에서 셰익스피어의 모형에 따라 처음으로 독일어로 만든 새로운 극적 산문으로 이루어져 있다. 그렇기 때문에 이 부분들은 가장 오래된 것이 아니다. 파우스트는 종교에 관한 대화에서처럼 정신고양의 정점에 이르러서는 자유운율로 된 시구로 담화한다. 괴테가 언제부터 이 문체 형식 모두를 이용하기 시작했는지는 단정적으로 말할 수 없다. 하지만 두 가지는 확실하다. 〈*원파우스트*〉의 전해 오는 작품들 중 어느 것도 스트라스부르 시절 이전으로 거슬러 올라가는 것은 없다 (〈*원파우스트*〉가 반드시 〈*파우스트*〉 드라마의 원초적 판본은 아니지만, 보존된 기록 중에 가장 오래된 것일 수는 있다). 그리고 크니텔 시행으로 표현된 장면은 1773년 이전에는 탄생하지 않았다. 당시 괴테는 중세와 근세 중 그가 선호하던 시대에서 유래한 문학, 즉 한스 작스의 글과 보다 거친 카니발 연극을 좀 더 가까이한 편이다. 그는 '고딕식' 언어 문체의 개별 요소들과 함께 거기에 속하는 운율 형식, 편안하고 힘차게 쌍을 이루는 시구들을 수용했다. 이 운율 형식들은 그의 패러디 연극 〈*연말 대목 축제*〉 등과 또한 〈*파우스트*〉의 주요 부분에서도 사용되었다. 한스 작스의 시구에서 볼 수 있는 음절을 헤아리는 옛 규칙과 음운 조성은 개의치 않았다. 그는 리듬과 음운 순서를 다양하게 자유자재로 바꾸었지만, 이 같은 변용은 항상 가장 많이 유지된 4개의 강음의 토대 위에서 이루어졌다. 그리고 우선 "그 시대의 시문학에 편안하게 잘 어울려" 보였던 아주 단순한 시구는 이 천재의 솜씨로 예상치 못했던 다양한 표현력을 얻었으며 동시에 내면적이고 편안하며 재미가 있었다. 민족적 전통이 상실되고, 엄격히 금지되었던 문체형식이 창조적 변형을 통해 새로운 생명을 얻은 것이다. 괴테는 민요에 합류함으로써 가곡문학을 위하여 이룩한 것, 하층민의 살아 있는 담화로 되돌아감으로써 새 시대의 문학 언어를 위해 이룩한 것들을 여기서는 드라마를 위해 이룩하고 있다. 이처럼 크니텔 시행은 또 다시 문학성을 지닌 시행으로 유명하게 되었다. 당시만 해도 고트셰트는 이런 크니텔 시행은 "오피츠Opitz 시대 이전에나 유행했던 옛날 프랑켄시대로부터 유래된 8음절의 토막 난 음운"이라고 멸시 투로 언급했고, 해학적인 시들에만 이 음운을 허용했다. 괴테가 이 크니텔 시행에 대한 관심을 일깨운 것은 보편화된 가치를 뒤집는 것이나 마찬가지이다. 당시의 사회문화의 교육 요소에 맞서 단순하고 자연스러운 에너지가 넘치는 것이 더욱 근원적이고 감각적으로 보인 것이다. 민속적 통속문학에서 전해져 오는 인물인 파우스트가 여기에서 새로운 창작 드라마의 대표적 주인공이 되는 것은 가히 혁명적이었다. 이 드라마에 맞는 유일한 형식으로 새로워진 '고딕' 문체 형식이 출현했다.

구체적인 내용상의 많은 부분이 이 드라마를 환상으로 보이게 할 터이지만, 그것은 아마도 여기서 괴테가 의도적으로 민속적이며 모든 사람을 위한 드라마를 지향했기 때문에 그럴 것이다. 만일 괴테가 이 작품의 어느 한 부분을 낭독하는 것을 들은 어떤 관객이 "그의 파우스트 박사는 독일에 있는 모든 사람들을 위한 작품"이라고 말했다면, 그것이야말로 당대인의 감동적인 과찬보다 더한 칭찬일 것이다. 젊은 시인 자신이 아마도 그와 같은 환상을 가졌던 것 같다. 그러나 그것은 물론 환상이었다. 왜냐하면 파우스트적 열망과 주인공의 고유한 비극성이 그 당시 분명 교육 받은 상류층에 의해 얼마나 강도 높게 경험되고 이해될 수 있었는 가는 상세한 설명이 필요치 않기 때문이다. 이 같은 갈등은 정신이 고도로 발달되고, 당시의 교양 있는 인간에게처럼 정신과 근원적인 생의 에너지 사이의 연결이 그다지 여의치 못한데서 생기기 때문이다. 사실이 그랬다. 파우스트는 서양문화에 있어서 정신적 인간이 지니고 있는 결정적 문제점을 경험한다. 파우스트를 전적으로 독일적인 인간의 내면적 특성으로 받아들이고, 주인공의 캐릭터 속에서 영원한 독일인의 신화 같은 것을 본다면, 그것은 역시 이 드라마의 의미를 왜곡하는 것이나 다름없다. 분명 질풍노도는 독일의 운동이다. 그러나 그 속에서 분출되는 에너지는 독일 밖의 온 서양을 동요시키고 있다. 이 젊은이의 혁명은 오직 독일 역사의 개별 조건에서 빚어진 특별한 형식에 있어서만 독일적이다. 그러나 새 시대에 있어서 서양민족들이 종교적 신비주의와 정신적 독립의 시기를 모두 겪은 것처럼, 그들 모두에게는 파우스트적 형상이 존재하는 것이다.

그리고 파우스트 문학이 전적으로 새로운 시대의 서양의 문학인 것과 같이 서양을 대표하는 독일 나름의 문학임은 말할 것도 없다. 맹위를 떨치는 거인주의, 프로메테우스의 정열, 영원히 충족되지 않는 불안한 열망, 이 모든 것은 독일인에 의해서만 그처럼 고조되고 그처럼 깊이 있게 체험된다. 독일인은 다른 나라 사람들보다도 성숙한 문화의 부수현상인 정신과 삶 사이의 긴장 때문에 만신창이가 되어 있다. 이는 서 유럽인들이면 항상 절도 있게 극복할 줄 아는 사안을 독일인이 무절제한 절대성을 부여하며 다룬 결과이기도 하다. 파우스트가 근대 서양인이 안고 있는 문제성을 표상하는 인물이라면, 이는 중용의 정신을 저버리고 독일적인 방식으로 이 문제성을 끝까지 안고 살려고 하는 괴벽 때문에 그렇다. 다른 어떤 서양국가에서도 첫 번째 파우스트 문학에서 탄생한 비합리적인 반동운동이 독일의 질풍노도에서처럼 결연하고 폭발적으로 그 힘이 펼쳐진 곳은 없다.

괴테는 이 같은 인간존재를 형상화시키는 연극을 완성하기 위해서 60년 이상의 세월을 필요로 했다. 그 결과 결국 서막, 막간극과 장중한 마지막 장면이 있는 두 개의 대작 드라마가 탄생되었다. 그리고 이처럼 엄청난 형태로도 그의 생애의 작품은 완전히 완성되지 않았다. 그처럼 방대하게 생각했던 조형물을 젊은 시절 처음으로 손을 대기 시작해서 바로 완성시킨다는 것은 불가능한 일이다. 그러나 이 첫 번째 *〈파우스트〉* 작품은 이미 근대 독일인이 불가사의한 어둠 속에서 겪어야 했던 커다란 테마, 곧 서양적 인간의 결정적 문제점을 담고 있는 것이다.

I

*〈젊은 괴테〉*의 저자 카를 비에토르Karl Vietor는 1892년 11월 29일 독일의 노르트란인-베스트팔렌주洲에 위치한, 지금은 행정구역상 보쿰시市에 편입된, 바텐샤이트Wattenscheid에서 태어났다.

뮌헨, 베를린, 프랑크푸르트 등지에서 법률학, 철학, 독일문학, 영문학을 공부했고, 1920년 프랑크푸르트 대학의 율리우스 페터슨Julius Petersen 교수 밑에서 *〈횔덜린의 송가와 애가 Die Oden und Elegien Hölderlins〉*에 관한 논문으로 박사학위를 취득했다. 이어서 1922년에는 같은 대학의 프란츠 슐츠Franz Schulz 교수의 지도를 받아 *〈독일 송가의 역사 Die Geschichte der deutschen Ode〉*에 대한 논문으로 대학교수 자격(하빌리타치온)을 취득했다.

1900년대 초만 하더라도 독일 문학 연구는 주로 문학작품의 보편적 정신사적 고찰에 치중하는 추세였다. 그러나 1920년대에 이르러 독일 문학이 점차 국수주의적인 성향을 띠게 되고 새로운 독일 국민 문학의 대두를 역설하게 되자 그 당시 많은 독문학자들은 객관적 사실을 바탕으로 하는 역사학과 자연과학을 단연코 거부하는 가운데 독일 문학에는 시대사적으로 파악할 수 있는 경향보다는 영원에 이르는 독일 정신, 독일 혼의 총체적 세계가 반영되어 있다고 보고,

독일정신 자체의 내재적 발전에 대한 연구에 집착하는 편이었다. 그러나 비에토르는 하빌리타치온 논문인 〈독일 송가의 역사〉에서 독일 문학의 세계관적인 배경에만 집착하는 태도를 버리고, 텍스트 내재적 소여성, 특히 일정한 문학적 작품의 장르적 특성에 관심을 기울임으로써 독일 문학 연구의 새로운 방향을 제시한 것으로 평가되고 있다.

카를 비에토르는 대학교수자격을 취득한 후 2년간 모교에서 전임강사로 활동하다가 1924년에는 쾨니히스베르크 대학 대우교수로 초빙되어 2년간 *〈근대 독문학〉* 강의를 했다. 1925년에는 유명한 헤르만 아우구스트 코르프Hermann August Korff 교수의 후임으로 기센 대학에 초빙되었고 5년 후에는 그 대학의 인문대학 학장에 임명되기도 했으나 1937년 7월 10일에 자진해서 교수직에서 물러나야 했다. 유태인과 인척관계가 있는 교수라는 이유로 파면당하는 것을 모면하기 위한 고육책이었다. 그의 부인은 가톨릭 신자였으나 나치스의 인종이론에 따르면 아리아인이 아니었다. 당시의 카를 비에토르의 행적을 보면 그도 역시 대부분의 독문학자들과 마찬가지로 히틀러 정권에 호의적인 입장을 보였던 것은 틀림없는 사실이다. 그러나 그 당시 유태인 여성과 결혼하고 히틀러의 집권 이후에도 계속 강의를 하려고 했던 교수들은 비록 친 나치주의 성향을 가졌다 하더라고 어려운 상황을 당할 수밖에 없었다.

1937년 8월 12일에 그는 당국에 퇴거 신고를 하고 이어서 미국으로 망명하였다. 1943년 6월 29일에 독일 국적을 박탈당했고 재산도 모두 몰수당했으며 그해 8월 25일에는 박사학위까지 박탈당했다. 1944년 그는 마침내 미국국적을 획득했다. 미국에서는 1937년부터 1951년까지 하버드대학의 '쿠노 프랑케 석좌교수Kuno Francke Professorship'로 〈*독일 예술과 문화*〉에 대한 강의를 하였다. 1941년에는 스탠퍼드 대학의 방문교수로 초빙 받은 적이 있었고, 전쟁이 끝난 후에는 독일 마부르크 대학, 함부르크 대학 등 여러 대학에서 교수로 초빙을 받았으나 거절하고 응하지 않았다. 괴테 탄생 200주년이 되는 해인 1949년에 그는 7개월간에 걸친 유럽 강연여행을 기획하여 홀랜드, 벨기, 스위스, 이탈리아 등지를 여행하며 괴테에 관한 강연을 하기도 했다.

칼 비에토는 1951년 6월 7일 미국 보스톤에서 세상을 떠났다.

카를 비에토는 1923년에 빌헬름 쉐러 재단에서 수여하는 쉐러 상을 받았고, 같은 해 프러시아 한림원의 회원을 역임하기도 했다. 대표적인 저서로는 이번에 한국어로 처음 번역된 〈*젊은 괴테 jungen Goethe (1930)*〉 외에 〈*횔덜린의 서정시 Die Lyrik Hölderlins(1921)*〉, 〈*게오르크 뷔히너 Georg Büchner(1939)*〉, 〈*괴테 Goethe(1949)*〉, 〈*괴테의 인간관 Goethes Anschauung vom Menschen (1960)*〉 등이 있다.

II

카를 비에토르가 1930년에 처음으로 출간한 〈*젊은 괴테 Der junge Goethe*〉는 제목만 읽으면 빌헬름 딜타이의 "체험과 문학"을 연상해서 독자들은 젊은 시절 괴테의 생애와 문학을 유기적으로 결부시켜 해설한 내용을 읽게 될 것으로 기대하기 쉬우나, 이 기대는 곧 무너질 수밖에 없다. 왜냐하면 이 책에서는 문맥상 불가피한 점을 제외하면 생애에 대한 구체적인 언급은 피한 채 작품위주의 해설로 일관하고 있기 때문이다. 그러므로 독자들은 이 책의 첫 부분을 읽으면 서평을 쓴 카를 아우구스트 코르프 교수가 "이 책의 저자는 [···] 중요치 않은 것은 모두 접어두고 가장 본질적인 것만 언급하고 있다"고 한 지적이 무엇을 뜻하는지 쉽게 깨달을 수 있다. 일반적으로 문학작품을 다루면서 작가의 생애와 작품의 결부가 필수적인가에 대하여는 여러 가지로 반론을 펼칠 수 있겠으나 우리의 경우에는 다음의 두 가지 이유에서 괴테의 생애에 관심을 가지지 않을 수 없다.

첫째는 괴테 문학 작품이 탄생되는 계기와 특성 때문이다. 많은 사람들이 괴테의 문학, 특히 그의 서정시를 체험문학으로 규정하고 있다. 그의 시들이 오성이나 기존의 시문학 이론의 산물이 아니고 자신을 표현하지 않으면 안 되는 시인의 내면적 필연성에서 탄생했다고 보기 때문이다. 그러므로 뒤집어 말하면 체험문학은 이러한 내면적 체험의 언어적 전달이라고 단정할 수 있다. 그러나 이와 같은 규정은 이 문학을 실제로 체험한 사건의 구체적 반영이라고 이해하도록 오도할 수도 있지만 이 체험들이 이 문학작품의 탄생의 계기를 마련해 준 것은 틀림이 없는 사실이다. 괴테 자신도 그의 자서전 〈*시와 진실*〉에서 "이렇게 하여 내가 일생동안 고집했던 방침이 정해졌는데, 이는 곧 나를 기쁘게 하고 고통스럽게 하거나, 그 밖에 내 마음이 쓰이게 한 것을 하나의 형상, 하나의 작품으로 변형하여, 나 자신을 정리함으로써 밖에서 일어나는 일들에 대한 나의 생각을 바로잡을 뿐만 아니라 나를 내면적으로 안정시키는 것이었다. 이렇게 하는 재주가 원래 극단에서 극단으로 계속 치닫는 천성을 타고 난 나에게는 타인보다도 더욱 필요했다. 그렇기 때문에 내가 고백한 것은 모두 커다란 고백의 작은 부분에 불과하다"고 언급함으로써 그의 해설자들의 전기주의傳記主義를 정당화 시켜주고 있다.

다음으로 이 책의 저자는 자신의 대화상대로 가정하는 독자들이 이미 괴테의 생애에 대한 사전지식을 가지고 있는 것으로 전제하고 있는 듯하다. 적어도 독일의 대학생들이라면 이미 중고등학교 시절부터 괴테의 글을 직접 읽었을 것이고, 그의 생애에 대해서도 익히 알고 있을 것이므로 이 책의 내용을 이해하는 데 무리가 없을 것이지만 아무런 사전 지식이 없이 괴테를 처음 접하는 우리 독자가 이 책의 문맥을 정확히 이해하기 위해서는 그의 생애, 특히 그의 인간관계와 여성들과의 만남, 그가 겪은 사랑의 기쁨과 고뇌, 그리고 이를 극복하기 위한 노력이 그의 글쓰기 작업과 어떤 관련이 있는가에 대한 앎이 전제되어야 한다.

하여 본 번역에서는 원본에서 배제된 괴테의 생애에 관련된 부분을 보완하여 우리의 독자로 하여금 젊은 괴테의 문학을 가능하면 총체적 문맥 속에서 이해할 수 있도록 〈*소개하는 글*〉의 형식으로 괴테의 탄생에서부터 바이마르로 이주하기까지의 삶의 자취를 그의 자서전, 편지, 그 밖의 연구서적을 참고로 해 재구성하여 실었다.

또한 원본에는 각 장을 이루고 있는 작은 단락들의 제목을 본문 속에 삽입하지 않고 책 뒤에 있는 목차 란에만 쪽수의 표시 없이 제시하고 있으나, 본 번역본에서는 원본과 달리 각 장을 분절하여 작은 단락으로 나누고 그 단락 앞에 소제목을 삽입시켰다. 이것은 "내가 음미하는 각각의 문제를 될 수 있는 한 많이 그리고 그 문제를 해결하기 위해 필요한 숫자만큼 작은 부분으로 나누라"고 귀띔하는 데카르트의 텍스트 이해의 분석 및 분할의 원칙에 부합하고자 하는 역자의 자의적 조치였음을 밝혀둔다.

III

마지막으로 작품 인용과 관련하여 언급해야 할 것은 이 책이 1930년에 처음 출간되었기 때문에 우리들이 오늘날 접할 수 있는 각종 괴테의 작품집이 아직 출간되기 전이어서 원문 인용이 대부분 우리에게는 낯선 괴테의 초기 작품집을 이용해서 이루어지고, 어떤 것은 아예 출처의 제시가 빠져있다는 사실이다. 괴테의 자서전인 *〈시와 진실 Dichtung und Wahrheit〉*에 나오는 인용문의 출처는 괴테전집 바이마르판 Weimarer Ausgabe이고, 그 밖에 시, 희곡, 소설, 서신 등은 막스 모리스가 발행한 '젊은 괴테Der Junge Goethe'이다. 간혹 출처 확인이 가능한 것은 괴테 작품집 함부르크 판Hamburger Ausgabe을 이용해서 역자 나름대로 출처표시를 했다. 그 밖에 헤르더의 인용문은 원문에 출처 표시가 되지 않아 번역문에

도 표시를 하지 못한 부분이 많다. 일부이긴 하지만 출처가 확인된 인용문은 헤르더의 작품집 Johann Gottfried Herder: Werke. Hrsg. von Wolfgang Pross. Bd. I 을 이용해서 출처를 표시했다. 그 밖에 출처 표시를 하지 못한 인용문이 많이 있는데 역자로서 일일이 출처를 확인하여 원전의 허점을 보완하지 못한 점을 못내 아쉽게 생각하며 독자들의 양해를 구하고 싶다.

이 책이 나오기 까지 많은 분들의 도움이 컸다. 원문 이해에 어려움이 있을 때 마다 최두환 교수님과 부인 레기나 최의 자문을 받았고, 우리말 손질에는 박종철 교수님과 이혜정 박사의 친절하고 헌신적인 도움을 받았다. 그리고 이 책이 출간되는 데에는 숭실대 출판부장 이병덕 선생과 임경란 선생의 배려가 크게 작용했다. 이 자리를 빌려서 이 분들에게 감사의 뜻을 전하고 싶다.

2009년 3월 김 홍 진

젊은 괴테의 작품 연표

1749~65	예수 그리스도의 지옥여행에 대한 시적 상념들 Poetische Gedanken über die Höllenfahrt Jesu Christi
1765~68	아네테 서 Buch Annette 라이프치히 노래책 Leipziger Liederbuch 연인의 변덕 Die Laune des Verliebten
1768~70	공범자들 Die Mitschuldigen
1770~71	프리데리케에게 바치는 시 Gedichte an Friederike 민요 수집 Sammlung von Volksliedern
1771~72	방랑자의 폭풍의 노래 Wanderers Sturmlied 셰익스피어의 날을 기해 Zum Shakespears Tag
1771	희곡 고트프리이트 폰 베를리힝엔 이야기 Geschichte Gottfrieden von Berlichingen, dramatisiert 독일 건축술에 관하여 Von deutscher Baukunst 원原 파우스트 Urfaust 집필 시작
1772	찬가 Hymnen
1773	괴츠 폰 베를리힝엔 Goetz von Berlichingen
1772~75	마호멧 Mahomet 프로메테우스 Prometheus 사티로스 Satyros 브라이 신부 Pater Brey
1774	클라비고 Clavigo 젊은 베르테르의 슬픔 Die Leiden des jungen Werthers 릴리에게 바치는 노래 Lieder an Lili 에르빈과 엘미레 Erwin und Elmire
1776	스텔라 Stella

약어

HA Goethes Werke. Hamburger Ausgabe in 14 Bänden, hg. von E. Trunz, Hamburg 1948 ff. (jetzt München)
(괴테 작품집, 함부르크 판)

HW Johann Gottfried Herder Werke, Band I, hg. von Wolfgang Pross, München/Wien 1984
(헤르더 작품집, 볼프강 프로스 발행)

JG Der junge Goethe. Neue Ausgabe in 6 Bänden, besorgt von Max Morris, Leipzig 1910
(젊은 괴테, 막스 모리스 발행)

WA Goethes Werke, hg. im Auftrag der Großherzogin Sophie von Sachsen-Weimar, Weimar 1887ff (Weimarere Ausgabe)
(괴테 작품집, 바이마르 판)

용어해설과 인물소개

ㄱ

감상주의 Empfindsamkeit

대략 1730년부터 18세기말까지 유럽 계몽주의의 틀 안에서 감정을 강조한 정신운동으로서 명칭은 고트프리트 에프라임 레싱이 영국인 로렌스 스턴의 소설 제목 〈*감상적 여행 Sentimental Journey*〉의 'sentimental' 을 'empfind-sam' 으로 번역할 것을 제안한 것에 연유되고 있다. 이 운동의 대표적 작가로서는 영국의 리처드슨 로렌스 스턴, 올리버 골드스미스, 에드워드 영, 프랑스의 장 자크 루소를 들 수 있고 특히 독일에서는 클롭슈토크, 괴테, 괴팅어 하인에 속한 시인들이 이 흐름의 영향을 많이 받았다.

경건주의 Pietismus

1670 ~ 1740년에 경색되고 외식에 치우친 개신교 근본주의에 반발해서 개인적인 신의 체험, 경건한 마음, 이웃사랑, 영력의 계발 등을 강조함으로써 종전의 신비주의 전통사상을 이어 받은 종교 운동.

게르스텐베르크 Heinrich Wilhelm von Gerstenberg(1737 ~ 1823)

독일 희곡 작가로 셰익스피어를 찬양하고 새로운 천재의 성격을 규정함으로서 질풍노도 운동의 발흥에 기여했다. 대표작으로는 비극 〈*우골리노 Ugolino*〉가 있다.

게스너 Salomon Gessner(1730 ~ 1788)

스위스의 전원시인. 고대 그리스의 테오크리트Theokrit 를 모방해서 시대감각에 맞는 우아하고 감상적인 전원시를 많이 썼음. 당대의 유명한 문인들, 보드머Bodmer, 브라이팅어Breitinger, 비이란트Wieland 등과 교유했다.

겔레르트 Christian Fürchtegott Gellert(1715 ~ 1769)

독일 작가. 라이프치히대학의 문학교수 및 문학 주간지 〈*브레멘 기고 Bremer Beiträge*〉의 기자로 활동함.

계기문학 Gelegenheitsdichtung

생일, 결혼식, 죽음과 같은 특정한 계기에 대개 부탁을 받고 쓰는 시문학으로 특히 르네상스와 바로크 시대에 많이 유행했다.

고딕양식 Gothik

고트 인(게르만 인)이 창안한 건축 양식인 고딕식을 르네상스 이탈리아에서는 야만적인 중세의 건축양식이라고 폄하한 것에 연유되어 고딕식gothisch의 건축하면 곧 야만적barbarisch인 것으로 통했다.

고트셰트 Johann Christoph Gottsched(1700 ~ 1766)

독일의 문학이론가 겸 작가. 독일 계몽주의 문학의 대표적인 이론가. 저서로는 〈*독일 비평문학 시론 Versuch einer Critischen Dichtkunst vor die Deutschen*〉이 있다.

골드스미스Oliver Goldsmith(1728 ~ 1774)

영국의 작가. 대표작으로는 〈*웨크필드의 시골 목사 Vikar von Wakefield*〉와 〈*폐허가 된 마을 Das verlassene Dorf*〉가 있다.

그로비안 문학 die grobianische Literatur

15세기말과 16세기 초에 유행했던 문학장르. 서민계층의 식탁예절 같은 예의범절을 반어적으로 뒤집어서 버릇없고 야비한 것으로 표현했음. '그로비아니스무스Grobianismus' 이라는 표현은 세바스티안 브란트 Sebastian Brant의 〈*바보들의 배 Narrenschiff*〉에서 유래했음.

그리멜스하우젠 Johann Jacob Christoffel von Grimmelshausen

독일 바로크 문학의 대표자. 교양소설 〈*심플리치시스무스 Simplizissismus*〉가 있다.

기사 드라마 Ritterdrama

일반적으로 주인공으로 기사騎士가 등장하는 드라마를 지칭하나 특별한 의미로는 괴테의 〈*괴츠 폰 베를리힝엔 Goetz von Berlichingen*〉의 후속으로 법과 정의의 이념을 지키는 기사의 전통을 갱신하려고 시도했으나 결국 영웅 전설에 머무르고 만 희곡을 말한다. 대표적인 작품으로는 괴테의 〈*괴츠*〉외에 클링어의 〈*오토 Otto*〉와 울란트의 〈*슈바벤 공작 에른스트 Ernst, Herzog von Schwaben*〉이 있다.

ㄷ

다이네트 Johann Konrad Deinet(1735-1797)

프랑트푸르트의 출판업자로서 괴테시대의 〈*프랑크푸르트 학자보 Frankfurter Gelehrtenanzeigen*〉의 발행인으로 활약했다.

담시 Ballade

서정적, 서사적, 극적인 요소를 포함하고 있는 문학 장르로서 종종 대화형식으로 신화, 전설, 역사, 자연에서 일어나는 어둡고, 불가사의하거나 끔찍하고 비극적인 사건을 서술한다. 발라데는 영국인 퍼시의 〈*고대 영국시의 자취*〉와 맥퍼슨의 〈*오시안 Ossian*〉의 영향을 받아 독일에서 독자적으로 발전한 문학형식으로 질풍노도 시대로부터 현대에 이르기까지 애용되고 있다.

뒤러 Albrecht Dürer(1471 ~ 1528)

르네상스 시대의 독일화가. 작품으로는 〈*자화상*〉, 〈*아담과 이브*〉, 〈*예수의 애도*〉, 〈*아기와 함께 있는 마돈나*〉 등이 있다.

디드로 Denis Diderot(1713 ~ 1784)

프랑스의 작가이자 예술비평가이며 백과전서가. 그의 희곡 작품으로는 〈*가장 Le Pere de Famille*〉, 〈*친아들 혹은 시험대에 오른 미덕 Le Fils naturel ou les Epreuves de la Vertu*〉 등이 있고, 장편소설로는 〈*수녀 La religieuse*〉, 〈*운명론자 자크와 그의 주인 Jacques le Fataliste et son Maitre*〉 등이 있다.

ㄹ

라 로시 Maximiliane von La Roche

젊은 시절 괴테의 여자 친구. 소피 폰 라로쉬의 딸로서 페터 안톤 브렌타노와 결혼했다.

라 로시 Sophie von La Roche(1731 ~ 1807)

여류작가. 작품으로는 서간체 소설 〈*프로일라인 폰 슈테른하임 Fräulein von Sternheim*〉이 있다.

라바터 Johann Kaspar Lavater(1741 ~ 1801)

스위스의 시인이자 관상학의 창시자로서 신비사상, 철학, 신학 등의 분야에서 많은 저술을 남겼다.

랑어 Ernst Theodor Langer(1743 ~ 1820)

괴테의 젊었을 때 친구. 후에 레싱의 뒤를 이어 볼펜뷔텔에 있는 도서관 사서가 되었다.

레싱 Gottfried Ephraim Lessing(1729 ~ 1769)

독일의 극작가이자 문학 비평가. 작품으로는 〈*에밀리아 갈로티 Emilia Gallotti*〉, 〈*미나 폰 바른헬름 Minna von Barnhelm*〉, 〈*현자 나탄 Nathan der Weise*〉, 〈*함부르크 연극론 Hamburgische Dramaturgie*〉 등이 있다.

렌츠 Jacob Michael Reinhold Lenz(1752 ~ 1792)

독일 희곡작가. 질풍노도 운동의 대표자의 한 사람으로 괴테의 친구였으며 작품으로는 〈*가정교사 Hofmeister*〉, 〈*병사들 Soldaten*〉 등이 있다.

로이히센링 Franz Michael Leuchsenring(1746 ~ 1827)

작가, 교육자, 언어교사로서 여러 왕가에서 활동하며 비일란트, 헤르더, 괴테와 같은 당대의 유명한 문학인들과 교유했다. 그는 1792년 프랑스 혁명의 지지자로 밝혀져 프러시아에서 추방당했으며, 만년을 파리에서 보냈다.

로코코 문학 Rokokopoesie

바로크와 고전주의 사이에 나타난 고도로 기교적이고 유희적인 양식의 문학.

루시퍼 Lucifer

로마 신화에 나오는 샛별. 아침노을의 여신 Aurora의 아들. 성경 〈*이사야서*〉 14장 12절에는 지옥에 떨어 진 천사가 '아침노을' 의 아들로 지칭되고, 〈*누가복음*〉 10장 18절에는 사탄도 하늘에서 번개처럼 추락한다고 기록된 연유에서 기독교에서는 루시퍼를 사탄과 동일시하게 되었음.

리머 Friedrich Wilhelm Riemer(1774-1845)

문헌학자로 괴테의 아들 아우구스트의 가정교사를 지냈고 후에는 괴테의 비서로 일하면서 특히 문헌학과 문학분야에서 괴테에게 많은 도움을 주었다.

리처드슨 Samuel Richardson(1689 ~ 1761)

영국의 작가. 서간체 소설 〈*파멜라 Pamela*〉, 〈*클라리사 Clarissa*〉 등을 통해 보여 준 사실주의 소설기법은 괴테, 루소, 레싱 등에게 큰 영향을 끼쳤다.

린케우스 Lynkeus

그리스 신화에 나오는 아이깁토스의 다섯 아들 중에 하나. 그만이 다나오스의 딸과의 결혼 초야에 살해되지 않고 살아남아 후에 다나오스의 후계자로 아르고스의 왕이 됨.

릴라 Lila

젊은 시절 괴테가 어울렸던 다름슈타트의 "성도의 공동체" 의 일원인 헤센-홈부르크의 궁녀였던 루이제 폰 치글러의 예명藝名. 괴테는 그녀에게 〈*릴라에게 바치는 순례자의 아침노래 Pilgers Morgenlied an Lila*〉라는 시를 지어 헌정했다.

ㅁ

말로우 Christopher Marlowe(1564 ~ 1593)

영국의 극작가. 그가 독일의 〈*요한 파우스트 박사의 생애 Historia von Doktor Johann Fausten(1587)*〉을 바탕으로 하여 쓴 〈*파우스트 박사의 비극적인 생애 The tragical history of Doctor Faust(1592년 초연)*〉는 후에 괴테의 파우스트 문학이 탄생하는데 많은 기여를 했다.

맥퍼슨 James Macpherson(1736 ~ 1796)

스코틀랜드의 시인. 3세기에 살았던 음유시인 오시안Ossian의 켈트어로 된 노래를 영어로 번역하여 〈*오시안의 작품 The Works of Ossian*〉을 출간했으나, 그 일부가 날조된 것으로 밝혀졌다.

메르크 Johann Heinrich Merck(1741 ~ 1796)

괴테의 친구. 〈*프랑크푸르트 학자보*〉의 편집인으로서 괴테와 함께 활동했다.

메르시 Louis-Sebastian Mercier(1740 ~ 1814)

프랑스의 작가. 그의 〈*연극 예술의 새로운 시도 Neuer Versuch über die Schauspielkunst*〉와 희곡작품은 독일의 질풍노도시대의 '시민 연극'의 선구적인 역할을 했다.

모저 Friedrich Karl Moser(1723 ~ 1798)

작가 겸 헌법학자로서 헤센-다름슈타트의 장관을 지냄. 저서로는 〈*주인과 하인 Der Herr und der Diener*〉이 있다.

뫼저 Justus Möser(1720 ~ 1794)

정치인, 역사학자, 저술가. 그의 저서로는 〈*애국자의 판타지 Patriotische Phantasien*〉, 〈*오스나브뤼크의 역사 Osnabrückische Geschichte*〉가 있음.

뮐러 Friedrich Mueller(1749 ~ 1825)

화가 뮐러로 통칭되는 괴테시대의 화가 겸 작가

ㅂ

바그너 Heinrich Leopold Wagner(1747-1779)

독일의 법률가 겸 작가. 프랑스인 루이스- 세바스티안 메르시의 희곡론 *〈연극예술의 새로운 시도〉*를 독일어로 번역하여 괴테에게 많은 도움을 주었다.

바르트 Carl Friedrich Bahrdt(1741-1792)

개신교 신학자, 철학자 겸 작가. 라이프치히, 에어푸르트, 기센 등지에서 신학교수로 활동했다. 그의 *〈서신과 이야기 속에 들어 있는 하나님의 최근 계시 Die neuesten Offenbarungen Gottes in Briefen und Erzählungen〉*은 언필칭 신약성경의 번역으로 많은 사람들의 혹독한 비판을 받았고, 처신이 방탕하다는 비난을 받아 정직처분을 받았으나 후에 할레 대학에서 철학강사직을 맡아 활동했다.

배역시 Rollengedichte

시인이 자신의 감정, 사상, 체험, 성찰들을 어떤 인물, 대부분 그 시대를 대표하는 전형적 인물의입을 빌려 1인칭 형식으로 표현하는 시로서 괴테의 *〈예술가의 아침노래 Des Künstlers Morgenlied〉, 하이네의 〈수감자의 노래 Lied des Gefangenen〉, 릴케의 〈걸인의 노래 Lied des Bettlers〉* 등이 이에 속한다.

베리쉬 Ernst Wolfgang Behrisch(1738 ~ 1809)

괴테의 라이프치히 대학시절 친구로서 괴테와는 오랫동안 서신을 주고받아 그에게 쓴 괴테의 편지가 20여 통 전해지고 있다. 그 밖에 괴테가 라이프치히시절에 쓴 시 19편을 그가 필사하여 만든 시집 *〈아네테 Annette〉*가 전해지고 있다.

벨링 Georg von Welling(1655 ~ 1725)

독일의 연금술사. 괴테의 희곡 *〈파우스트 Faust〉*의 1 부 밤의 장면에서 주인공 파우스트가 펼쳐서 대우주의 표기를 바라보는 책이 바로 벨링의 *〈진정한 마법사, 카발라 학자, 신지학자에 관한 책 Opus-mago-cabbalisticum et theosophicum〉*인 것으로 알려져 있다.

보드머 **Johann Jacob Bodmer(1698 ~ 1783)**

스위스의 역사학자 겸 작가. 18세기 독일어 문학권에서 가장 유명한 비평가이자 문예학자임. 브라이팅어Breitinger와 함께 고트셰트와의 문학 논쟁을 벌여 고트셰트가 주장한 프랑스 문학의 고전적 규범에 반대하여 문학의 기본 힘으로 창조적 상상력, 감성과 감동의 권리를 강조했다.

보마셰 **Pierre Beaumarchais(1732 ~ 1799)**

프랑스의 극작가. 특히 희극작품 〈*세빌리아 이발사*〉와 〈*피가로의 결혼*〉의 원작자로 유명하다. 그와 그의 누이의 부정한 연인인 클라비고의 갈등을 괴테는 드라마 〈*클라비고 Clavigo*〉의 소재로 이용했다.

브라이팅어 **Johann Jacob Breitinger(1701 ~ 1776)**

스위스의 미학자 겸 작가. 보드머와 함께 당대의 유명한 문학 이론가 고트셰트와 문학논쟁을 벌이며 쓴 〈*비판적 시예술 Critische Dichtkunst*〉가 대표작으로 꼽힌다.

브르노 **Giordano Bruno(1548 ~ 1600)**

이탈리아의 자연 철학자로서 스피노자, 라이프니츠, 괴테에게 많은 영향을 끼쳤다. 그의 우주론의 대표적인 저술로는 〈*사순절 첫날의 만찬 La cena de le ceneri*〉와 〈*원인, 원칙, 유일자에 관해서 De la Causa, Principio, et Uno*〉 그리고 〈*무한, 우주, 세계에 관해서 De l'infinito universo et mondi*〉 등이 있다.

비이란트 **Christoph Martin Wieland(1733 ~ 1813)**

독일 로코코 문학의 대표적 시인이며 바이마르 공국의 왕자들의 교사로서 괴테의 전임자. 대표작으로 〈*아가톤 이야기 Geschichte des Agathon*〉가 있다.

빙켈만 **Johann Joachim Winckelmann(1717 ~ 1768)**

독일 고고학자 겸 예술사가. 그의 주저 〈*고대예술사 Geschichte des Kunst des Altertums*〉를 통해 고고학과 근대 예술학문의 창시자로 꼽힌다. 독일 고전주의 예술의 이상적 미의 개념인 "숭고한 단순성과 고요한 위대성 edle Einfalt und stille Größe"을 최초로 부각시켰다.

ㅅ

사교문학 Gesellschaftspoesie

16/17세기 르네상스, 초기 바로크, 아나크레온풍의 문학에 이르기까지 독일 상류사회나 궁정사회에서 유행한 통속적 문학. 애정시Galante Dichtung나 전원시Schäferdichtung도 여기에 속한다.

섀프츠베리 Ashley Cooper Shaftesbury(1671 ~ 1713)

영국의 계몽주의 철학의 대표자 중 한사람. 그의 열광주의적 천재사상은 독일질풍노도 운동의 핵심이념이 되었다.

쉴로서 Johann Georg Schlosser(1739 ~ 1799)

법률가 겸 작가로서 괴테의 친구이자 매부. 1773년에 괴테의 여동생 코르넬리아와 결혼함.

슈타인바흐 Erwin von Steinbach(1244 ~ 1318)

스트라스부르의 대사원 건립을 주도한 건축 명장. 그가 대사원의 서쪽 정면을 설계했다는 괴테의 주장에 대해서는 논란이 없지 않다.

스베덴보리 Emanuel Swedenborg(1688 ~ 1772)

원래 스웨덴의 의사이자 자연철학자였으나 두 번에 걸친 그리스도의 환상을 체험한 후 정신계의 환상이론에 전념하였다. 그는 모세의 창세기, 출애급기와 요한 계시록 등 광범위한 성경해설을 통해 *〈새로운 교회를 위한 주님의 이론〉*을 추구하였다. 그의 추종자들은 '스베덴보리안 Swedenborgianer' 를 결성하여 세계 도처에 새로운 교회 공동체를 설립하기도 했다. 그의 종교적 활동을 떠나서 그의 작품들은 칸트, 라바터, 괴테, 쇼펜하우어 등에 많은 영향을 끼쳤다.

스턴 Lawrence Sterne(1713 ~ 1768)

영국인으로서 독일 감상주의 문학의 사상적 배경을 제공한 작가. 대표작으로는 소설 *〈신사 트리스탐 샨디의 생애와 견해 The Life and Opinions of Tristam Shandy, gentleman〉*과 *〈감상적 여행 Sentimental Journey〉*이 있다.

스톨베르크 Auguste Luise Gräfin zu Stolberg(1753 ~ 1835)

괴테의 페팔친구. 괴테가 '구스트헨' 이라는 애칭으로 부른 아우구스테는 괴테의 *〈베르테르〉*를 읽고 감동을 받은 것을 계기로 괴테와 서신을 교환하기 시작하였는데, 그녀에게 쓴 괴테의 편지들은 젊은 괴테의 문학세계를 이해하는 데 커다란 도움을 주는 자료들로 평가되고 있다.

스톨베르크 **Christian Graf zu Stolberg(1748 ~ 1821)**

젊은 시절 괴테와 서신왕래를 한 친구. 시인 겸 번역가로서 괴팅엔에서 법률을 공부했으나 그곳의 클롭슈토크를 숭배하는 시인모임인 괴팅어 하인Göttinger Hain에 합류했고, 괴테와 친분을 맺어 스위스 여행을 함께하기도 했다.

스톨베르크 **Friedrich Leopold Graf zu Stolberg(1750 ~ 1819)**

법률가, 번역가, 작가. 상기한 크리스티안 스톨베르크의 동생.

스피노자 **Baruch de Spinoza(1632 ~ 1677)**

네덜란드의 철학자. 그의 철학을 총칭하는 스피노자주의는 18세기 독일에서 특히 레싱, 헤르더, 괴테에게 많은 영향을 끼쳤음.

신의설 **Theodizee**

신학자들이나 고대의 스토아 학파, 그노시스 학파 그리고 근대에 와서 라이프니츠 같은 철학자들의 이른바 세상에 존재하는 악과 관련하여 하나님의 정당성을 주장하는 학설. 이 학설에 의하면 세상은 하나님이 창조한 작품으로 상상할수 있는 여러 세상들 중에서는 제일 좋은 세상이라는 것이다. 보다 좋은 세상이 있다면 틀림없이 하나님은 이를 알고 몸소 창조했을 것이다. 세상에 존재하는 물리적인 악은 징벌이나 교육수단으로 유익한 것이고, 도덕적인 악은 인간이 자신을 다스리는 바탕이 되기 때문에 자유도 역시 인식된 법칙에 따른 자기결단이라는 것이다.

ㅇ

아그리파 폰 네테스하임Agrippa von Nettesheim(1486 ~ 1535)

본명은 하인리히 코르넬리우스Heinrich Cornelius. 독일철학자, 신학자, 의사로 활동함.

아나크레온 파 **Anakreontik**

고대 그리스의 서정시인으로 사랑과 술을 찬양한 아나크레온의 아류들.

알더만의 진리Die Aldermann-Wahrheiten

'시의회 의원의 진리' 라고 번역할 수 있는 이 용어는 공개적인 토론을 거쳐 발견한 진리를 뜻한다. 원래 클롭슈토크의 미완성 산문 〈*학자 공화국 Die Gelehrten Republik*〉에서 유래한 표현으로 클롭슈토크가 구상한 이상국가의 3부류의 구성원들인 인민, 전문가, 시의회 의원 중에 시의회 의원은 공화국의 법률이나 규칙을 제정할 때 의회에서 공개적인 토론과 논쟁을 거쳐 진리에 도달하려고 노력해야한다는 원칙을 통해 부각된 표현이다.

알렉산더 시행 Alexandriner-Verse

12음정으로 이루어진 운문시행

야코비 Friedrich Heinrich Jacobi(1743 ~ 1819)

작가, 철학자, 법률가, 괴테의 친구

에커만 Johann Peter Eckermann(1792 ~ 1854)

괴테의 조수로 만년의 괴테와 나눈 대화를 정리하여 유명한 〈*괴테와의 대화 Gesprächen mit Goethe in den letzten Jahren seines Lebens*〉를 펴냈다.

엔텔레케이아 Entelechie

아리스토텔레스 철학의 기본개념으로 질료 안에서 스스로를 실현하는 형상을 말한다. 모든 발전 특히 생명체의 발전을 제약하고 규정하는 원리로서 목표 지향적이고 완성시키는 활동 내지 힘을 뜻한다.

오시안 Ossian

3세기에 살았던 스코틀랜드의 음유시인. 그가 켈트어로 쓴 〈*오시안의 작품 The Works of Ossian*〉을 스코틀랜드 시인 제임스 맥퍼슨이 영어로 번역했으나, 그 일부는 날조된 것으로 밝혀졌다. 이 오시안의 노래는 괴테가 〈*젊은 베르테르의 슬픔*〉에 인용함으로써 유명해졌다.

오피츠 Martin Opitz(1597-1639)

바로크 시대의 독일 시인. 대표적 저서로서는 〈*독일 시학서 Buch von der deutschen Poeterey*〉가 있다.

외저 Adam Friedrich Oeser(1717 ~ 1799)

독일 화가로 라이프치히 회화 및 건축 아카데미의 교수 및 원장을 역임했으며, 괴테의 라이프치히 시절부터 이탈리아 여행 때까지 20년간 괴테와 교유했다.

외저 Friederike Elisabeth Oeser(1748 ~ 1829)

아담 프리트리히 외저의 딸. 괴테가 라이프치히 시절에 알고 지낸 여자 친구.

우라니아 Urania

젊은 시절 괴테가 어울렸던 "성도의 공동체"의 일원인 팔츠-츠바이브뤼켄의 궁녀 헨리에테 폰 루시옹의 예명. 괴테는 그녀를 위해 〈*우라니아에게 바치는 이상향 Elysium an Urania*〉이라는 시를 지었다.

우주의 황금분할 Der goldene Schnitt des Kosmos

수학의 용어로서 한 선분을 두 부분으로 나눌 때 전체에 대한 큰 부분의 비와 큰 부분에 대한 작은 부분의 비가 같도록 나누는 것.

ㅈ

작스 Hans Sachs(1494-1576)

16세기 독일의 유명한 시인이자 마이스터 싱어

잘츠만 Johann Daniel Salzmann(1722-1812)

괴테의 스트라스부르 시절 편지를 교환한 친구

장 파울 Jean Paul(1763-1825)

독일의 시인. 본명은 요한 파울 프리이드리히 리히터Johann Paul Friedrich Richter로 헤르더와는 친분이 있었으나 괴테나 쉴러와는 각별한 친분이 없었다. 대표작으로는 교양소설 〈*타이탄 Titan*〉이 있다.

ㅋ

카발라 Kabbala

숫자와 문자 풀이를 중심으로 한 중세 유대교의 비설

칼프 Johann Augustl Alexander von Kalb(1747 ~ 1814)

바이마르 궁정의 시종장. 괴테의 바이마르 행에 동행함.

케스트너 Johann Christian Kestner(1741 ~ 1800)

샤를로테 부프의 남편. 베츨라르 주재 하노버 참사관. 후에는 하노버의 추밀 고문관이 됨.

쿠사누스 Nikolaus Cusanus(1401 ~ 1464)

독일 신학자로서 마이스터 에카르트의 신비주의와 윌리암 오캄의 유명론의 영향을 받아 기독교적 신플라톤주의를 계승함.

크네벨 Carl Ludwig von Knebel(1744 ~ 1834)

작가 겸 번역가. 괴테와 카를 아우구스 공의 만남을 주선했고, 바이마르 시절 괴테와 각별했던 친구.

크니텔 시행 Knittel Vers

강음 4개를 지닌 각운을 맞춘 시행

클롭슈토크 Friedrich Gottlieb Klopstock(1724 ~ 1803)

독일 감상주의 문학의 대표적 시인. 송가 *〈구세주 Der Messias〉*, *〈봄의 축제 Frühlingsfeier〉*로 유명하다.

클링어 Friedrich Maximilien von Klinger(1752 ~ 1831)

독일 질풍노도 문학의 대표적 극작가의 한 사람. 그는 자신의 희곡 *〈뒤죽박죽 Der Wirrwarr〉*을 카프만Ch. Kaufmann이라는 사람이 *〈질풍과 노도 Sturm und Drang〉*로 바꾸어 부른데 연유되어 이 희곡의 제목이 바로 독일 문학사의 한 시대인 질풍노도 시대의 명칭으로 사용되었다. 그의 작품으로는 위에서 언급한 *〈질풍과 노도〉*외에 *〈짐소네 그리살도 Simsone Grisaldo〉*와 *〈쌍둥이 Die Zwillinge〉*등이 있다.

ㅌ

타울러 Johannes Tauler(1300 ~ 1361)

독일의 신비주의자

토마스 아 켐피스 Thomas a Kempis(1379 ~ 1471)

원래 독일 명은 토마스 폰 켐펜Thomas von Kempen으로 어거스틴 교단의 신부로 신비주의를 신봉함. 성경 다음으로 많이 읽힌 책 〈*그리스도를 본받아 De imitatione Christ*〉의 저자로 유명하다.

트리테미우스 Johannes Trithemius(1462 ~ 1516)

본명은 요한네스 하이델베르크Johannes Heidelberg. 독일 베네딕트 교단 신부. 인문주의자. 부르스펠데 종교개혁운동의 지도자.

ㅍ

파라켈수스 Aureolos Theophrastus Paracelsus(1493 ~ 1541)

스위스의 의사이자 자연과학자이며 철학자. 연금술사들의 이론과 신비주의에 입각한 자연철학적 세계관을 지니고 우주진화론과 인간의 소우주론을 신봉함.

퍼시 Thomas Percy (1729 ~ 1811)

영국의 작가. 그의 문학적 명성은 〈*고대의 전래시 Reliques of Ancient Poetry*〉의 발행을 바탕으로 후세에까지 전해지고 있다. 그가 발행한 고대 시는 영국과 독일의 문학 발전에 크게 기여했으며 헤르더의 민중문학 이론과 젊은 괴테의 시작 활동에 많은 영향을 끼쳤다.

프시케 Psyche

젊은 시절 괴테가 어울렸던 "성도의 공동체"의 일원이었고 후에 헤르더의 부인이 된 카롤리네 플락스란트의 예명. 괴테는 그녀를 위해 〈*프시케에게 바치는 축성의 노래 Fels-Weihegesang an Psyche*〉를 지었음.

플라우투스 Titus Maccius Plautus(BC 250-BC 184)

고대 로마의 희극작가.

플락스란트 Caroline Flachsland(1750-1809)

헤르더의 약혼녀. 젊은 시절 괴테가 어울렸던 '성도의 공동체' 의 일원

플로틴 Plotin(206-270)

헬레니즘 시대의 그리스 철학자. 신플라톤주의의 창시자이며 대표자.

핀다루스 Pindarus(BC 518 - BC446)

고대 그리스 시인.

필딩 Henry Fielding(1707-1754)

영국의 소설가. 대표작으로는 〈톰 존스 *Tom Jones*〉가 있다.

ㅎ

하게도른 Friedrich von Hagedorn(1708-1754)

계몽주의 시대의 독일 시인. 예나대학에서 법률을 전공하고, 한때 런던 주재 덴마크 공사관에서 근무를 했으나, 후에는 프랑스 문학의 영향을 받아 아나크레온파의 시인과 우화작가로 활동했다. 그의 시는 경쾌하고 우아하며 고상하게 즐기는 삶을 음악적인 언어로 표현했다. 특히 레싱과 괴테에게 많은 영향을 끼쳤다.

하만 Johann Georg Hamann(1730~1788)

'북쪽의 마법사' 라는 별명을 가진 독일 프로테스탄트 사상가. 헤르더와 괴테에게 많은 영향을 끼침. 대표적인 글로는 〈*소크라테스의 회고록 Sokratische Denkwürdigkeiten*〉이 있다.

하인분트 Hainbund

괴팅어 하인Goettinger Hain 또는 괴팅엔 시인 연합Goettinger Dichterbund이라고도 불리는 1772년 보스J.H. Voss, 횔티L.C.H. Hoelty, 밀러J.M. Miller 등이 주축이 되어 설립된 독일의 시문학 동인 모임. 당시 괴팅엔 대학에서 수학한 사람들이 주로 회원으로 활약함.

하인제 Johann Jacob Wilhelm Heinse(1746 ~ 1803)

괴테 시대의 독일 작가. 작품으로는 운문 소설 〈*라이디온 Laidion*〉이 있다.

할러 Albrecht von Haller(1708 ~ 1777)

스위스의 의사 겸 시인. 자연과학을 테마로 한 글 이외에 인간에게 철학적 성찰의 계기를 마련해주는 자연에 대한 시와 국가를 테마로 한 소설을 썼음. 그가 쓴 시로는 〈*알프스 산맥 die Alpen*〉이 있고 문학사적으로 특히 흥미를 끄는 글로는 그의 〈*작가와 자신에 대한 관찰 일기 Tagebuch seiner Beobachtungen über Schriftssteller und über sich selbst*〉이 있다.

헤르더 Johann Gottfried Herder(1744 ~ 1803)

괴테와 함께 독일 질풍노도 운동을 주도한 비평가이자 사상가. 대표적인 글로는 〈*최신 독일 문학에 대하여 Über die neuere Deutsche Literatur (1767)*〉, 〈*언어의 기원에 관한 논문 Abhandlung über den Ursprung der Sprache (1772)*〉, 〈*인류의 교육을 위한 또 하나의 역사철학 Auch eine Philosophie der Geschichte zur Bildung der Menschheit(1774)*〉, 〈*인류의 역사철학에 대한 이념들 Ideen zur Philosophie der Geschichte der Menschheit (1784-91)*〉 등이 있다.

헤른후트 파 Herrnhut

Herrnhut 라는 독일의 지명을 따라 폰 친첸도르프 백작Nikolai Ludwig von Zinzendorf(1700-1760)이 창립한 기독교 경건주의의 일파.

헤벨 Christian Friedrich Hebbel(1813 ~ 1863)

독일의 작가. 대표작으로는 희곡 〈*유디트 Judith*〉, 〈*마리아 막달레나 Maria Magdalene*〉이 있다.

헬몬트 Johan Baptista van Helmont(1579 ~ 1644)

벨기 태생의 의사 겸 화학자. 파라켈수스의 열렬한 추종자로서 의료화학을 창학한 사람이기도 하다.

횔덜린 Friedrich Hölderlin(1770 ~ 1803)

독일 시인. 작품으로는 〈*휘페이온 Hyperion*〉, 〈*엠페도클레스의 죽음 Der Tod des Empedokles*〉 외에 수많은 송가와 찬가가 있다.

젊은 괴테

초판인쇄 2009년 6월 15일
초판발행 2009년 6월 25일

지은이 카를 비에토르

역은이 김홍진

펴낸이 김대근

펴낸곳 숭실대학교 출판부
서울 동작구 상도동 511

등 록 제14-2호(1982.1.25)
TEL.02-820-0771~2
FAX.02-817-5297
http://press.ssu.ac.kr

찍은곳 한컴인쇄정보
TEL.02-2274-3394~5
FAX.02-2274-3397

값 22,000원

ISBN 978-89-7450-243-0 03850